Sukie Colegrave

Der Weg durch den Schmerz

Sukie Colegrave

Der Weg durch den Schmerz

Seelenstärke durch Überwindung der schmerzhaften Erfahrungen des Lebens

Der Bericht einer Frau über den Prozeß der Selbstfindung

Ein O. W. Barth Buch
im Scherz Verlag

Für Bani Shorter

1. Auflage 1990
Einzig berechtigte Übersetzung aus dem Amerikanischen von Jochen Eggert.
Titel der Originalausgabe: «By Way of Pain: A Passage into Self».

Schutzumschlag von Graupner & Partner.

Sofern nun das konkrete Schicksal dem Menschen ein Leid auferlegt, wird er auch in diesem Leid eine Aufgabe, und ebenfalls eine ganz einmalige Aufgabe, sehen müssen. Der Mensch muß sich auch dem Leid gegenüber zu dem Bewußtsein durchringen, daß er mit diesem leidvollen Schicksal sozusagen im ganzen Kosmos einmalig und einzigartig dasteht. Niemand kann es ihm abnehmen, niemand kann an seiner Stelle dieses Leid durchleiden. Darin aber, wie er selbst, der von diesem Schicksal Betroffene, dieses Leid trägt, darin liegt auch die einmalige Möglichkeit zu einer einzigartigen Leistung.

Viktor E. Frankl, *... trotzdem Ja zum Leben sagen. Ein Psychologe erlebt das Konzentrationslager*

Inhalt

Vorwort

Es war wohl auch in früheren Zeiten schon so, daß unsere abendländischen Kulturen den Schmerz flohen, doch heutzutage haben wir es darin zu einer gewissen Meisterschaft gebracht. Mit der Entdeckung neuer Chemikalien oder neuer Weisen, bekannte Chemikalien zu nutzen, entstehen immer neue Süchte, und auch die normalen und lebenswichtigen Dinge wie Ernährung und Sexualität dienen immer mehr der Befriedigung eines Hungers, den keine materielle Substanz stillen kann.

Und neben diesen stofflichen Süchten haben wir noch die emotionalen: destruktive Beziehungen, die nur vom Kitt der Angst zusammengehalten werden; religiöse Bewegungen, die eine kollektive Identität bieten und damit das Alleinsein verhindern, ohne das es keine Individualität gibt; Anleitungen zum «positiven Denken», das säuberlich über unbequeme Gedanken und Empfindungen gebreitet wird; ja sogar spirituelle Praktiken, die uns helfen, den Körper und die Erde zu fliehen und all den Leiden, Wunden und Unvollkommenheiten zu entgehen, die wir doch annehmen und empfinden müssen, um zu erfahren, was wir im Grunde sind und was wir geben können.

Und diese eher individuellen Schmerzbetäubungsmethoden ruhen auf einer breiten institutionellen, sozialen und nationalen Basis: fundamentalistische Religionen, die fanatisch das Böse in anderen verdammen, anstatt das eigene anzunehmen;

Rassisten, die in dunkler Hautfarbe das Minderwertige sehen, anstatt sich dem eigenen Dunkel zuzuwenden; nationale Verteidigungskonzepte, die uns glauben machen wollen, der Feind sei «da draußen», in den anderen, damit wir nur ja nicht erkennen müssen, daß er in den finsteren Winkeln der eigenen Seele lauert.

Am Ende aber erreichen alle Süchte und sonstigen Schmerzverhinderungstaktiken nur eine Verzögerung und ersetzen das authentische Leiden durch endlos wiederkehrende Schmerzen, die nichts Schöpferisches an sich haben. Der Alkoholiker stirbt an Leberzirrhose, der Rassist lebt in Angst vor denen, die er unterdrückt, und der Ehemann erstickt an einer toten Ehe, die zu beenden er nicht den Mut hat.

Authentisches oder wirkliches Leiden an die Stelle von neurotischem Leiden zu setzen – das ist die Domäne der Psychotherapie. Hier wird auf den Schmerz gehört, und hier wird erkundet, welche Möglichkeiten der Integration und Transformation er bietet, wenn er angenommen wird. Bei diesem Bestreben, sich den Bedingungen des Menschseins in aller Aufrichtigkeit zu stellen und auch die Verantwortung für das unvermeidliche Leiden zu übernehmen, verliert die Psychotherapie jedoch häufig den Weg aus dem Auge, der über den Schmerz hinausführt, aber nur, wenn der Schmerz wirklich erlitten wird. Sie sieht nicht, daß es im finstersten Abgrund, wo alles verloren scheint, ein Tor gibt, geschaffen vom erlittenen Schmerz – ein Tor, das in ein Land jenseits des Schmerzes führt, wo heitere Gelassenheit und spielerische Freude herrschen, wo Körper und Erde nicht verleugnet, sondern mit einbezogen und geliebt werden.

Davon möchte die nachfolgende Geschichte erzählen. Fiktion und psychologische Erörterung sind darin miteinander verwoben, und so wird der Leser vielleicht nicht nur die Wandlungsphasen dieses Heilungsweges verstehen, sondern auch die Lebendigkeit mancher innerer Erfahrungen dieses archetypischen Entfaltungsprozesses spüren und anhand von

Bildern und Geschichten eine Ahnung von jenen anderen Qualitäten bekommen, die bloße Begriffe nicht vermitteln können. Die Personen sind erfunden, doch ihre Erfahrungen sind real, meinem eigenen Leben und dem Leben anderer Menschen entnommen, die ich kenne und mit denen ich gearbeitet habe.

Die ersten Kapitel verdanken sich den Ideen und der Praxis der Jungschen Analyse; zu den späteren gab ein Traum über C. G. Jung den Anstoß:

> Die Träumende steht mit einer kleinen Gruppe anderer vor einem spanischen Flughafen. Sie wollen gerade nach Hause fliegen.
> «Jung» tritt auf und erbietet sich, in jeder ihm möglichen Weise zu helfen, insbesondere durch Beantwortung von Fragen über Psychologie.
> Dann wendet er sich der Träumenden zu und spricht mit einem Anflug von Traurigkeit über den letzten Abschnitt seiner Autobiographie *Erinnerungen, Träume, Gedanken*; er bedaure, sagt er, daß es ihm nicht vergönnt gewesen sei, Sinn und Implikationen jener inneren Erfahrung zu beschreiben, auf die er in der Schlußpassage seines Buches angespielt habe. Er wäre froh, fährt er fort, wenn jemand die psychologische Geschichte zum Abschluß bringen könnte, die zu vollenden ihm aufgrund seiner Lebensumstände nicht möglich war.

In der Passage, auf die der Traum-Jung anspielte, schreibt C. G. Jung:

> Wenn Lao Tse sagt: «Alle sind klar, nur ich allein bin trübe», so ist es das, was ich in meinem hohen Alter fühle... Und doch gibt es so viel, was mich erfüllt: die Pflanzen, die Tiere, die Wolken, Tag und Nacht und das Ewige in den Menschen. Je unsicherer ich über mich selber wurde, desto

mehr wuchs ein Gefühl der Verwandtschaft mit allen Dingen. Ja, es kommt mir vor, als ob jene Fremdheit, die mich von der Welt so lange getrennt hatte, in meine Innenwelt übergesiedelt wäre und mir eine unerwartete Unbekanntheit mit mir selber offenbart hätte.»

War uns der Sinn des Leidens einmal offenbar geworden, dann lehnten wir es auch ab, die Leidfülle des Lagerlebens zu verharmlosen oder zu verniedlichen, indem wir sie «verdrängten» und uns über sie hinwegtäuschten – etwa durch billigen oder verkrampften Optimismus. Für uns war auch das Leiden eine Aufgabe geworden, deren Sinnhaftigkeit wir uns nicht mehr verschließen wollten. Für uns hatte das Leiden seinen Leistungscharakter enthüllt – jenen Leistungscharakter, der einen Rilke bewogen hat, auszurufen: «Wieviel ist aufzuleiden!» Wie man von «aufarbeiten» spricht, so spricht hier Rilke von «aufleiden»...

Für uns war wohl «viel aufzuleiden». Darum war es aber auch notwendig, den Dingen, der Leidfülle, gleichsam ins Gesicht zu sehen; auf die Gefahr hin, daß einer da «weich» wurde, daß er vielleicht einmal insgeheim seinen Tränen freien Lauf ließ. Er hätte sich dieser Tränen nicht zu schämen gebraucht. Sie bürgten dafür, daß er den größten Mut hatte: den Mut zum Leiden! Davon wußten aber die wenigsten...

Viktor E. Frankl, *... trotzdem Ja zum Leben sagen.*
Ein Psychologe erlebt das Konzentrationslager

1 Der Weg in den Schmerz

Es war ein kalter Märztag, das Londoner Straßenpflaster trug noch Zeichen der strengen Nachtkälte, und nun rieselten kleine Schneeflocken auf Tausende von erbosten Demonstranten. Auch Sally war dabei, ihre fünf Monate alte Tochter Rachael in einem Tragetuch unter der Lederjacke. Es war 1970, und sie marschierte für die Rechte der Frauen. Aber es hätte auch gegen Rassismus oder den Vietnamkrieg sein können. Sie war nämlich eine leidenschaftliche Streiterin gegen Unterdrükkung jeder Art, empört über all die Ungerechtigkeiten und Diskriminierungen, die ihr immer mehr das Gesicht der Industriegesellschaften zu prägen schienen. Luke, ihr Mann, der die Dinge lieber etwas leichter nahm, riskierte mal eine etwas spöttische Bemerkung über den geradezu religiösen Eifer, mit dem sie ihre politischen Überzeugungen und Ideale vertrat, wünschte sich dann aber bei der anschließenden marxistischen Tirade, er hätte lieber den Mund gehalten. Den schlimmsten Fehltritt beging er mit einem Zitat aus William Butler Yeats' Gedicht *The Second Coming* («Der Jüngste Tag»):

> Kreisend und kreisend in immer weiterem Bogen
> Entschwindet der Falke dem Ruf des Falkeniers.
> Alles fällt auseinander, die Mitte hält nicht mehr;
> Bare Anarchie bricht aus über die Welt.
> Blutgeblendete Strömungen sind losgelassen. Allenthalben
> Wird der heilige Vorgang der Unschuld überschwemmt.

Den Besten erlahmt der Glaube, und die Schlimmsten
Sind voll von leidenschaftlicher Heftigkeit.

Verärgert über sein mangelndes Verständnis für alles, was ihr so wichtig war, verteidigte sie dann ihre Parteilinie um so hitziger und versuchte immer wieder, ihn zur Lektüre ihrer Bücher über Feminismus und Sozialismus zu bewegen.

Doch hinter ihren leidenschaftlichen Überzeugungen begannen sich irritierende Fragen zu regen. Anfangs half sie sich darüber hinweg, indem sie sich noch verbissener ihren politischen Aktivitäten widmete. Aber das half nicht lange und schien diese Fragen auf die Dauer nur immer lauter werden zu lassen. Sie wollten offenbar endlich gehört werden: «Wie kannst du soviel Zeit und Kraft in diese Ideen stecken, wenn du nicht einmal weißt, warum du überhaupt an sie glaubst?» – «Wo kommen deine Überzeugungen eigentlich her?» – «Wo kommen Ideen und Gefühle her? Was sind sie?»

Als sie diesen Fragen zuzuhören begann, spürte sie, daß irgendwo an ihrem nicht erkennbaren Grund ein tieferes Wissen lag, und da wurde ihr klar, wie sinnlos es ist, zu handeln, ohne die Motive zu kennen. Ihre politischen Überzeugungen wurden kraftlos und versickerten und hinterließen eine unbehagliche Leere. «Den Besten erlahmt der Glaube, und die Schlimmsten sind voll von leidenschaftlicher Heftigkeit», hatte Luke gesagt. Tatsächlich, er und Yeats hatten recht.

Als sie Rachael an diesem Abend ins Bett gebracht hatte, nahm sie die feministische Zeitschrift zur Hand, in der sie vor der Demonstration gelesen hatte, denn sie erinnerte sich dunkel an ein Inserat, in dem Psychotherapie nach C. G. Jung angeboten wurde. Mit sechzehn hatte sie sich mal für Jung und Freud interessiert, weil die Idee des Unbewußten sie angesprochen hatte. Sie wählte die Nummer.

Die Therapeutin lebte in einem südlichen Londoner Vorort, in einer Gegend mit genau jenen kleinen Doppelhäusern und abgezirkelten Gärtchen, die für Sally schon immer das Urbild spießbürgerlicher Enge waren. Doch da sie nun mal verabredet war und die lange Fahrt durch halb London auf sich genommen hatte, wollte sie sich nicht durch die bloße Fassade abschrecken lassen. Drinnen war es allerdings auch nicht viel besser. Das kleine Wartezimmer, in das sie von der schon leicht ergrauten und mit leiser Stimme sprechenden Therapeutin geführt wurde, schien ihr genau der Umgebung des Hauses zu entsprechen. Es war mit kleinen, säuberlich abgestaubten erlesenen Dingen angefüllt. Gegenstände dieser Art mochte Sally überhaupt nicht. Sie waren für sie entweder überflüssiger Krimskrams oder arbeitsintensive Staubfänger. Sie liebte das genialische Durcheinander, bei dem es überhaupt nichts ausmachte, wenn die Dinge mal hier und mal da standen oder lagen. Vor allem aber liebte sie Wohnungen, die wenig Arbeit machten. Hausfrauenarbeit, das war triste Zeitverschwendung, die einen abhielt von den wichtigeren und interessanteren Dingen, von Ideen und Idealen, von Leidenschaft und großen Taten. Als sie nun also auf einem der kleinen, sorgsam arrangierten Stühle saß, bekam sie wieder Zweifel, ob diese Frau ihr wohl helfen konnte, den Ursprung ihrer Anschauungen und Überzeugungen zu finden.

Als sie dann aber im Sprechzimmer war, verflogen diese Zweifel. Nicht daß dieser Raum ganz anders gewesen wäre als das Wartezimmer – auch er voller sorgsam plazierter und sorgsam gepflegter Dinge. Doch von dieser grauhaarigen Frau in ihrer sauberen, geschmackvollen Kleidung gingen soviel Frieden und echte Aufmerksamkeit aus, daß Sally sofort spürte, woher das kam: aus Leiden und Verständnis. Als sie dann auf dem leise knarrenden Rohrstuhl der Therapeutin gegenübersaß und von den Gründen ihres Kommens sprach, empfand sie, daß ihr vielleicht zum ersten Mal in ihrem Leben wirklich zugehört wurde. Sie fühlte, wie ihre Worte aufgenommen und gehört und verständnisvoll erwogen wurden. Da war nichts von jener unruhigen, aufdringlichen Spannung, die sie so oft an anderen Menschen beobachtete, wenn sie etwas zu sagen versuchte; nichts von diesem hektischen Zimmern an Antworten, derweil sie noch gar nicht ausgesprochen hatte. Diese Frau hier schien nicht von dieser Unruhe erfüllt zu sein. Ja, offenbar hörte sie sogar mit Vergnügen zu, als ob die Worte, die sie hörte, in sich selbst einen Wert besäßen, einfach dadurch, daß sie gesagt wurden. Von dieser sanften, stillen Aufnahmebereitschaft umfangen, hörte Sally, wie ihre eigene Stimme ruhiger wurde. Die Sätze kamen langsamer, und sie bemerkte, daß die Antworten auf die Fragen, die sie stellte, sich unter diesen Umständen manchmal spontan in ihr selbst bildeten.

Allzu schnell war es vorbei. Mit einer kleinen Kopfbewegung deutete die Therapeutin an, daß die Fünfzig-Minuten-Stunde zu Ende sei. Sally stand augenblicklich auf, um nur ja keine Minute mehr, als ihr zustand, in Anspruch zu nehmen und damit diesen köstlichen Bann stiller Empfänglichkeit zu brechen. Sie beschloß aber, zweimal die Woche dieses Vorstadthaus aufzusuchen, um dieses neuentdeckte Verlangen, gehört zu werden, stillen zu können.

In den folgenden Wochen und Monaten lernte sie die Sprache der Jungschen Psychologie ein wenig kennen und stellte staunend und erschüttert fest, wie sehr sie ihren Träumen und vielen Alltagserfahrungen entsprach und wieviel Licht sie in diese Dinge brachte. Sie gab sich Mühe, eine rundherum vorbildliche Patientin zu sein. Sie notierte ihre Träume und prägte sie sich sogar ein, als die Therapeutin behutsam darauf hinwies, daß das freie Vortragen der Träume der Psyche vielleicht eher lag als das Vorlesen aus dem Traumtagebuch. Aber manchmal wußte Sally nicht genau, wie sie es nun «recht» machen könnte, und dann erlebte sie schlimme Angstzustände, die sie nach besten Kräften zu beherrschen versuchte. Als sie einmal an einem besonders heißen Nachmittag das Sprechzimmer betrat, fand sie zwischen den beiden Stühlen ein gedecktes Teetischchen vor. Die Therapeutin sagte, sie habe

Durst, und schlug ein gemütliches Täßchen Tee vor der eigentlichen Arbeit vor. Sally ließ sich nicht die Zeit, sich darüber klarzuwerden, ob sie überhaupt Tee wollte. Statt dessen kreisten ihre Gedanken um die Frage, wie man sich nun zu verhalten *habe*. Da nichts im bisherigen Verlauf der Therapie sie auf etwas so ganz und gar Normales vorbereitet hatte, nahm sie schließlich zu einem Kompromiß Zuflucht und bat um eine halbe Tasse.

Dennoch hatte sie nach achtzehn Monaten das Gefühl, sie habe soviel durch diese Gespräche gewonnen – ein neues Selbstwertgefühl, ein neues Verstehen und neue Interessen –, daß es nun an der Zeit sei, die Therapie zu beenden. Schließlich wollte sie ja nicht eine von denen sein, die ihre Therapie endlos fortsetzen. Sie wollte mit ihrem Leben weiterkommen. Und so war sie überrascht und auch ein wenig traurig, als ihre Therapeutin dieser Entscheidung nicht so ganz zustimmte, sondern sagte, sie stehe eigentlich erst am Anfang der Arbeit. Sally habe zwar viel gelernt und viel beobachtet, aber noch kaum etwas von ihrem Schmerz erfahren, von ihrer Seele und deren tiefen Verwandlungskräften.

Da Sally sich nun aber einmal entschieden hatte, dankte sie der Therapeutin und trat hinaus auf die Vorstadtstraße, dankbar für die Stunden, die sie hier verbracht hatte, aber auch ein wenig beunruhigt durch die Worte ihrer Therapeutin.

Es dauerte eine Weile, bis dieses Unbehagen stark genug wurde, sie zur Fortsetzung der Therapie zu bewegen. Zweieinhalb Jahre später war es soweit. Wieder fand sie sich in einem bergenden Sprechzimmer – wenn es auch ein ganz anderes war und einer Frau gehörte, von der ein stilles Strahlen ausging. In einem bequemen, von nachmittäglicher Herbstsonne gewärmten Ledersessel Platz nehmend, faßte Sally – wenn auch nicht ohne Zittern – den Entschluß, sich ihrem Schmerz zuzuwenden.

In den nun folgenden Jahren – und nicht nur während der Stunden ihrer Analyse, sondern auch in Tausenden von Stunden des Reflektierens und inneren Lauschens – erschlossen sich ihr nach und nach einige der archetypischen Muster der Seele, ihres Seins und Werdens.

Was uns in anderen Menschen an Schöpferischem, an Liebe und Vitalität begegnet, ist Nahrung für unsere psychische Entwicklung und Entfaltung. Mütterlichkeit etwa wird durch die Erfahrung liebevoller, selbstloser Mütterlichkeit in der Kindheit oder auch in späteren Beziehungen genährt. Solche Erfahrungen sind wie ein Bewässern dieses latent vorhandenen Vermögens, das dann gleichsam durch Resonanz wachgerufen wird. Aber auch das Gegenteil trifft zu: Destruktive Erfahrungen mit Eltern werden, wenn die geschlagenen Wunden später nicht aufgrund günstigerer Umstände wieder heilen können, wahrscheinlich einen weiteren destruktiven Vater oder eine weitere destruktive Mutter hervorbringen. Unsere Sünden wie auch unsere Gaben, sie werden von Generation zu Generation weitergereicht.

Etwa ein Jahr nach dem Entschluß, ihren eigenen Schmerz zu erfahren, wuchs in Sally der Wunsch, sich auch den Schmerzen anderer zuzuwenden. Sie wollte mehr über das Verletzen und Heilen der Seele wissen. Also wurde sie Beobachterin auf der psychiatrischen Station eines großen Krankenhauses, und hier erhielt sie an einem regnerischen Frühlingsmorgen eine sehr nachdrückliche Lektion über das Weitergeben des Schmerzes. Sie nahm an der Visite bei einer Neuaufnahme teil, einem Mann, der immer wieder seiner Neigung zu brutaler Gewalttätigkeit nachgegeben hatte.

Mit ihm allein gelassen, blieb sie einen Augenblick still sitzen, erschrocken über den Haß, der von ihm ausging. Doch ihr Interesse ließ die Furcht bald verstummen, und sie befragte ihn über seine Kindheit. Anfangs antwortete er sehr unlustig. Also blieben sie wieder eine Weile still sitzen. Dann, ganz plötzlich, fing er an zu erzählen, wie sein Vater ihn oft ohne Grund geprügelt hatte, um ihn dann tagelang in seinem Zimmer einzusperren, oft ohne Essen. Und da er nie wußte, wann ein solcher Ausbruch zu erwarten war, habe er in ständiger Angst gelebt und seinen Vater zugleich gefürchtet und gehaßt.

Sprachlos angesichts dieser Geschichte, sagte Sally erst einmal gar nichts, sondern schaute ihn nur an und empfand diese Verbindung, die immer entsteht, wenn jemand die Wahrheit sagt. Dann fragte sie ihn, ob sein Vater je über seine eigene Kindheit gesprochen habe.

«Ja, einmal. Er hat mir erzählt, daß sein Vater ihn verprügelt und dann in sein Zimmer eingesperrt habe. Er sagte, er habe seinen Vater gehaßt.»

«Ihr Vater muß eine sehr unglückliche Kindheit gehabt haben und dann ein sehr unglücklicher Mann gewesen sein», sagte Sally.

Der Patient sah sie zum erstenmal an, seit sie im Zimmer war. Etwas von seiner Wut und seinem Haß schien verraucht zu sein, und in den Augenwinkeln sammelten sich Tränen – Tränen eben jenes Schmerzes, dem er mit seinem brutalen Verhalten anderen gegenüber unbewußt abzuhelfen versuchte.

Als Sally das Zimmer verließ, sah sie Rachael vor sich, wie sie sie an diesem Morgen verlassen hatte. Die Kleine hatte in ihrem Hochstuhl neben dem freundlichen japanischen Au-pair-Mädchen gesessen, die zarte Kinderschnute mit Getreidebrei beschmiert, der ihre ganze Aufmerksamkeit in Anspruch nahm, doch für einen Moment hatte in ihren Augen das intuitive Wissen aufgeleuchtet, daß Sally sie nicht verließ, wenn sie nun aus dem Hause ging. Jetzt, vor einer ganz anderen Tür stehend, die von einer Schwester der psychiatrischen Station recht unsanft zugezogen und abgeschlossen wurde, sandte sie einen Stoßseufzer zu den guten Kräften des Universums, daß sie Rachael nicht ihre eigenen unversorgten und ungeheilten Wunden weitergeben, sondern ihr eine Mutter sein möge, die ihr soviel Selbstwertgefühl läßt, daß sie es später auch in ihren eigenen Kindern wieder fördern kann.

Der Prozeß, in dem sich die Fähigkeit eines Kindes, mütterlich oder väterlich zu sein, entwickelt, schafft eine gewisse Abhängigkeit zwischen dem Erwachsenen und dem Kind. Eine liebevolle Mutter wird gewiß dazu beitragen, daß die gleiche Fähigkeit in ihrem Kind erwacht, doch das Kind wird weiterhin von ihr bemuttert werden wollen, und andererseits wird die Mutter manches bei ihrem Kind suchen, wonach sie selbst sich sehnt, vielleicht die Natürlichkeit, die Vitalität, die Erfahrung des Werdens, die für die Kindheit so selbstverständlich sind. Damit aber versuchen Mutter und Kind, wesenhafte menschliche Züge und Eigenschaften durch den jeweils anderen zu gewinnen, so daß ihre psychischen Bedürfnisse und das, was sie zu geben haben, sie in eine Abhängigkeitsbeziehung bannen. Damit aber lieben und verstehen sie einander nicht als das, was sie sind, sondern als das, was sie einander bedeuten.

Manche Abhängigkeitsbeziehungen, und nicht nur zwischen Eltern und Kindern, sondern auch zwischen Mann und Frau, scheinen einigermaßen harmonisch bestehen zu können. Häufiger aber geschieht es irgendwann, daß einer der Partner seinen Anteil an diesem unbewußten Tauschhandel einfach nicht mehr erbringen mag. Dann entsteht Schmerz. An seelischem Schmerz wird deutlich, daß wir einen Aspekt unserer selbst auf einen anderen projiziert haben; und dieser andere will nun aus irgendeinem Grund nicht mehr für uns verfügbar sein oder nicht mehr gemäß unserer Projektion leben. Wenn wir aber mit unserem Verlust umzugehen lernen, dann birgt der Schmerz auch die Möglichkeit, unsere Projektion zurückzunehmen: Wir entdecken, daß die Facetten unserer selbst, die wir uns von einem anderen hatten liefern lassen wollen, tatsächlich unsere eigenen sind.

Daß Sally sich zu Luke hingezogen fühlte, lag nicht allein an der Tatsache, daß er Komponist war. Sie mochte die feinen, symmetrischen Züge seines Gesichts, seinen großzügigen Mund, seine Sensibilität und, vor allem, seine Zurückhaltung

– eine sonderbare Mischung aus Scheu und Taktgefühl. Es waren jedoch nicht diese Eigenschaften, in die sie sich verliebte. Sie verliebte sich in Luke, den Komponisten.

Obwohl es mit seiner Produktivität nicht weit her war zu der Zeit, als sie sich kennenlernten, konnte Sally sich durchaus vorstellen, daß er fähig war, große Musik zu schreiben, und vielleicht in die Musikgeschichte eingehen würde. Aber bald konnte auch sie nicht mehr übersehen, daß sein musikalisches Engagement eher schwand als aufblühte. Zunächst verdoppelte sie einfach ihre Bemühungen, ihn zu einer neuen Sinfonie anzufeuern. Als das nicht fruchtete, wurde sie mürrisch und nörgelte an vielem herum, was mit seinem musikalischen Schaffen scheinbar nichts zu tun hatte – ohne zu bemerken, was es eigentlich war, das sie so verärgerte: seine Weigerung, ihre eigenen ungelebten und unbewußten schöpferischen Impulse stellvertretend zu verwirklichen.

Verlust wird auch dann als solcher empfunden, wenn keine Projektion vorhanden war, aber dann ist er nicht von seelischem Leiden begleitet. Wenn etwa eine Frau eine bewußte Beziehung zu ihrem psychischen Ehemann – also zu ihrer inneren Männlichkeit – geknüpft und damit ihre eigene Ganzheit entdeckt hat, wird sie den Verlust ihres äußeren Ehemannes zwar auch als schmerzhaft empfinden, und natürlich um so mehr, je lebendiger, liebevoller und schöpferischer die Beziehung war; aber sie wird keine Gefühlsqualen leiden, dieses Gefühl, einen Teil von sich selbst verloren zu haben, denn ihr inneres Gleichgewicht und Wohlbefinden werden bestehenbleiben, ob er nun da ist oder nicht. Wo auch immer ihr Mann sein mag, lebendig oder tot – eine solche Frau wird immer noch Zugang zu ihrer eigenen inneren Männlichkeit haben.

Ähnlich ist es, wenn wir uns durch eine kritische Bemerkung verletzt fühlen; der Schmerz offenbart, daß wir irgendeinen Teil unseres Selbstwertgefühls von anderen abhängig machen, das heißt auf sie projizieren: Unser Selbstwertgefühl hängt von der Wertschätzung anderer ab. So eine kritische Bemerkung kann auch unsere eigene kritische Persönlichkeit auf den Plan rufen, jenen Teil unserer selbst, der uns oder andere verurteilt, schlechtmacht oder verdammt. Indem wir auf eine solche Bemerkung mit Zorn oder Haß reagieren, errichten wir einen emotionalen Abwehrschild gegen den Schmerz. Denn während wir wütend oder haßerfüllt sind, empfinden wir nicht, daß unser Selbstwertgefühl verletzt wurde, und damit entgehen uns auch die Chancen der Selbsterkenntnis und Entwicklung, die der Schmerz birgt; wir sind dann unfähig, auch nur zu erwägen, daß vielleicht gar nicht der andere der eigentliche Gegenstand unseres Zorns ist, sondern eine nicht ganz so vorteilhafte Seite unserer selbst, die wir nicht wahrhaben wollen.

Haß und Zorn dieser Art (nicht der gerechte Zorn eines Christus, als er die Händler aus dem Tempel jagte) bieten stets eine Gelegenheit, nach innen zu horchen und den wahren Schmerz aufzuspüren, uns den Wunden und manchmal häßlichen inneren Gestalten zuzuwenden, die in den entlegeneren Gegenden der Seele wohnen und die uns «von außen» in bestimmten Menschen und Situationen entgegentreten, wenn wir sie verleugnen und verdrängen.

Nicht immer reagieren wir mit Zorn oder Haß auf die Spiegelungen unserer eigenen Häßlichkeit und Krankheit in anderen; mitunter wenden wir uns auch angstvoll ab. Angst gibt uns die Möglichkeit, das Angsteinflößende zu fliehen. Entscheiden wir uns für Flucht, so werden wir Opfer des unbekannten Tiers, das in den dunklen Wäldern unseres Unbewußten haust und das wir mit unserer Angst, ihm zu begegnen, geradezu zwingen, sich in unserem Fühlen und Handeln bemerkbar zu machen. Auf diese Angst zuzugehen, den finsteren Wald zu betreten und das Tier aufzuspüren, ihm in die Augen zu schauen und seine ganze Bestialität zu erfahren, mag zunächst als ein törichtes, wenn nicht gar masochistisches Unterfangen erscheinen. Denn es heißt doch: Wer sich in Gefahr begibt, kommt darin um. Doch wer stark genug ist, den Jäger zu jagen, sich der Angst zuzuwenden, anstatt sie zu fliehen, der ist gewöhnlich auch stark genug, dem psychischen Schmerz der Begegnung standzuhalten, ohne davon verschlungen zu werden, stark genug, die Begegnung mit grausamen Bestien, Massenmördern, Folterknechten oder anderen destruktiven Elementen, die in unserer Seele hausen, zu überleben, und stark genug, den Schmerz und die Demütigung so rückhaltlos anzunehmen, daß diese inneren Gestalten uns nie wieder zwingen können, aus Angst in defensive und feindselige Gefühle, Gedanken und Aktionen auszuweichen.

Diese Stärke erwächst nicht aus einem beherzten Angriff gegen unsere wunden Punkte, sondern aus der bewußten Entscheidung, uns ihnen zu öffnen. Es ist jene Art Stärke, die zum Beispiel Gandhi gezeigt hat, und sie gibt uns die Möglichkeit, uns dem Feind zuzuwenden und uns still all den Zorn, die Kritik und den Haß der inneren Gestalten anzuhören. Es ist also eine gewaltlose Konfrontation, bei der das Bewußtsein alles entgegennimmt, was der innere Feind zu bieten hat – jeden Angriff, jedes heftige Wort, jedes grausame Lachen und auch seine Blutrünstigkeit –, bis auch das Schlimmste offen zutage liegt und erlitten wurde und die häßliche Wunde oder innere Gestalt ins Licht des Bewußtseins getreten ist und bedingungslos angenommen wurde, so daß sie nun der Kraft beraubt ist, die Angst und Feindseligkeit ihr geliefert hatten. Wo dies geschieht, da wird jene psychische Energie, die bis dahin in eiternden Wunden und häßlichen inneren Gestalten gebunden war, freigesetzt und läßt neue und schöpferische psychische Konfigurationen hervortreten. Beide, das Tier und das individuelle Bewußtsein, wandeln sich durch diese Begegnung. Die Seele reinigt und weitet sich, sie wird geheilt und gewandelt.

Um das zu illustrieren, erzählte Sallys Therapeutin das Märchen von der Schönen und dem Tier. Aber sie gab keine zusammenfassende Darstellung der wesentlichen Punkte, sondern erzählte langsam und ausführlich, wie man vielleicht einem Kind erzählt, einfühlsam die Stimmung der Bilder nachzeichnend. Anfangs war Sally davon ein wenig irritiert, und sie dachte auch an die kostbare und kostspielige Zeit. Aber ganz allmählich ließ ihr Widerstand nach, und sie wurde in diese Bilderwelt hineingezogen, sog die Bilder förmlich auf mit einer Aufmerksamkeit, die sie längst verloren geglaubt, ja vergessen hatte. Als die Therapeutin verstummte, fühlte Sally sich nicht nur durch die psychologische Botschaft der Geschichte bereichert, sondern auch durch die Stimmung und Lebendigkeit der Bilder selbst:

Der sanfte und gütige Vater der Schönen fragte sie und ihre beiden älteren Schwestern, was er ihnen von seiner Reise mitbringen solle. Die älteren Töchter, die sich noch immer nicht mit dem kürzlichen Vermögensverlust der Familie abgefunden hatten, erbaten sich neue Kleider und Schmuck. Die Lieblingstochter aber, die Schöne, sagte, sie brauche nichts, doch wenn der Vater ihr unbedingt etwas mitbringen wolle, so hätte sie gern eine weiße Rose.

Die Wünsche der älteren Töchter waren vergleichsweise leicht zu erfüllen – anders der Wunsch der Schönen. Eine weiße Rose war nirgends zu entdecken. Und so machte der Vater sich voller Bedauern ohne sie auf den Heimweg. In der Nacht verirrte er sich in einem großen Wald. Nachdem er müde und hungrig viele Stunden lang umhergeirrt war, stand er plötzlich vor einem alten Schloß. In der Hoffnung auf eine Schlafstelle band er sein Pferd an und betrat das Schloß. In der Halle stand ein Tisch mit köstlichsten Speisen aller Art. Zu hungrig, um noch lange zu überlegen, für wen dieser Festschmaus gedacht sei, nahm er Platz und aß nach Herzenslust. Satt und schläfrig stieg er dann die Treppe hinauf und legte sich in der ersten Kammer, die er fand, zum Schlafen.

Als er am nächsten Morgen erwachte, lagen auf dem Stuhl

neben seinem Bett neue Kleider. Und unten in der Halle war wieder der Tisch gedeckt, diesmal mit einem üppigen Frühstück. Er aß sich satt, band dann sein Pferd los und wollte schon durch das Tor hinausreiten, als er einen Rosenstock mit weißen Blüten sah. Da fiel ihm der Wunsch der Schönen ein, und er pflückte eine.
«Wer bist du?» fragte eine dunkel grollende Stimme hinter ihm. Der Kaufmann wandte sich um und blickte direkt in die Augen eines riesenhaften häßlichen Tieres, das ihm sagte, es werde ihn im Schloß gefangen halten, es sei denn, er verspräche dem Tier das erste, was ihm bei seiner Heimkehr begegnete. Es wird gewiß der Hund sein, dachte der Kaufmann und willigte ein.
Doch nicht der Hund lief zuerst aus der Hütte, als draußen Hufschlag zu hören war, sondern die Schöne, die Lieblingstochter. Ein Blick in das Gesicht des Vaters sagte ihr, daß etwas Furchtbares geschehen sein müsse. Als sie dann von seinem Versprechen erfuhr, drang sie darauf, es zu erfüllen. Und am nächsten Morgen machte sie sich voller Furcht auf zum Schloß des Tieres.
Sie rechnete damit, daß das riesige Ungeheuer, welches der Vater beschrieben hatte, sie begrüßen würde, doch fand auch sie nichts als den reichgedeckten Tisch und ein Schlafgemach vor, in dem alles war, dessen sie bedürfen könnte. An dem Abend aß sie wenig, und in der Nacht schlief sie kaum aus Furcht vor dem Tier. Doch am nächsten Tag, als das Tier sich immer noch nicht sehen ließ, begannen die Speisen ihr zu schmecken, und sie freute sich an all den schönen Dingen, die ihr auf so geheimnisvolle Weise zukamen. Das ging so weiter, bis ihre Furcht vor dem Tier allmählich schwand und das Alleinsein eine leise Neugier in ihr aufkeimen ließ, was es denn wohl mit ihrem Gastgeber auf sich habe, der sich nie zeigte.
Eines Abends, sie beendete gerade ein vorzügliches Mahl, öffnete sich leise die Tür, und das Tier trat herein. Obwohl

es sie mit sanfter Stimme begrüßte, konnte die Schöne nicht antworten, so erschrocken und entsetzt war sie über seine Häßlichkeit. Ihre Furcht gewahrend, zog das Tier sich zurück. Doch am nächsten Abend, genau zur gleichen Zeit, erschien es wieder. Immer noch war die Schöne stumm vor Entsetzen. Endlich, nachdem sich diese stillen Besuche viele Male wiederholt hatten, fand sie den Mut, das Tier anzuschauen und sogar mit ihm zu sprechen.

In den folgenden Wochen und Monaten ließ ihre Furcht vor dem Tier nach, und sie faßte Zutrauen zu der Sanftmütigkeit hinter diesem wilden und häßlichen Äußeren. Nun freute sie sich auf die abendlichen Besuche, ja sehnte sich danach.

Eines Abends fragte sie das Tier, warum es stets so traurig wirke. Es erwiderte: «Ich liebe dich so sehr, Schöne, und ich wünschte, du wärest meine Frau.»

«O Tier», sagte die Schöne, «ich habe in diesen Monaten deine Freundlichkeit, deine Güte und deinen Adel kennengelernt und Gefallen daran gefunden. Ich habe dich sogar lieben gelernt, aber ich könnte dich niemals heiraten.»

Das Tier seufzte tief, und sein Blick war trauriger als je zuvor. In dieser Nacht träumte die Schöne, ihr Vater sei krank und brauche sie. Da bat sie am nächsten Abend das Tier, sie heimgehen und sich um den Vater kümmern zu lassen. Widerstrebend willigte das Tier ein und gab ihr einen Ring; sollte sie je wieder ins Schloß zurückkehren wollen, so brauche sie ihn nur in die Hand zu nehmen und sich dorthin zu wünschen.

Der Vater der Schönen war überglücklich, sie lebendig und wohlbehalten zu sehen, und wurde bald wieder gesund. Sie verbrachten viele glückliche Tage miteinander. Doch eines Nachts träumte die Schöne, das Tier läge im Sterben. Sie sah es unter den weißen Rosen liegen. Am Morgen erzählte sie dem Vater von dem Traum und sagte, sie müsse ins Schloß zurückkehren.

Sie hatte den Ring kaum berührt und sich dorthin gewünscht, als sie auch schon neben dem sterbenden Tier stand.

Von Liebe durchdrungen, kniete sie neben ihm nieder und küßte seinen häßlichen Kopf. «O Tier», sagte sie, «als du mich batest, deine Frau zu werden, mußte ich nein sagen, denn ich liebte dich zwar, doch deine Häßlichkeit stieß mich immer noch ab. Doch das ist nun vorbei. Ich liebe dich und möchte deine Frau sein.»

Sogleich erhob sich das Tier, und die Schöne fand sich in den Armen eines edlen und schönen Prinzen. Er erzählte, eine böse Hexe habe ihn in ein häßliches Tier verwandelt, und er habe es so lange bleiben müssen, bis ein schönes Mädchen bereit war, ihn zu heiraten.

Es genügte nicht, daß die Schöne Mitleid mit dem Tier empfand. Es genügte nicht einmal, es zu lieben. Seine Verwandlung, wie auch die Verwandlung aller unserer inneren Tiere, setzte bedingungsloses Annehmen voraus, die Bereitschaft, sich mit seiner Tierhaftigkeit und Häßlichkeit zu vereinigen. Ohne dieses vollständige Annehmen sind unsere Tiere und die anderen vernachlässigten und verstoßenen Teile unserer selbst dazu verdammt, ihrem primitiven und manchmal häßlichen und grausamen Wesen in unserem Fühlen, Denken und Handeln Luft zu machen; das befreiende und wandelnde Licht des Geistes erreicht sie nur, wenn wir sie bewußt zur Kenntnis nehmen. Und in eben dem Maße, wie unseren Tieren der Zugang zum Bewußtsein verwehrt wird, steht uns die vitale, instinktive Energie nicht zur Verfügung, die häufig in der Tiergestalt eingeschlossen ist.

Erst als die Schöne bereit war, das Tier zu heiraten, konnte es zu seiner wahren Gestalt finden, konnte sie eine Mann-Frau-Beziehung mit ihm eingehen, was etwas ganz anderes ist, als eine mütterliche Rolle zu spielen, und der Vater (den sie ebenfalls ins Schloß kommen ließ) tauschte seine (psychische) Verarmung gegen neuen Reichtum und neue Vitalität ein. Psychologisch betrachtet, hat die Schöne also, indem sie ihr inneres Tier akzeptierte, ihre eigene Männlichkeit erlöst und die

Ehe mit ihrem inneren Gatten vollzogen. Und dieser schöpferische Akt der Liebe bedeutete für sie eine seelische Erneuerung: An die Stelle der Armut ihres Vaters, Symbol einer abgelebten psychischen Ordnung, trat neuer Reichtum im Schloß der Seele.

Wenn unser Bewußtsein erst einmal genügend Mut, Empfänglichkeit und Verständnisvermögen gewonnen hat, dann ist das Zurücknehmen negativer Projektionen oft leichter als die Auflösung positiver Projektionen.

Es gibt kaum stärkere positive Projektionen als die, welche uns in die Liebe stürzen. Solche Erfahrungen, die Sekunden dauern, aber auch ein ganzes Leben anhalten können, sagen uns, daß wir irgendwo unsere eigene Ganzheit berührt haben, daß wir durch einen anderen Menschen zur Vereinigung mit bestimmten Aspekten unserer inneren Männlichkeit oder Weiblichkeit gelangt sind. Was geschieht, wenn wir uns verlieben, sagt der englische Ausdruck besser: *We fall in love* – wir fallen buchstäblich in die Liebe. Das kann uns entscheidende Anstöße für unsere Entwicklung geben und uns eine Ganzheit erfahren lassen, die nicht vom Fühlen und Handeln eines anderen abhängt, doch leider ist es nicht unbedingt so, daß Verliebtsein uns liebevoller macht. Manchmal ist eher das Gegenteil der Fall. Einen anderen zu lieben, im Unterschied zu Verliebtsein, setzt voraus, daß wir uns für unsere Gefühle selbst verantwortlich fühlen und nicht von anderen erwarten, daß sie ihnen entsprechen; es setzt beispielsweise die Einsicht voraus, daß Emotionen ihren Ursprung in Projektionen haben und wir eine nicht erwiderte Leidenschaft deshalb einfach erdulden müssen, um uns von ihr belehren und bereichern zu lassen, anstatt die Befriedigung unserer Wünsche durch einen anderen zu erwarten.

Leider werden das Geschenk und die Chance, die die Erfahrung des Verliebtseins bedeutet, meist verspielt, bevor sie überhaupt erkannt wurden. Der Verliebte stellt fest, daß der geliebte Mensch doch nicht dem Idealbild entspricht, nicht das ist, was er oder sie zunächst zu sein schien. Dann welkt das Verliebtsein so schnell, wie es erblühte.

Als Sally die Tür öffnete und ihn draußen im Morgendunst stehen sah, wußte sie gleich, daß sie ihn nehmen würde; sie hatte beschlossen, das Dachzimmer zu vermieten, solange Luke fort war. Seine große, markante Erscheinung, der distanzierte Blick und das dichte, fast schwarze Haar ließen eine fremde Sehnsucht in ihr wach werden. Sie hatte sich schon manchmal gefragt, wie es wohl kam, daß die Männer, die sie geliebt hatte, und dazu gehörte auch Luke, eigentlich nie so recht ihrem Ideal von männlicher Schönheit entsprochen hatten. Keiner, so schien ihr, hatte auch nur im entferntesten diese Ausstrahlung von vornehmer Würde besessen, die ihr jetzt entgegenschlug.

Einige Wochen lang lebten sie zusammen, wie es ihren Rollen als Mieter und Vermieterin entsprach. Zwischen ihm und Rachael entwickelte sich eine innige Freundschaft, was für Sally eine spürbare Entlastung bedeutete, da sie jetzt nicht mehr ständig als Rachaels Spielgefährtin zur Verfügung stehen mußte, wenn die Kindergartenfreunde mal ausfielen. Sie hörte die beiden oben herumtoben und lachen, während sie unten über ihren Universitätsarbeiten saß. Doch schon in diesen ersten Wochen stand für sie fest, daß sie seine Geliebte werden würde.

Das geschah dann auch, und sie stürzte in ein tiefes, besinnungsloses Verliebtsein. Sie verbrachten einen wunderbaren Monat miteinander – bis zu jenem Freitagabend. Sally fütterte Rachael gerade, als er in die Küche trat, sie liebevoll umarmte und sich auf die Bank hinter dem alten Eichentisch zwängte. Während sie Rachaels Essen kleinschnitt und den Becher mit Milch füllte, genoß sie bereits im Vorgefühl ihr Zusammensein, wenn Rachael eingeschlafen sein würde. Sie schaute ihn an, wie um zu erkunden, ob er von ähnlichem Verlangen erfüllt sei. Für einen kurzen Augenblick sah sie zwei Bilder. Das eine war ihr Mieter, ein recht gutaussehender, großer Mann mit einem etwas schiefen Mund, der ihr erst jetzt auffiel. Das andere Bild, mit keinem menschlichen Körper verbunden, war diese atemberaubende, vornehme Schönheit, in die sie sich bei der ersten Begegnung augenblicklich verliebt hatte. Wieder zum wirklichen Menschen zurückkehrend, wurde ihr schmerzhaft bewußt, daß sie ihn zwar immer noch mochte, aber nicht mehr seine Geliebte sein wollte.

Manchmal bleiben das Idealbild und der Mensch, zu dem es gehört, verbunden. Das kann zum Beispiel der Fall sein, wenn wir etwas auf wirklich weise Menschen projizieren oder auf geliebte Menschen, von denen wir durch Raum oder Zeit getrennt sind, so daß die kleinen und großen Hindernisse des alltäglichen Lebens dem projizierten Idealbild nichts anhaben können.

Eine flüchtige Vision der vierzehnjährigen Beatrice genügte, um Dante auf den weiten und schmerzenreichen Weg zum Paradies zu schicken. Anstatt den Umstand zu bejammern, daß irdische Liebe zwischen ihnen nicht möglich war, ließ er sich von der Liebe, die ihr Bildnis in ihm erweckt hatte, an jenen Ort der Seele führen, wo er sich für immer mit ihr vereinigen konnte. Und da er dieser Liebe treu blieb, konnte er sich all dem in seinem eigenen Innern stellen, was die Vereinigung mit diesem Inbegriff der Schönheit, Anmut und Reinheit des Weiblichen verdunkelte. Zorn, Enttäuschung und auch die verstreichende Zeit konnten ihn nicht zur Abkehr von diesem Bild seiner Liebe bewegen; er ließ es vielmehr in sich aufblühen, bis es mit seiner Liebe eins wurde.

Doch Dantes Aufgabe, so schwer sie auch war, erscheint relativ leicht im Vergleich zu der Aufgabe, dem Bild der Liebe auch dann treu zu bleiben, wenn die irdische Vereinigung zustande kam, dann aber aus irgendeinem Grund wieder gesprengt wurde. In solchen Augenblicken sind wir versucht, mit irgendeinem der zahllosen, stets verfügbaren Betäubungsmittel die qualvolle Leere vergessen zu machen, die dann entsteht: Drogen, Alkohol, neue Beziehungen, kalte intellektuelle Distanzierung – alles ist recht, wenn es nur das Bewußtsein des Verlustes übertönt. Und dabei bietet doch gerade diese Erfahrung des Verlusts die Möglichkeit, den geliebten Menschen als Teil unserer selbst zu erkennen und in uns nach ihm Ausschau zu halten.

Die Suche nach dem inneren Apollo, der inneren Artemis, Nastasja Kinski oder Robert Redford, ist ein intensives imaginatives Lauschen: Das Bild des geliebten Menschen immer klarer und deutlicher werden lassen, bis es uns zu einem ständigen Gefährten wird, bis wir uns in Liebe wahrhaft mit ihm vereinigen können. Der Verlust der physischen Nähe kann dieses innere Lauschen fördern, denn echte Trauer macht die Seele sensibler und stärker. Und wenn das psychische Vakuum, das der Verlust hinterläßt, nicht mit irgend etwas anderem, einer neuen Projektion, gefüllt wird, so bildet es den Schoß, worin der oder die ewige Gebliebte empfangen und geboren wird.

Jede positive Projektion, alles, was wir bewundern oder begehren, hat seine eigentliche Wirklichkeit in uns selbst, und diese Wirklichkeit ist auch dort zu finden, wenn wir unserer Sehnsucht treu bleiben, zugleich aber zulassen, daß sie sich von äußeren Dingen und Menschen ablöst, und schließlich all den seelischen Möglichkeiten Raum geben, die solch ein Opfer eröffnet. Es scheint aber eine Art von Projektion zu existieren, die sich in keiner der Kategorien unterbringen läßt. Es ist die höchste Form der Projektion und zugleich die Ur-Projektion: die Projektion der Einheit. Manchmal zeigen sich an einer Erfahrung der Verliebtheit beide Arten: Die Projektion bewunderter Eigenschaften, bestimmter Aspekte unserer eigenen inneren Männlichkeit oder Weiblichkeit, und daneben die Projektion unserer geistig-seelischen Einheit – Gott ebenso wie Apollo. Wird die Apollo-Projektion zurückgenommen, so daß wir unseren inneren Apollo finden, so finden wir uns erhoben und geadelt, geläutert und erleuchtet. Wird die Gott- oder Selbst-Projektion zurückgenommen, so daß wir die Liebe, die wir durch einen anderen erfahren, als den Kern dessen erkennen, was wir selbst sind, so finden wir unerschütterliche Gelassenheit und höchstes Glück, Unsterblichkeit und Grenzenlosigkeit. Eine Projektion des Selbst kann uns inspirieren, unsere eigene Reise des Werdens anzutreten, ihre Qualen zu leiden und ihre Wahrheit in uns aufzunehmen. Diese Projektion begleitet uns bei jedem schwierigen und freudigen Schritt des Weges und verschwindet nie, bis wir, wie Dante, die Pforten des Paradieses erreichen, das himmlische Königreich, das in jedem von uns ist.

Sally war erst achtzehn, als sie Luke begegnete, und innerlich eigentlich noch viel jünger. Im ersten Jahr ihrer Beziehung schien er nicht sonderlich an ihr interessiert zu sein. Sie empfand es beinahe als Gleichgültigkeit, wenn er sie erst gegen sechs Uhr anrief, um sie zum Abendessen einzuladen. Die Stunden des Nachmittags verbrachte sie in einem Gefühl von dumpfem Schmerz, wenn die Zeit verstrich, ohne daß er anrief. Und wenn er dann anrief, mußte sie sich in fliegender Hast zurechtmachen, so gut es eben ging, denn er ließ ihr zwischen seinem Anruf und dem Läuten an der Tür der elterlichen Wohnung nur wenige Minuten Zeit.

Aber in ihrem zweiten Sommer fuhren sie quer durch Frankreich und weiter nach Spanien. Und dann, in einem kleinen, schäbigen Hotel gleich hinter der spanischen Grenze, als sie abends in dem schmalen, harten Bett lagen, das in den Augen des Hoteldirektors ganz entschieden ein Doppelbett war, bemerkte sie, daß er sie auf einmal ganz anders anschaute. Und fast ein wenig schüchtern sagte er: «Ich liebe dich.»

Wieder in London, zog sie zu ihm, und etwa ein Jahr lang, bis sie heirateten, schlief sie neben ihm in seinem schmalen Bett. Am Abend, nachdem sie einander geliebt hatten, kuschelten sie sich zum Schlafen aneinander in einer Haltung, die sie «Löffelchen-Liegen» nannten.

Das nächste, was in ihr Bewußtsein drang, war dann meist das Schrillen des Weckers und der plötzliche Sprung, mit dem er das Bett verließ. Nicht um dem Tag freudig entgegenzustürzen, sondern weil er den Wecker grundsätzlich auf die letzte noch mögliche Minute einstellte und so gerade noch Zeit hatte, sich schnell zu waschen, eine Tasse Nescafé hinunterzustürzen und sich eine Zigarette anzuzünden, um sich dann in das Gewühl all derer zu stürzen, die um neun im Büro sein mußten.

Und jeden Morgen, wenn er mit diesem Sprung aus dem Bett ihre Löffelchen-Vereinigung zerriß, war Sally zumute, als risse er etwas aus ihr heraus und nähme es mit. Weg war die warme, liebevolle Ganzheit der Nacht, und nun wurde sie mit zerrissenem Herzen in den Tag hinausgestoßen.

2 Bilder der Seele

Emotionen wie Verlangen, Haß, Ärger und Angst deuten darauf hin, daß wir einen Aspekt unserer selbst, eine Verwundung oder einen noch unbekannten Zug, projizieren und dieser dann von einem anderen Menschen reflektiert wird. Es ist jedoch häufig schwierig, diese Komponenten zu identifizieren, also mit dem Unbewußten in Verbindung zu treten, wenn keine geeignete Sprache zur Verfügung steht. Bilder sind eine solche Sprache der Seele. Denn Bilder sind, wie die Psyche selbst, ein Zusammentreffen der beiden Welten Materie und Geist, der Form und des Ungeformten.

In Träumen erfahren wir diese Sprache. Es gibt viele verschiedene Arten von Träumen, in denen uns in der Gestalt bekannter oder unbekannter Menschen, aber auch als Tiere, Dinge und Ereignisse die verschiedenen Ebenen, Aspekte und Eigenschaften unseres eigenen Seins entgegentreten. Manche Träume zeigen uns auch die Verbundenheit von Körper und Seele, wie etwa in dem Fall, wo ein Mann von einer beträchtlichen Zunahme seiner Kragenweite träumte. Nach dem Aufwachen noch beunruhigt von diesem Bild, ließ er sich untersuchen, und tatsächlich wurde ein Schilddrüsentumor entdeckt.

Manchmal geht ein solcher Traum noch einen Schritt weiter und liefert nicht nur die Diagnose, sondern auch den therapeutischen Ansatz. Eine Frau, bei der im Rahmen einer Krebsvorsorgeuntersuchung Anomalien im Abstrich festgestellt worden waren, träumte von zwei Krebs-Skalen. Die eine Skala zeigte ihren Zustand als normal an, während die andere Skala, die von «kalt» bis «heiß» reichte und mit ihrer Mutter assoziiert war, sie ziemlich nah am kalten Ende einstufte. Einige Nächte später träumte sie, die Heilung ihres Zustands, ein Frühstadium von Gebärmutterhalskrebs, hinge davon ab, daß sie ein überwuchertes Stück Land, das einst bebaut worden, dann aber verwildert war, freilegte und wieder urbar machte.

Der erste Traum zeigte deutlich, daß das Geschehen in ihrem Körper mit ihrer Beziehung zur Mutter assoziiert war; irgendeinen Aspekt ihrer inneren Mutter hatte sie draußen in der Kälte stehengelassen und nicht in ihr Bewußtsein integriert, und dieser dissoziierte psychische Inhalt lebte nun in ihrem Körper in Form von dissoziierten Zellen – also Zellen, die nicht mehr auf die Ganzheit ihres Organismus reagieren konnten, sich aus seiner Ordnung gelöst hatten und sich nun in chaotischer und bedrohlicher Weise vermehrten. Der zweite Traum zeigte, daß die Frau geheilt werden konnte, wenn sie ein dem Wildwuchs preisgegebenes Gebiet ihrer Psyche wieder bearbeitete: Sie mußte bewußt die Verbindung zu den abgewiesenen Aspekten ihrer inneren Mutter wiederherstellen, damit diese Energie erneut ihren Ort finden konnte im Gefüge der Seele.

Die meisten Krankheitsträume sind jedoch nicht Ausdruck einer tatsächlichen körperlichen Erkrankung, jedenfalls nicht in dem Sinne, daß bereits körperliche Symptome zu erkennen wären. Sie sprechen vielmehr von psychischen Störungen, die als solche geheilt werden müssen. So war es auch bei einem schockierenden Traum, den Sally bald nach Beginn der Analyse hatte:

> Sie befand sich mit einer Gruppe von Kindheitsfreunden und deren Eltern auf einem penibel gepflegten Rasen vor einem makellos gestrichenen Haus. Das Gras war gemäht

worden, bis es die ebenmäßige Glätte eines Billardtisches erreicht hatte, und dann hatte man es noch gestrichen, so daß es nun eher einem Orientteppich als einem Stück Natur glich. Sogar die Bäume und Blumenbeete waren bemalt und geschmückt worden, so daß der Garten sich praktisch gar nicht vom Innern des Hauses unterschied. Die Hausbesitzerin sagte zu den Gästen, ihre Tochter, eine von Sallys kleinen Freundinnen, liege oben in einem der Zimmer im Sterben und wolle Sally sehen.

Voller unguter Gefühle stieg Sally die Treppe hinauf und schaute durch die Tür in das Zimmer des kranken Mädchens. Was sie sah, war ein grauenhafter Wust von Qual und Verwahrlosung – Schmerzens- und Todesschreie inmitten einer Hölle von Erbrochenem, Kot und Blut. Der Kontrast zu dem vor Sauberkeit und Adrettheit starrenden Haus und Garten hätte nicht größer sein können.

Der Traum zeigte Sally als jemanden, der sich eine extrem ordentliche und leblose Persona für ihre Beziehungen zur Welt geschaffen hatte, eine Maske, die nicht nur den anderen, sondern auch ihr selbst das Grauen und den Schmerz in ihrer Seele verbarg. Das unmittelbare Ziel der Therapie bestand deshalb darin, diesen krankhaften Zustand dem Bewußtsein zugänglich zu machen. Sie mußte ihn annehmen, fühlen und erleiden, damit ihre Seele, befreit von der Zwangsjacke einer künstlichen Ordnung, sich erneuern und heilen konnte, anstatt von einem Ego-Bewußtsein, das seine eigenen Instinkte unter strikter Kontrolle hielt, weil es sich so sehr vor ihnen fürchtete, aller Vitalität beraubt zu werden.

Der Traum entsetzte und beschämte Sally. Zum erstenmal sah sie all den Wirrwarr, Zorn und Schmerz hinter ihrer sorgsam zurechtgemachten Maske. Sie war erschrocken, und nicht nur über den erstickten und ungelebten Schmerz von dreißig Jahren, sondern weil sie sah, wieviel Angst sie davor hatte, die Kontrolle aufzugeben und von der bewußten Organisation ihrer Persönlichkeit abzulassen. Die Kontrolle über ihr wahres Sein aufzugeben, sich nicht mehr äußerlich und innerlich zu etwas mehr oder weniger Akzeptablem zurechtzumachen – das erschien ihr wie eine Selbstverdammung zu ewiger Einsamkeit; abgelehnt von allen, die sie kannte, als unmöglich und unerfreulich. Denn ihre Kontrollmechanismen hatten sie nicht nur davor bewahrt, ihren wirklichen inneren Zustand zu empfinden, sie hatten auch verhindert, daß sie sich selbst entdecken und akzeptieren konnte. Und so hatte sie stets das vage Gefühl gehabt, ihre wirkliche Persönlichkeit sei für andere derart unannehmbar, daß man sie besser verborgen hielt.

Sie hatte schon als kleines Kind begonnen, den Garten ihrer Seele so zurechtzustutzen, wie ihr Traumgarten es ihr bewußtgemacht hatte. Sie erinnerte sich, wie sie den ganzen Tag formuliert und geprobt hatte, wenn sie abends ihren Vater etwas fragen wollte. Und trotz allen Übens schlug das Herz ihr bis zum Hals, wenn sie dann das Knirschen der Reifen auf der Kieseinfahrt hörte. Dabei war er durchaus nicht hart oder grausam. Das wußte sie. Nur irgendwie kühl und grimmig manchmal, und man wußte nie, wann. Er war auch nicht der einzige, der sie in Angst und Schrecken versetzen konnte. Bei fast allen anderen Menschen war es dasselbe, es sei denn, sie standen irgendwie «unter» ihr, wie etwa die sanftmütige Schweizer Köchin der Familie, in deren muffige Kammer sie oft vor ihren Ängsten floh, um dort fernzusehen oder Karten zu spielen.

Ans Telephon zu gehen war für das Kind Sally eine besonders unangenehme und beängstigende Sache. Denn da man nie wußte, wer anrief, konnte man sich nicht darauf vorbereiten, das Richtige zu sagen. Manchmal konnte sie sich davor drükken, indem sie vorgab, nichts gehört zu haben, oder indem sie wartete, bis jemand anderes an den Apparat ging. Wenn es aber mal unumgänglich war, dann schwitzten ihre Hände, wenn sie den Hörer abnahm.

Als sie älter wurde, ließen die Ängste vor dem Telephon,

dem Vater, Fremden, ja sogar Bekannten nach, wenn auch nicht allzusehr. Aber im Umgang mit diesen Ängsten machte sie Fortschritte. Sie bemerkte, daß man am besten dauernd Fragen stellte, um nicht in die peinliche Lage zu kommen, welche beantworten zu müssen. Sie gab sich viel Mühe mit ihrem Aussehen und benutzte ihre herausgeputzte Erscheinung als die Maske, die sie der Welt präsentierte, und diese Schönheit gab ihr ein wenig Macht in die Hand, ein kleines Gegengewicht zu der Macht, die sie anderen dadurch einräumte, daß sie sie fürchtete. Mehr und mehr bediente sie sich ihrer erotischen Reize in Situationen, die sie als bedrohlich empfand. Und für den Fall, daß dies mal nicht genügte, schärfte sie auch ihren Intellekt zu einer Verteidigungswaffe, und hatte nun stets eine geistreiche Bemerkung zur Hand, wenn es ihr bei irgendeiner Begegnung mulmig zumute wurde.

All diese Mittel kosteten sie viel Kraft und waren trotzdem nicht zuverlässig. Manchmal beschlich sie doch das Bewußtsein ihrer seelischen Wunden. Nicht oft, aber immer noch oft genug, um die Angst vor dem Schmerz zu schüren. Geschah es, dann verdoppelte sie ihre Anstrengungen, alles unter Kontrolle zu behalten.

Jetzt, indem sie ihr Leben überdachte, diesen ständigen Abwehrkampf gegen sich selbst und die Welt, wurde ihr klar, daß sie nur dank ihrer Blindheit so hatte leben können. In völliger Ahnungslosigkeit über die Motive ihres Tuns konnte sie weiterhin das Gras anmalen und die ersterbenden Schreie des Mädchens in ihrer Seele überhören. Nun aber, nach dem Traum, erinnerte sie sich. Sie war nicht mehr unschuldig. Sie hatte gesehen.

Ihr erster Impuls war, sich doch wieder abzuwenden, das ganze therapeutische Abenteuer abzublasen und noch eifriger an der Fassade ihres Hauses zu arbeiten – doch die gequälten Schreie des sterbenden Mädchens gingen ihr nicht aus dem Sinn. Der Traum hatte die Möglichkeit, in ihr geschminktes

Leben zurückzukehren, ein für allemal zerstört. Sie mochte wohl versuchen, die Treppe hinunterzugehen und das sterbende Mädchen sich selbst zu überlassen. Doch sie wußte: Wenn jetzt ihr Mitgefühl nicht stark genug war, sich umzuwenden, dann würde irgendwann die Scham stark genug sein. Das Wissen, daß ihr zurechtgemachtes Leben nur eine Flucht vor ihrem Leiden war, ließ sich nie mehr auslöschen. Sie konnte das Zusammenbrechen der Fassade, das Aufgeben der Kontrolle, allenfalls noch hinauszögern – aufhalten ließ es sich letztlich nicht.

Manchmal ist schwer zu erkennen, welche Seinsebene – die körperliche, emotionale oder spirituelle – in einem Traumbild angesprochen wird und ob es eine subjektive oder eine objektive Bedeutung hat. Als Sally anfing, auf ihre Träume zu achten, betrachtete sie sie zunächst als objektive Gegebenheiten und faßte die Traumgestalten als etwas von ihr Getrenntes und Äußeres auf. Doch mit Hilfe ihrer Analytikerin, die ein feines Gespür für die Sprache der Psyche besaß, fühlte sie sich allmählich in die Bilder ein und lernte zu unterscheiden, welche als Spiegelungen ihres eigenen Seins zu verstehen waren und welche mit anderen Menschen und Ereignissen zu tun hatten.

Objektive Träume können von prophetischer oder telepathischer Natur sein. Ihre Worte und Bilder sind häufig relativ klar und direkt. Mitunter werden sie auch zur Botschaft einer unbekannten, aber überzeugenden Stimme, wie in dem Traum einer Frau, in dem ihr gesagt wurde, sie würde eine Arbeit finden, wenn sie das Dachgeschoß einer bestimmten psychiatrischen Klinik aufsuchte. Die Frau hatte schon einige Zeit nach einer solchen Arbeit gesucht, doch bisher erfolglos. Am Tag nach diesem Traum traf sie auf einer Party einen Bekannten, der ihr riet, den Leiter eines psychiatrischen Krankenhauses im Londoner East End zu kontaktieren. Der Traum fiel ihr ein, sie folgte dem Rat und bekam eine Stelle angeboten.

Telepathische Träume informieren uns manchmal über

Dinge, die erst später durch die üblichen Kanäle bekannt werden. So war es bei einer Studentin, die im Traum die Note ihres Mathematikexamens zwei Wochen vor der offiziellen Bekanntgabe erfuhr. Oder bei einer Frau, die träumte, ihr Antrag auf ein Einreisevisum sei genehmigt worden, und erst fünf Tage später die Bestätigung erhielt.

Bei anderen Träumen hat man den Eindruck, sie sprechen von Dingen, die nicht von dieser Welt sind, etwa von Begegnungen mit Verstorbenen oder anderen außersinnlichen oder geistigen Wesenheiten. Diese Träume von solchen zu unterscheiden, die unser eigenes Seelenleben widerspiegeln, kann außerordentlich schwierig sein. Es setzt ein Gespür für die Qualität der Träume und Bilder voraus, das erst durch lange Erfahrung mit dieser Sprache wächst. Wenn etwa jemand von einem weisen spirituellen Wesen träumt, so ist manchmal schwer auszumachen, ob hier ein bislang unbewußter Aspekt seiner eigenen Seele Gestalt annimmt oder dieses Wesen ein relativ eigenständiges Sein besitzt. In gewissem Sinne ist es jedoch gar nicht so wichtig, wie die Antwort lautet. Psychologisch gesehen, kommt es zunächst darauf an, daß der Träumende sich mit den Eigenschaften dieses Wesens vertraut macht, damit sie ihm für dieses irdische Leben zugänglich bleiben. Denn gleichgültig, ob es sich hier um eine noch nicht integrierte Seite des Träumenden oder um eine eigenständige Wesenheit handelt, seine Seele wird auf jeden Fall durch den Prozeß der Integration bereichert und von der neuen Energie verwandelt. Wenn er andererseits die Beziehung zu diesem Wesen zwar annimmt, jedoch dabei bleibt, daß dieses Bild ihm äußerlich sei, so mag er wohl zur Weisheit dieses Wesens Zugang finden, aber seine Seele wird im Grunde doch in den alten Grenzen gefangen bleiben. Er wird einen neuen Freund gewinnen, aber kein neues Gebiet seiner Seele entdecken. Wenn wir einem Traum abgewonnen haben, was er für uns persönlich «hergibt», dann sollten wir aus Achtung und Dankbarkeit auch die Möglichkeit einräumen, daß die Traumgestalt außerdem objektive Wirklichkeit besitzen könnte; der verstorbene Ehemann im Traum etwa hat vielleicht etwas Wichtiges mitzuteilen, ganz unabhängig davon, daß er uns einen Schritt weitergebracht hat auf dem Weg zur Integration unseres eigenen inneren Ehemannes.

Angesichts des oft rätselhaften Charakters der Traumbilder kann man versucht sein, sie anhand gegebener Begriffe und Verständnismöglichkeiten zu interpretieren; es könnte jedoch sein, daß die tiefere Bedeutung eines Traums dann um einer verständlichen Interpretation willen übergangen wird. Die Botschaft mancher Träume verdeutlicht nämlich möglicherweise einige Dimensionen der Erfahrung und des Verstehens, die uns nur zugänglich sind, wenn wir schlafen; und sie fordert uns auf, die Möglichkeit zu akzeptieren, daß unsere Träume Bedeutungsdimensionen umfassen, die unser gegenwärtiges Begriffsvermögen weit übersteigen.

Mit anderen Worten: Vielleicht gibt es zwei verschiedene Sprachen der Seele, die sich zur Bilderwelt des Traums verweben: Die Bilder der einen Sprache sind echte Symbole, wie etwa die Katze, die ein Abbild der psychischen Katze ist (also jenes Teils unserer instinkthaften Natur, der die psychische Entsprechung sowohl der äußeren Katze als auch der archetypischen Katze darstellt); die Bilder der anderen Sprache sind näherungsweise Übersetzungen außerirdischer Phänomene oder unbekannter irdischer Phänomene in Formen unserer gewöhnlichen Erfahrung.

Leichter zu verstehen sind wohl Träume, die den psychischen Unterbau einer im Wachzustand erlebten Situation deutlich machen; sie stellen ein Ereignis oder eine emotionale Erfahrung in den Farben und Formen dar, in denen das Unbewußte des Träumenden sie wahrgenommen hatte. So kommt es zum Beispiel vor, daß wir nach einer unerfreulichen Begegnung, die starke Emotionen in uns wachgerufen hat, von jemandem aus unserer Vergangenheit träumen. Zunächst ist vielleicht keine Verbindung zwischen diesen beiden Menschen zu erkennen, doch wenn wir die Gefühlsqualität des Traums auf uns wirken lassen, wird deutlich, daß die Emotion, die bei der tatsächlichen Begegnung in uns aufwallte, zumindest in ihrer Intensität unserer Beziehung zu der Traum-Person angehört; sie hat ihren Ursprung in einer früheren Verwundung, die nicht ausgeheilt ist, und kommt in Situationen, die der traumatischen Erfahrung irgendwie ähneln, immer wieder an die Oberfläche. Wird die Wunde erkannt und bewußt erlitten, so fällt die Projektion auf äußere Gestalten weg. Vergleichbare künftige Situationen mögen dann immer noch schwierig und unangenehm sein, aber sie werden nicht mehr diesen emotionalen Sturm in uns entfesseln. Emotionale Stürme haben ihren Ursprung stets im Innern; äußere Situationen bilden nur den Auslöser für ein solches Aufwallen von Gefühlen aus den dunklen Tiefen der Seele.

Wenn wir einen Traum verstehen, sagt nicht nur unser Fühlen «Ja», sondern auch unser Denken. Jung bezeichnete das als «Aha-Effekt». Dieser Aha-Augenblick zeigt, daß unser Bewußtsein die Weisheit des Traums erfaßt hat und dadurch bereichert wurde. Für gewöhnlich ist das aber erst der Beginn der Auseinandersetzung mit dem Traum; für den eigentlichen Entfaltungsprozeß der Seele kommt es nun darauf an, die Bilder wirklich zu integrieren. Wenn wir erkannt haben, daß beispielsweise die verletzte Katze in unserem Traum einen Aspekt unseres eigenen verletzten Katzen-Instinkts darstellt, müssen wir uns dem Katzenhaften mit soviel Einfühlungsvermögen nähern, daß wir die Katze werden, das heißt, ihre ganze Art so sehr annehmen, daß wir praktisch in ihrer Haut leben und die Welt mit ihren Augen sehen, durch ihre Wunden fühlen. Nur dann geschehen Heilung und Wandlung.

Manchmal weist ein Traum auf die Art der Verwundung hin und ist dann eine Aufforderung zu diesem mitfühlenden und einfühlsamen Annehmen, das eine Integration bewirken kann. Und schließlich sehen wir im folgenden Traum, den Sally zu einer Zeit hatte, als sie ihren eigenen verwundeten Instinkten nahe genug gekommen war, wie dieser Integrationsprozeß zum Abschluß kommt:

> Sally ging mit ihrem Bruder durch das Dorf ihrer Kindheit, und sie sahen plötzlich auf der anderen Straßenseite drei verletzte und gefesselte Katzen liegen. Sally überquerte die Straße, um ihnen zu helfen. Sie merkte gleich, daß die Katzen fast verdurstet waren, und ging erst einmal zum Brunnen, zog mehrere Eimer Wasser hoch und brachte sie den Katzen. Dann knotete sie ihre Fesseln auf. Als die Katzen frei waren, verwandelten sie sich in drei große und starke schwarze Männer, die sich bei ihr bedankten. Ganz begeistert von dieser Verwandlung, lud sie die Männer zu sich nach Hause zum Essen ein.

Was auch immer für Bilder auftreten mögen, es kommt darauf an, ihre Natur und Eigenart zu empfinden und anzunehmen. Ein Menschenschinder kann ebenso zu unserem Unbewußten gehören wie ein chinesischer Weiser. Und wenn seine Grausamkeit und Unbarmherzigkeit eine Chance bekommen sollen, sich zu wandeln, dann müssen wir sie nicht nur zur Kenntnis nehmen, sondern wirklich erfahren, damit wir das Böse von beiden Seiten kennenlernen, als Subjekt und als Objekt, Folterer und Gefolterter. Der Schmerz, aber auch die Scham darüber, daß so einer in uns wohnt – beides ist notwendig.

Auch Bilder aus der Natur stellen die Aufforderung dar, in innige Beziehung zu ihnen zu treten. Die alte Eiche vor dem Haus mag dem physischen Auge, aber auch dem Traumbewußtsein als etwas außerhalb Existierendes erscheinen. Wenn wir uns jedoch wirklich auf den Baum einlassen – uns von innen her in seine Äste und Zweige hineindehnen, den Stamm hinunter in die Wurzeln, in die Erde wachsen, die Säfte aus der dunklen, feuchten Erde zur Sonne hin aufsteigen fühlen –, so erweist er sich plötzlich als unablösbarer Teil unserer selbst.

Diese Art des Umgangs mit Bildern der Nacht und des Tages ist eine Form der Meditation. Es erfordert eine gesammelte und aufnahmebereite Betrachtung des Bildes, bis alles Bewußtsein anderer Dinge erlischt und wir eins sind mit dem Bild. Durch tiefe imaginative Kommunion dieser Art werden wir geheilt und gewandelt.

3 Die Vermählung von Himmel und Erde

Als Sprache der Seele spiegeln Bilder beide Seiten unseres Seins wider – Himmel und Erde, Geist und Form – und setzen sie zueinander in Beziehung; sie überwinden die Kluft zwischen diesen Polen und lassen uns beide erfahren. Und wie die Seele ist die Imagination nicht nur in ihrem eigenen Bereich schöpferisch, sondern auch durch ihren Einfluß auf die Welten, die sie widerspiegelt und verbindet: Ein erotisches Bild erregt den Körper; ein Bild Gottes erweckt den Geist. Ohne diese Brücke der Seele und der Imagination bleibt das Bewußtsein in einem der beiden Pole gefangen, im Intellekt und der gegenständlichen Welt oder im Reich der Formlosigkeit und des Geistes. Durch Seele und Imagination können Form und Geist sich austauschen und einander berühren. Wir können unsere Ganzheit erfahren und empfinden.

Solange unsere Wunden und Sehnsüchte unerkannt und ungefühlt bleiben, bleibt auch das, was ihren Kern bildet, die Bilder von Geist und Form, von Himmel und Erde, dem Bewußtsein unzugänglich. Erhalten Schmerz und Verlangen jedoch Zugang zum Bewußtsein, so kommen mit ihnen auch die universalen Bilder, die dem Persönlichen und Besonderen zugrunde liegen: Das Bild der grausamen Mutter wird erkannt und erlitten, und die Grausamkeit löst sich auf und enthüllt dahinter eine ursprüngliche Güte; der bigotte, tyrannische Heuchler verschwindet und läßt den gütigen, weisen Führer sichtbar werden; «Gott» verliert seinen herrischen

Blick; die Katze wird von ihren Wunden geheilt; und der verdorrte Baum treibt neues Grün aus. Wie eine körperliche Verletzung, wenn man sie nur säubert und der Luft aussetzt, zu heilen beginnt, so heilen auch die Wunden der Seele – der Luft des Bewußtseins ausgesetzt und durch unsere Tränen und Scham gereinigt – ganz von selbst und lassen heile Gliedmaßen anstelle von verkrüppelten erscheinen, ein gütiges Wesen anstelle eines dämonischen. Denn das Böse, in allen seinen Formen, entsteht durch unsere Flucht vor dem Leiden und wird durch sie verewigt. Um etwa dem nicht zugelassenen Schmerz einer traumatischen Kindheitserfahrung zu entgehen, weichen wir aus oder sind augenblicklich zu Verdammung und Angriff bereit, wenn irgend etwas oder irgend jemand uns an diese Wunde zu erinnern droht. Wenden wir uns dem Schmerz jedoch zu, so entziehen wir diesen häßlichen Mechanismen und inneren Gestalten die Energie, die sie zum Leben brauchen. Dieses Finden und Heilen der Seele ist lang und mühsam. Es erfordert geduldige und achtungsvolle Aufmerksamkeit für alle Bilder, im Wachen wie im Träumen, für jede Emotion und jeden zwiespältigen Gedanken, denn sie alle können beitragen zu unserem Werden.

In der Welt der Imagination verliert die Unterscheidung von innen und außen, Ich und Nicht-Ich, ihren Sinn. Denn wenn man die Bilder ins Bewußtsein integriert, werden Baum, Vogel, Kind oder Berg nicht mehr als etwas «da draußen» empfunden, sondern als eine Seite unseres eigenen Seins. Solange wir den Baum einfach anschauen, scheint er uns gegenüber zu sein, und wenn wir ihn anfassen, beweist die Berührungsempfindung dann nicht, daß er von uns verschieden ist? Aber wenn wir uns in sein Wesen, seine Baumheit, einzufühlen beginnen, lösen die Grenzen sich auf, und wir erkennen uns selbst als BAUM. Nicht als der Baum auf der Wiese, ja nicht einmal der Baum in der Seele, sondern der BAUM, der sich als der stoffliche Baum, aber auch als Baum des Lebens, als der archetypische Baum, manifestieren kann.

So werden die veräußerlichten Teile unseres Seins er-innert. Und jedes Er-innern vermehrt unsere Fähigkeit, zu den Dingen in Beziehung zu treten. Was aufgrund schmerzhafter Erfahrungen aus dem Bewußtsein verbannt wurde, ist uns entfremdet. Die Wunde der negativen Mutter-Erfahrung etwa entfremdet uns von der Mutter – und zwar sowohl von der individuellen äußeren und inneren Mutter als auch von Mutter Natur, Körper und Erde – und beraubt uns der Fähigkeit, den Saft des Lebens aufzunehmen, der aus der Erde durch den Körper in die Seele aufsteigt. Wir sind dann kaum noch in der Lage, mütterlich zu empfinden und zu handeln, andere bedingungslos anzunehmen, grundlos zu geben und zu empfangen. Auf der Flucht vor diesem Schmerz werden wir dann wahrscheinlich nicht nur unseren Kindern Mütterlichkeit verweigern, voller Groll, daß sie uns selbst vorenthalten wurde, sondern auch unseren Körper zurückweisen und uns weigern, wahrhaft in ihm zu wohnen und damit unseren Platz als Teil von Mutter Erde einzunehmen.

Hätte man Sally vor Beginn ihrer inneren Reise über ihr Verhältnis zu ihrem Körper befragt, sie hätte vermutlich gesagt, daß sie ihn mag und froh ist, in ihm zu wohnen. Da sie es nicht besser wußte, bildete sie sich ein, all die Aufmerksamkeit, die sie ihrem Körper durch Pflege und sorgfältige Kleidung widmete, könne nur bedeuten, daß sie gern und mit Vergnügen in ihm lebte. Aber den Körper durch Bewegung und gute Ernährung gesund zu halten und ihn ansprechend zu kleiden, das bedeutet noch nicht, daß man ihn in seiner Körperlichkeit bewußt angenommen hat und seiner wirklich froh ist. Dieser Unterschied ging Sally an einem Winterabend auf, als sie zur Entspannung ein heißes Bad nahm.

Sie machte das gern an kalten Abenden und nutzte die Gelegenheit, um die Tagesereignisse oder ihre Träume noch einmal durchzugehen. An diesem Abend jedoch blieb alles still, und sie stellte fest, daß sie einfach nur ihren Körper anschaute.

Sie bemerkte seine Schönheit, die anmutige Taille, die wohlgeformten Gliedmaßen; aber auch seine Häßlichkeit – die Schenkel und Brüste, nicht mehr ganz so glatt und straff. Hier und da ein paar Haare an Stellen, wo sie lieber keine gehabt hätte, die Muttermale, und ausgerechnet auf der Schulter große Leberflecke. Doch anstatt nun, wie so oft, zu überlegen, wie sie diesen Körper noch verbessern, in ihren eigenen Augen und den Augen anderer schöner machen könnte, empfand sie nun eine sanfte Zärtlichkeit für ihn, erlebte ein liebevolles Einverständnis mit dieser einzigartigen Kombination von Vollkommenheit und Unvollkommenheit. Sie dehnte sich hinab in die Beine, Arme und Finger dieses Körpers und genoß seine Weiblichkeit. Und zum erstenmal empfand sie, daß dies alles die Verkörperung ihrer selbst war, ihr irdisches Zuhause.

Ohne Eile wusch sie sich, und obgleich die Bewegungsabläufe gewiß kaum anders waren als bei zahllosen früheren Bädern, fühlten sie sich nun anders an. Sie wusch sich diesmal nicht, weil es einfach zu geschehen hatte oder weil sie frisch duften wollte, sondern aus dem Bedürfnis heraus, ihren Körper pfleglich zu behandeln, ihm die Sauberkeit zu geben, die er brauchte, einfach seinen Bedürfnissen nachzugeben und für sein Wohlergehen zu sorgen. Sanft und streichelnd wusch sie diese nicht mehr ganz junge Haut.

Als sie aus der Wanne stieg, war ihr, als stünde sie zum erstenmal auf der Erde.

Wenn wir uns der Wunde der negativen Mutter-Erfahrung stellen, indem wir auf die Ereignisse, Bilder und Begegnungen achten, die uns darauf stoßen, so werden wir nicht nur den Schmerz empfinden, sondern auch die Fähigkeit entdecken, wirklich in diesem Körper zu wohnen, sich seiner Schönheit zu freuen und seine Unvollkommenheit liebevoll anzunehmen. Dicke Beine, krumme Nase – all das, was wir jahrzehntelang zum Teufel gewünscht haben, kehrt nun zu uns zurück als das, was wir sind, will angenommen sein und wird angenommen. Wir fangen an, darauf zu achten, was der Körper wirklich will, anstatt ihn irgendwelchen Zielen und Idealen unterzuordnen; wir sorgen für ihn durch Ruhe und Bewegung, geben ihm die Nahrung, die er braucht, und kleiden ihn so, wie es ihm entspricht.

Wir werden auch hellhörig für seine Stimme, spüren, wo zuviel oder zuwenig Energie fließt, und helfen ihm, seine Gesundheit zurückzuerlangen. Häufig manifestieren sich in diesen Zonen der Spannung, des Vitalitätsmangels oder der Überhitzung unbewußte psychische Wunden, die – sobald sie bewußt werden und heilen dürfen – dem Körper seine Ganzheit und Gesundheit zurückgeben.

Manchmal bleibt nach psychologischer Bereinigung der Wunden die physische Manifestation bestehen, durch jahrelange krankhafte Spannungen gleichsam eingefroren. Dann werden direkte Heilanwendungen, die überhaupt als unterstützende Maßnahmen während einer Psychotherapie sehr hilfreich sein können, besonders wichtig. Massage, Entspannungstechniken und homöopathische Arzneien sind in Verbindung mit Heil-Visualisationen anzuwenden, um dem kranken Körperteil Gedanken und Bilder der Gesundheit zukommen zu lassen.

Wenn es notwendig wird, auch allopathische Methoden – also Medikamente oder gar chirurgische Eingriffe – anzuwenden, sollten wir den Ärzten nicht einfach unseren Körper überlassen, sondern daran denken, daß er kein Objekt ist, das außerhalb unserer selbst existiert und von anderen repariert werden muß. Er ist das lebendige Abbild der Seele und bedarf unseres einfühlsamen Verständnisses und unserer Hilfe, um Gesundheit zu finden. Man wähle tunlichst Ärzte, die auch diese Einstellung haben, also zum Beispiel einen Gynäkologen, der unseren Körper nicht als klinischen Fall, sondern als das Gewand unserer Seele betrachtet.

Die Fähigkeit, zwischen der Wirklichkeit des Körpers und

der der Seele zu unterscheiden – auch sie wächst uns zu, wenn wir den Wunden und dem Verlangen der Seele Gehör schenken und die Schmerzen durchleiden. Psychischer Hunger wird dann klar unterschieden von physischem Hunger, psychisches Verlangen von physischem Verlangen, und der Körper muß nicht mehr zur Befriedigung emotionaler Begierden und zur Besänftigung unterschwelliger Ängste mißbraucht werden. Man braucht sich dann nicht mehr mit Nahrungsmitteln vollzustopfen in dem vergeblichen Bemühen, Nahrung für die Seele zu finden; man braucht sich nicht mehr erbarmungslos zu trimmen, wenn man entdeckt, daß innerer Wert und Sinn nicht dasselbe sind wie äußere Jugend und Fitness.

Wenn der Körper die Lasten der Seele nicht mehr mittragen muß und aus dieser falschen Identifikation befreit wird, dann ist es auf einmal auch viel leichter, ihn gut zu versorgen. Wird er aus all den psychischen Projektionen entlassen, so sind seine Bedürfnisse eigentlich recht schlicht. Er braucht Schlaf, gesunde Ernährung und Bewegung, er muß gewaschen und gepflegt werden. Das ist alles. Er stellt keine unannehmbaren Forderungen. Wir brauchen ihn nicht zu beherrschen, zu leugnen oder gefügig zu machen; es genügt, wenn wir ihn versorgen und dann zusehen, daß wir uns um unsere Seele kümmern. Dann erst gewinnt der Körper sein eigenes Dasein und muß nicht mehr im Dienst unserer seelischen Verwundungen stehen. Er wird dabei wichtiger und zugleich unwichtiger: weniger wichtig als Mittel zur Befriedigung psychischer Bedürfnisse; wichtiger als das, was er ist – etwas Schönes und Wertvolles, der irdische Ausdruck unserer Seele.

Haben wir unseren Körper einmal angenommen als das, was er ist, uns ganz in ihn hineinversenkt, ihn in Besitz genommen, so daß wir ihn nun bewohnen, anstatt ihn nur zu benutzen, so wird es möglich, die Erde als unseren größeren Körper zu erkennen und zu ihr auf die gleiche Weise in Beziehung zu treten: hinabzusteigen in ihre Tiefen und Räume, eins zu werden mit dem Wasser ihrer Flüsse, wie es über Felsen und durch enge Schluchten rauscht, den Saft zu trinken, der in den Bäumen aufsteigt, zu verschmelzen mit der Narzisse und ihrem Gelb, einzusinken in den glühend flüssigen Kern der Erde, in die Felsen und Berge, und ihre Kraft in uns aufzunehmen.

Und wenn wir beginnen, die Erde als Erweiterung und zugleich als Schoß unseres Körpers zu erkennen und zu erfahren, werden wir wohl kaum noch in der Lage sein, sie zu mißhandeln oder zu verschmutzen. Dem Erdreich giftige Chemikalien zuzuführen, das fühlt sich dann genauso falsch an, als würden wir unserem Körper giftige Nahrungsmittel zu essen geben. Sie mit Abfällen aller Art zu beladen ist dann genauso widerwärtig, wie selbst ungewaschen in schmutzigen Lumpen herumzulaufen. Als Mutter und Substanz unseres Körpers erfahren, wird die Erde zu einer Kraftquelle, auf die wir immer zurückgreifen können, wenn unser individueller Körper erschöpft ist. Wie der Körper ein Glas Wasser trinkt, können wir die friedvolle Kraft der Natur trinken, durch alle Poren unseres Seins aufnehmen.

Da Himmel und Erde, Körper und Geist wie alle Gegensätze nach Ausgleich und Ganzheit streben, ziehen sie einander spontan an, so daß eine Körper-Erfahrung in eine Erfahrung des Geistes einmünden kann. Bevor aber der Reichtum des Geistes schöpferisch in unser irdisches Leben integriert werden kann, müssen jene Wunden angenommen und erlitten werden, die mit dem Vater und anderen patriarchalischen oder spirituellen Gestalten assoziiert sind. Bleibt der Schmerz ungelebt, so lassen diese Wunden nicht zu, daß das Ewige und Transzendente unser individuelles Sein durchdringt und erfüllt. Die Wunde der negativen Vater-Erfahrung zum Beispiel hemmt und verzerrt unsere Fähigkeit, den ewigen Vater wahrzunehmen und anzunehmen. Unsere Seele ist das Gefäß unserer archetypischen Natur und zugleich der Spiegel, in dem sie erscheint. Eine von häßlichen Gestalten entstellte Seele wird auch die Wahrheit und das Sein nur entstellt widerspiegeln.

Wenn diese wichtige psychologische Arbeit unterbleibt, kann man trotzdem tiefe spirituelle Erfahrungen machen, aber solche Erfahrungen bleiben dann wahrscheinlich isoliert vom Rest unseres Seins; sie werden nicht integriert und erscheinen daher nicht in unseren Beziehungen zu anderen und zur Erde. Zudem: Wenn wir nicht gelernt haben, unsere eigenen Wunden und verzerrten Erfahrungen von der übrigen Wirklichkeit zu unterscheiden, erliegen wir leicht der Versuchung, spirituelle Erfahrungen in den Dienst unserer Flucht vor dem Schmerz zu stellen. Wir sind dann eher bereit, das Handeln eines anderen zu verurteilen und zu verdammen, als den Schmerz anzunehmen und zu erleiden, den dieses Handeln in uns auslöst. Als Sallys Ehe mit Luke sich im Niedergang befand, gab er ihr ein schmerzhaft eindringliches Beispiel für die Spiritualisierung von psychischem Schmerz.

Ihr gemeinsames Interesse an spirituellen Wirklichkeiten, einst das beseelende Element ihrer Beziehung, fing nun an, diese zu ersticken. Es kam wohl vor, daß einer von beiden die Beziehung in irgendeiner Hinsicht als unbefriedigend empfand, doch sie hatten sich angewöhnt, solche Unzufriedenheit durch vermehrte Hinwendung zu ihren spirituellen Interessen zu umgehen. Sally fiel es dann irgendwann immer schwerer, ihre seelischen Bedürfnisse auf diese Weise zu befriedigen; aber ebenso schwer fiel es ihr, sich Lukes Verdammung solcher Regungen als egoistisch und als Verrat am heiligen Band der Ehe nicht zu eigen zu machen. Irgendwo dämmerte ihr, daß etwas nicht stimmte mit diesem als selbstverständlich betrachteten Grundsatz, daß der Dienst an dieser Ehe gleichbedeutend sei mit dem Dienst am Geist. Aber seine Stimme wurde dann so laut, daß sie sich diese Frage selten länger als für einen Augenblick zu stellen wagte.

Manchmal riskierte sie es, die Nüchternheit und Gefühlsleere ihrer Beziehung zur Sprache zu bringen, die Routine von Gewohnheiten und Pflichten, die alle Tage erfüllte. Meist warf er ihr dann jedoch Mangel an Disziplin und an Achtung vor ihrem Ehegelöbnis vor. Einige Male räumte auch er ein, daß die Entwicklung ihrer Beziehung ihm angst machte und weh tat, doch meist nahm er die Rolle des spirituellen Lehrers ein und kritisierte und beurteilte sie von oben herab. Sie ging aus diesen Diskussionen häufig voller Selbstzweifel hervor, wußte nicht, ob ihre Sehnsüchte und Gefühle berechtigt waren, und fühlte sich schuldig, weil es ihr nicht gelang, ihrem spirituellen Ideal gerecht zu werden.

Dann, eines Abends, als er ziemlich erledigt von einem langen Arbeitstag zur Tür hereinkam, sah sie plötzlich so etwas wie hinterlistige Grausamkeit in seinem Gesicht, und alles krampfte sich in ihr zusammen vor Angst und Entsetzen. Entsetzen darüber, daß diese häßliche Person jemand war, den sie einst geliebt und geheiratet hatte. Er umarmte sie, und sie ließ es geschehen, aber innerlich zuckte sie zurück. Sie gingen nach oben ins Wohnzimmer, und sie nahm so weit von ihm entfernt Platz wie nur möglich. Zum Glück hatte er an diesem Abend eine Menge zu erzählen. Viel war geschehen: Neue musikalische Ideen hatten sich eingestellt, und ein neuer Student war gekommen, angezogen durch die spürbare Spiritualität in seiner Musik.

Sally bekam die Worte kaum mit und starrte nur die schaurige Gestalt an, die ihr da gegenübersaß. Und je mehr sie schaute, desto größer wurde ihr Entsetzen. Und dann stellte sie verblüfft fest, daß dieses schreckliche Wesen ein Eigenleben gewann und sich von dem Mann ablöste, der da im Sessel saß. Die Erscheinung wurde immer deutlicher, und schließlich sah sie sich zwei Gestalten gegenüber – ihrem Mann und einem dämonischen Wesen. Immer noch unfähig, den Worten zu folgen, ließ sie dieses Bild der Grausamkeit auf sich wirken, empfand seine Kraft und Bösartigkeit. Für einen Augenblick wurde der Schmerz so groß, daß sie glaubte, ihn nicht länger ertragen zu können. Doch dann begann das Bild sich aufzulösen, wurde klein und kraftlos und verschwand. Da erst wurde ihr mit Scham und Erleichterung bewußt, daß sie da eben einem Aspekt ihrer selbst begegnet war, genährt von der Angst, ihre Wunden und ihr Verlangen zu fühlen, eingemauert von der Furcht, ihn auch nur zu sehen. Sie schaute hinüber. Ihr Mann, den sie liebte, mit dem sie aber nicht mehr leben mochte, saß immer noch in seinem Sessel und redete, und über seinem Gesicht lag nun nicht mehr die Maske ihres eigenen Dämons.

Als diese negative Projektion erst einmal zurückgenommen war, fiel es Sally immer leichter, sich ihre eigenen Bedürfnisse und die Gefühlsleere dieser Ehe einzugestehen. Sie versuchte, mit Luke darüber zu sprechen, doch seine Kritik wurde immer härter, und schließlich hatte er nur noch Verurteilungen und moralische Imperative zu bieten. Da faßte sie den Entschluß, ihren eigenen Bedürfnissen nachzugeben und diese verdorrte Beziehung zu beenden. «Du tust mir leid», war seine Antwort, als sie es ihm mitteilte. «Du wirst dich unserer Beziehung sicher in einem anderen Leben stellen müssen, damit du die Probleme lösen kannst, die du jetzt lieber fliehst.»

Noch oft während der langen Monate bis zur Scheidung hörte sie diese Worte in sich widerhallen. Und manchmal war sie versucht, ihnen zu glauben. War es vielleicht doch besser, einen neuen Versuch mit dieser Ehe zu wagen, als die Einsamkeit und den Schmerz zu ertragen, die das Festhalten an ihren eigenen Bedürfnissen und Einsichten mit sich brachte? Es war schwer, äußerlich und innerlich, zu ihrer Entscheidung zu stehen, wie auch immer ihr Mann und seine Freunde sie auffassen und beurteilen mochten.

Luke blieb bis zum letzten Tag ihrer Ehe bei seiner Haltung spiritueller Überlegenheit, hinter der er seine eigenen Wunden und Schmerzen verbarg. Am Tag der Scheidung begrüßte er Sally mit den Worten: «Schade für dich, daß du es so weit hast kommen lassen.»

Aber natürlich gibt es nicht nur die Wunde der negativen Vater-Erfahrung; ebenso wichtig ist es, positive spirituelle

Projektionen zu erkennen und anzunehmen. Vielleicht waren wir einmal tief beeindruckt von der Begegnung mit einem spirituellen Lehrer oder Priester oder Mönch und fühlten – für einen Augenblick oder länger – eine seltsame Liebe in uns aufflammen; wenn wir später erneut diese Erfahrung durchleben, fühlen wir unsere Seele erhoben, erleuchtet und bereichert, und wenn wir dieser Spur folgen, löst sich das projizierte spirituelle Bild allmählich von denen, die sein Träger oder Spiegel zu sein scheinen. Das ist die Vorbereitung des Seelen-Bodens für die Saat des Geistes.

Wenn wir die projizierten psychischen Bilder der Mutter und der Materie für uns zurückgewonnen und auf imaginativem Wege gereinigt und geheilt haben, ist es relativ leicht, in den Körper und die Erde zu gelangen und durch Aufmerksamkeit für die Gefühlsqualität der Bilder schließlich auch Zugang zur Seele zu finden. Mit dem Geist ist das nicht ganz so einfach, denn anders als der physische und der psychische Körper ist der Geist-Körper – transzendenter Ursprung des Lichts und der Wahrheit – nicht unmittelbar sicht- und tastbar. Oft bedarf es langen und geduldigen Übens, um unsere spirituellen Wahrnehmungsorgane zu schärfen und zu verfeinern. Dies ist das Gebiet der Meditation, des Gebets und der Kontemplation. Es gibt in den verschiedenen spirituellen Traditionen die unterschiedlichsten Formen der Meditation – Mantras, Rezitationen, heilige Tänze, kontemplative Betrachtung spiritueller Bilder und Texte und manches andere. Welche Form uns entspricht, hängt von unserer persönlichen Neigung und Veranlagung und unserem spirituellen Entwicklungsstand ab. Jede Form kann unseren spirituellen Hunger stillen und unsere Wahrnehmung verfeinern. Und wenn wir die Übungen anfangs auch als trocken und mühselig empfinden mögen, so werden sie irgendwann doch lebendig und gewähren uns tiefe Befriedigung. Wir fangen dann an, uns auf die Meditation ebenso, wenn nicht noch mehr zu freuen als auf ein köstliches Mahl.

Und nach einiger Zeit regt sich dann ein neues Verlangen in der Seele, die Sehnsucht nach unmittelbarer, von allen Übungen und Techniken freier Begegnung mit dem Geist. Es fühlt sich an wie ein Verlangen nach vollkommener Entleerung der Seele, ein Absterben allen Strebens und Bemühens, bis nichts mehr übrig ist als stille, sanfte Empfänglichkeit. Wenn das bewußte Streben nach Sammlung, das angestrengte Lauschen und der Wunsch, etwas zu erreichen, nachlassen, wenn also die Sammlung mühelos gelingt und alles andere in Vergessenheit gerät, schwindet auch die Spannung, die unser Gefühl des Gesondertseins erzeugt und ausmacht, und dann wird ein bewußtes Verschmelzen mit dem Geist möglich, so daß sein Strahlen für kurze, stille Augenblicke unser Strahlen wird und sein Friede unser Friede.

Indem das Bewußtsein die Verbindung zu den psychischen Bildern des Himmels und der Erde neu knüpft und ihre Entstellungen erleidet, so daß Heilung und Wandlung geschehen können, erwacht auch die Verbindung zwischen diesen beiden Polen, unser Herz, zu neuem Leben. In der Mitte zwischen Kopf und Fuß, Geist und Erde kann es zu beiden Polen in Beziehung treten und ihre Energien aufnehmen, die Vitalität des Körpers und das Strahlen des Geistes. Als Zentrum der Seele stiftet unser Herz die Ehe von Himmel und Erde in uns und macht aus der Polarität von Körper und Geist eine schöpferische Beziehung.

Wenn das Herz nicht als Zentrum und Bindeglied wirken kann, kommt es leicht zu haltlosem Schwanken zwischen Geist und Erde. Frauen in dieser Lage sind oft hin und her gerissen von Impulsen zu einem nonnenhaften oder zu einem hurenhaften Dasein. Denn solange ihnen die integrierende Kraft des Herzens verschlossen bleibt, sind ihre beiden Pole, Körper und Geist, voneinander getrennt, und wenn sie durch den einen Erfüllung suchen, fehlt ihnen der andere, so daß sie sich dann wieder diesem zuwenden. Sie mögen beides besitzen, Erotik und Spiritualität; was ihnen aber mangelt, sind Liebe und die Fähigkeit, Beziehungen bewußt zu leben.

Doch indem wir unseren Emotionen und Empfindungen zuhören lernen, sie annehmen und bewußt werden lassen, können die verunstalteten und verletzten Teile unseres Selbst allmählich heilen; unser Herz löst sich aus seiner schmerzhaften Erstarrung und wird zu einem Gefäß und Leiter der Liebe. Wir können uns dies als das Entstehen oder Fühlbarwerden unseres individuellen «Kreuzes» veranschaulichen: Die Achse zwischen Körper und Geist, anatomisch dargestellt durch die Wirbelsäule, gekreuzt von der Beziehungsachse der Arme. Die senkrechte Achse verbindet uns mit Himmel und Erde, die waagerechte mit einzelnen Personen und der Menschheit. Beide Achsen entspringen an ihrem dimensionslosen Kreuzungspunkt.

Als Sallys Herz-Zentrum sich öffnete und zu heilen begann und sie dadurch fähig wurde, zur Wirklichkeit eines anderen in Beziehung zu treten, anstatt wie bisher vor allem auf ihre eigenen verwundeten, unbefriedigten und unbewußten Bedürfnisse zu reagieren, hatte sie einmal folgenden Traum:

> Der auferstandene Christus und Petrus mußten auf einer Riesenschaukel im Hof einer Burg unablässig schaukeln; es war wie eine Folter. Dann erschien die Jungfrau Maria, und voller Erbarmen mit ihrem Leiden, grub sie mit bloßen Händen das Erdreich des Hügels auf, um einen Bach umzulenken. Das Wasser rauschte durch die Burgmauern und auf die Schaukel zu, brachte Christus und Petrus neues Leben und befreite sie von ihrer Qual. Die Schaukel pendelte aus, und Christus konnte frei über den laubbestreuten Hof gehen.

Bis die Vereinigung von Himmel und Erde, Denken und Handeln, Geist und Körper Wirklichkeit wird, bis das Zentrum unserer individuellen Seele gefunden und in Besitz genommen ist und dann zwischen den Gegensätzen vermitteln kann, bleiben die beiden Pole unseres Seins isoliert und gefangen, und das Schwingen des Pendels, ohne Frieden und Gleichgewicht, nimmt kein Ende. Maria steht für das Gefäß der Seele, das so weit von persönlichen Begierden und unbewußten Wunden gesäubert ist, daß es beide Seiten – Körper und Geist, den Felsen Petrus und den auferstandenen Christus, unsere Göttliche Natur – erfahren und zu beiden Seiten in Beziehung treten kann. Ihr Erbarmen macht es ihr möglich, die Wasser des Lebens in den Burghof zu lenken, in den Hof unserer inneren Burg, so daß endlich lebendige und schöpferische Möglichkeiten der Beziehung zwischen Geist und Körper, Himmel und Erde an die Stelle unfruchtbarer und schmerzvoller Polarisierungen treten können.

4 Die Geburt des Selbst

Als Sally an jenem kalten Märztag die Nummer einer «Jungschen» Therapeutin wählte, bekundete sie damit ihr Wissen um die Existenz einer dunklen, geheimnisvollen Welt unterhalb der Schwelle ihres Bewußtseins, einer Welt, die ebenso ein Teil von ihr und mindestens ebenso bedeutsam war wie die ganze Sammlung ihrer bewußten Gedanken, Gefühle und Überzeugungen. Sie erkannte, daß sie erst dem lauschen mußte, was in ihr selbst unterdrückt war, bevor sie fähig sein konnte, den Unterdrückten der Welt zu helfen; sie mußte erst ihre eigene Freiheit finden, bevor sie anderen bei der Suche danach von Nutzen sein konnte.

Jedes individuelle Bewußtsein ist eine einzigartige Mischung aus persönlichen, historischen, kulturellen, geographischen und biologischen Faktoren. Es ist die Brille, durch die wir die Welt und unsere Beziehungen zu anderen betrachten, und sie muß richtig eingestellt sein, wenn wir damit wirklich sehen wollen.

Es wird erzählt, als die Spanier zu Pferde die Neue Welt erkundeten, hätten die Eingeborenen sie zunächst für mythische Wesen gehalten, halb Mensch, halb Tier, denn ihr Bewußtsein besaß weder Bilder noch Begriffe, die ihnen erlaubt hätten, ein Pferd zu erkennen. Wir alle sind im Grunde nicht weniger blind als diese Ureinwohner Amerikas, denn wir können nichts wahrnehmen oder erfahren, was unsere Gedanken, Meinungen, Vorurteile und Leidenschaften nicht zulassen. Unser Bewußtsein verändert sich zwar von der Geburt bis zum Tod ständig durch neue Erfahrungen, Einsichten und Informationen, doch wir identifizieren uns mit dieser fluktuierenden Welt des Bewußtseins, verschließen die Augen vor ihrer Relativität, ihrer Abhängigkeit von einem ungeheuren Reservoir unbewußter Wirklichkeit.

Von der eingebildeten Macht und dem angemaßten Status jener, die Ursprung und Grundlage ihres Seins vergessen haben, erzählt eine sufische Geschichte:

> Ein Mann lebte viele Jahre lang allein in einem Haus. Es war ein großes Haus mit vielen verschwenderisch ausgestatteten Räumen, und er liebte es, hier seine Freunde zu bewirten. Er schlief im herrschaftlichen Schlafgemach und genoß alle Bequemlichkeiten und Annehmlichkeiten des Hauses. Waren Entscheidungen über das Haus zu treffen, etwa wenn Ausbesserungen und Erneuerungen notwendig wurden, so ging er einfach an die Truhen im Keller und entnahm ihnen das Gold, das zum Bezahlen der Arbeiten erforderlich war. Und so lebte er ein unbekümmertes Leben. Doch eines Abends, als er nach einem vorzüglichen Mahl behaglich vor dem großen Kamin saß, kam ein edler und vornehmer Mann die Haupttreppe herunter. Da fiel ihm plötzlich alles wieder ein. Er erinnerte sich, daß dieser Mann der eigentliche Herr des Hauses war und er nur ein Diener, der sich in der Zeit der Abwesenheit seines Herrn um alles zu kümmern hatte.

Es ist für das individuelle Ego oder Ich-Bewußtsein, also jenen Teil von uns, der sich mit der flüchtigen Welt von Körper und Persönlichkeit identifiziert, ein sehr unangenehmer Augenblick, wenn es entdeckt, daß es nicht Herr und Meister der Seele ist, sondern nur ein treuer, meist aber nicht gar so treuer, Diener. Wenn die Wahrheit ans Licht drängt, greift das Bewußtsein gern zu altbewährten Mitteln, um nur ja die eingebildete Kontrolle nicht abgeben zu müssen: Es leugnet oder verdrängt die Wahrheit oder spaltet sich von ihr ab. Und unsere Gesellschaft stellt uns für diesen Kampf viele Werkzeuge und Waffen zur Verfügung; viele Anleitungen zu positivem Denken, Meditationstechniken, Selbsthilfegruppen und Beratungsdienste sind nur dazu da, dem Ego den Rücken zu stärken, damit es noch besser gegen das Unbewußte und die leise Stimme seines Herrn, des Selbst, gewappnet ist.

Wenn dieser Kampf zu lange dauert, können Erkrankungen des Körpers die Folge sein, denn Energien, denen der Zugang zum Bewußtsein verwehrt wird, neigen dazu, sich im Körper festzusetzen und Unheil zu stiften. Auch das Bewußtsein selbst wird dadurch geschwächt, weil es dann nicht mehr die Nahrung erhält, die es zu seiner Erneuerung braucht; psychische Gesundheit hängt ja vor allem davon ab, daß aus dem Unbewußten ständig neue Ideen, Gefühle und Lebensimpulse einströmen. Wenn das Ego bewußt oder unbewußt die Zügel in der Hand behalten und am Status quo festhalten will, schneidet es sich von seinen eigenen Entwicklungschancen und seiner eigenen Lebensgrundlage ab. Es errichtet selbst den Damm, der die lebenspendenden Ströme von Geist und Erde an Körper und Seele vorbeilenkt.

Unser Ego ist wie eine Insel, umgeben vom Ozean der Unendlichkeit und Ewigkeit. Eine Zeitlang, vielleicht sogar für Jahrzehnte, können wir schlecht und recht von dem leben, was die Insel selbst hergibt. Irgendwann aber, und dieser Zeitpunkt ist für jeden Menschen ein anderer, sind die Vorräte der Insel erschöpft. Wir können natürlich versuchen, trotzdem auf der Insel zu bleiben und, stets am Rande des seelischen Hungertodes, ein kümmerliches Dasein zu fristen inmitten von Überdruß, Zynismus, Resignation und Weltverachtung; oder wir wagen uns hinaus aufs Meer und setzen uns auf der Suche nach neuem Land und neuem Leben den dunklen Schrecken der Tiefe aus.

Nachdem wir uns diese Inselwelt selbst geschaffen und vielleicht sehr lange darum gekämpft haben, sie bewohnbar zu erhalten, ist es natürlich nicht leicht, uns einzugestehen, daß sie keineswegs autark, sondern ganz und gar vom großen unbekannten Ozean abhängig ist. Um die vertraute Küste verlassen und uns diesem fremden Meer anvertrauen zu können, müssen wir unseren wahren Hunger und Durst erkannt und zu respektieren gelernt haben. Wir brauchen Mut und Demut, um die Kontrolle über unsere Welt und unser Schicksal abzugeben, um uns der unbekannten Welt der Seele auszuliefern und ihren Willen als den Willen des Selbst zu akzeptieren. Dabei geht auch unsere ganze Selbstüberschätzung verloren, denn das Ego, das sich bisher in der Rolle dessen gefiel, der alles beherrscht, in Gang setzt, organisiert und ordnet, muß nun zuhören und ausführen, wird ein demütiger Dienstbote, der einfach zu gehorchen und keineswegs zu diktieren hat.

Das Unbewußte enthält nicht nur alles, was wir verleugnen oder von uns weisen, weil es entweder zu schmerzhaft ist oder sich nicht mit dem bewußten Bild verträgt, das wir von uns selbst, von Natur und Geist haben, sondern auch das Unbekannte und Nicht-Erinnerte, die Saat unseres Werdens. Diese Saat kann nur aufgehen, wenn sich das Bewußtsein ihrer annimmt: Ohne unser Interesse, unsere Fragen und unser Lauschen gibt es kein Keimen und kein Wachsen. Fragen und Antworten stehen einander nicht einfach gegenüber, sondern bedingen sich gegenseitig. Wenn wir mit einer Frage einschlafen, so ist gut möglich, daß sich ein Traum einstellt, der Hilfe aus dem Unbewußten bringt. Mit einer Frage zu meditieren kann zu einem Hinweis führen. Wenn wir die Frage nicht stellen, entsteht kein Raum, in dem die Antwort empfangen werden könnte. Stellen wir sie aber, so erschließen sich uns die Antworten und neue Seiten unseres Seins auf ihre ganz eigene Weise, wenn die Zeit dazu reif ist. Häufig müssen wir erst wachsen, müssen unsere Konflikte und unser Nichtwissen mehr oder weniger lange aushalten, bis wir aufnahmebereit genug sind für die Auflösungen und Antworten.

Diese Beziehung zwischen dem Bewußten und dem Unbewußten, die mal voller Freude und mal voller Schmerz sein kann, ebnet einen Weg zwischen Geist und Körper, auf dem wir unsere Ganzheit erkennen und erfahren können. Wenn diese Verbindung entsteht, ist es an der Zeit, das «Wie-ich-Will» durch ein «Wie-Du-Willst» zu ersetzen, den Willen der körpergebundenen Persönlichkeit durch den Willen unseres ewigen Seins. Dann wird auch klar, daß «Dein Wille» nicht etwas anderes und Äußerliches ist, sondern das eigentliche Wesen unseres Seins, der Ruf unserer hungernden Seele nach Verwirklichung ihrer Göttlichkeit. Es gibt in unserem Leben, sogar in der Kindheit, viele Augenblicke, wo es möglich ist, den Weg der Seele zu erkennen und sich ihm anzuvertrauen.

Sallys Kindheitsjahre waren durchwirkt von religiösen Augenblicken, die sich in rhythmischer Folge wiederholten – der Kirchgang am Sonntag, das Knien und Beten vor dem Zubettgehen, das Tischgebet. Doch all das erweckte in ihr nicht das Bewußtsein von der Göttlichkeit der menschlichen Seele. Ihr Erwachen geschah an einem Wochentagmorgen, als sie allein in der Kapelle der Klosterschule saß. Die Messe war zu Ende, und nur der Weihrauchduft erinnerte noch an die Atmosphäre der Geschäftigkeit, in der die Nonnen und die jungen Kommunikanten vor dem Altar Schlange gestanden hatten. Sally hatte kniend zugeschaut, denn sie selbst hatte die weiße Hostie nicht empfangen können, weil sie anglikanisch getauft war. Jetzt waren alle weg. Sie fragte sich nicht, weshalb sie lieber hier war, als mit ihren Freundinnen zu spielen. Mit ihren zehn Jahren wurde sie von solchen Fragen nicht geplagt. Es genügte völlig, dort zu sein, die Stille in sich aufzunehmen und froh dazusitzen im Gefühl ihrer ganz eigenen Entscheidung. Niemand hatte ihr gesagt, sie solle kommen. Die Nonnen hätte es wohl eher überrascht, daß eine Protestantin freiwillig in die Kapelle kam. Eher hätten sie heimlich gelächelt bei dem Gedanken, daß dort vielleicht eine Seele zu gewinnen sei. Doch Sally hatte gar nicht im Sinn, bekehrt zu werden. Für sie spielte es keine Rolle, zu welchem Bekenntnis sie gehörte. Ihr kam es darauf an, daß sie allein in der Kapelle sein konnte, ungestört von schwatzenden Freundinnen und gängelnden Lehrern.

Sie drückte sich in eine der Seitenbänke und kniete nieder, ganz durchdrungen von der Hoffnung, daß niemand ihr Alleinsein stören möge. Sie betrachtete die vergoldeten Statuen Christi und der Jungfrau Maria auf dem Altar. Dann verließ sie die Bank und schritt langsam die vierzehn Stationen des Kreuzweges ab, wie sie es bei ihren katholischen Freundinnen gesehen hatte, und betrachtete jede Szene einen Augenblick lang, bis sie schließlich zur Kreuzigung kam. Hier blieb sie stehen, tief getroffen von der Ungeheuerlichkeit dieses Opfers.

Wieder in ihrer Bank, kniete sie nieder. Die Stille der Kapelle schien anzuschwellen. Sie drang durch ihren Scheitel in sie ein, strömte in ihr Herz und erfüllte sie mit einer unbekannten und doch vertrauten Freude.

Nachdem sie so viel von der Stille getrunken hatte, wie sie konnte, verließ sie die Kapelle, von tiefer Befriedigung und einem neuen Verlangen erfüllt. Draußen in der warmen Sommerluft sah sie ein paar Freundinnen in Richtung Tennisplatz gehen. Schnell lief sie, um sich ihnen anzuschließen, und vergaß den stillen Augenblick in der Kapelle. Und er blieb viele Jahre lang vergessen.

Solche Augenblicke geben uns ein Gefühl von etwas, das weitaus größer, mächtiger und schöner ist als alles, was dem Ego allein zugänglich ist, und so bereiten sie die Seele in einer unbewußten Schicht auf die spätere bewußtere Reise der Entfaltung vor, auf die Unterordnung «meines Willens» unter «Deinen Willen», des Ego-Willens unter den Willen des Selbst.

Der Zusammenbruch des Überlegenheitsgefühls und Herrschaftsanspruchs unseres Ego gibt uns einen Vorgeschmack auf den körperlichen Tod. Denn wenn wir unsere Wunden durchlitten und die verleugneten Aspekte unserer psychischen Männlichkeit oder Weiblichkeit angenommen und integriert haben und die Traurigkeit, die mit der Rücknahme von Projektionen einhergeht, hinter uns liegt, wartet eine noch viel tiefere Depression auf uns: Tage, vielleicht Monate, in denen uns alles genommen zu sein scheint – unsere freie Wahl, unsere Sicherheit, unser Selbstwertgefühl, einfach alles, was uns früher ein Leben als autonomes Individuum ermöglicht zu haben schien. Und manchmal meldet sich gerade in dieser Zeit der Zweifel als einziger Gast an, um uns höhnisch vorzuhalten, daß dieses ganze Unternehmen doch wohl eine höchst fragwürdige Sache sei. Wie gern würden wir ihm nachgeben und zu der alten Ich-Kontrolle zurückkehren, die uns erlaubte, unsere Deprimiertheit und Dürftigkeit zu ignorieren oder zu überspielen.

Sally lag auf dem Bett. Die Vorhänge waren zugezogen und schlossen das Tageslicht aus. «Vielleicht», dachte sie, «ist da gar nichts in der Dunkelheit, nur immer mehr Dunkelheit, bis das Leben schließlich in seiner eigenen Vergeblichkeit versandet. Woher soll ich wissen, daß ich auf dem richtigen Weg bin? Ich habe mich meiner Therapeutin anvertraut, aber kann ich eigentlich sicher sein, daß sie weiß und versteht, was mit mir los ist? Vielleicht hat sie das alles einfach nur in Büchern gelesen, ohne es je selbst erfahren zu haben. Und Jung – vielleicht hat nicht einmal er es selbst erfahren, sondern sich aus den Fingern gesaugt. Vielleicht haben meine Freunde eher recht, wenn sie glauben, daß ich nicht mehr so ganz bei Verstand bin. Vielleicht wäre es besser, einfach in diesen Reigen von Parties und Filmen zurückzugehen. Ist es nicht wirklich ein bißchen verrückt, daß ich die Tage damit zubringe, dem Bröckeln meiner inneren Behausung zuzusehen?»

Und so redete der Zweifel pausenlos auf sie ein, um sie zum

Umkehren zu bewegen. Und manchmal, wenn sie all der Traurigkeit, Einsamkeit und Dunkelheit müde war, antwortete sie einfach mit «Ja» auf diese zweifelnden Fragen. Aber wenn sie es dann mit dem alten Leben versuchte, fühlte es sich leer, leblos und uninteressant an. Da ging sie lieber zurück ins Dunkel.

Ihre Analytikerin konnte in diesen Tagen wenig für sie tun, außer daß sie einfach da war, verläßlich und liebevoll, ein stilles Zutrauen verströmend, daß am Ende des Dunkels nicht noch mehr Dunkelheit wartete. Das kleine Sprechzimmer mit den beiden großen Ledersesseln wurde für Sally ein Hafen, in den sie sich vor der Einsamkeit ihres Hauses flüchten konnte und vor den wohlmeinenden, aber sinnlosen Ratschlägen ihrer Freunde, denen ihr Abgleiten in die Depression sichtlich angst machte.

> Sie träumte, sie würde inmitten des Dunkels von einem alterslosen blinden Mann aufgesucht. Von der Art seines Auftretens beunruhigt, versuchte sie, die Tür zu verriegeln. Doch Türen waren für diese befremdliche Gestalt offenbar kein Hindernis – er ging einfach hindurch. Da nahm sie einfach hin, daß er hereinkam, und ging auf ihn zu, und sie berührten einander liebevoll.

In dieser Berührung verband sich die Blindheit der alterslosen, unbewußten Weisheit mit dem beschränkten Licht des Bewußtseins. Und beide wurden verwandelt. Sallys Furcht vor dem Hereinlassen neuer Weisheit aus dem Unbewußten war die Furcht vor den radikalen Veränderungen gewesen, die dies mit sich bringen würde – Veränderungen, neben denen sogar die langen Tage der Depression noch erträglicher erschienen. Sie hatte sich gefürchtet vor dem, was sie im Dunkel entdecken mochte, vor ihrem eigenen Werden, vor der Verantwortung und den Anforderungen, vor die sie dann gestellt sein würde. Ein Teil von ihr wollte sich an die alten Wunden, die Neurosen und Unsicherheiten, klammern, die ihr bisheriges Leben bestimmt hatten, denn die waren ihr wenigstens vertraut und boten Sicherheit, ganz anders als die unbekannten Möglichkeiten eines neuen, größeren Lebens.

Doch als sie dem alterslosen Mann begegnet war, veränderte sich das Dunkel, und ihre Furcht begann zu schwinden. Sie fühlte sich von den Armen des weisen Mannes umfangen und gehalten, als sie nun tiefer ins Unbekannte fiel. Sie begann loszulassen, und allmählich lösten sich die Spannung und Erschöpfung all der Jahre, in denen sie versucht hatte, unabhängig und autonom zu sein. «Dieser Welt Weisheit ist Torheit bei Gott» (1. Kor. 3,19), fiel ihr ein, und sie erkannte die Stimme des Zweifels als die Stimme dieser Welt, die Stimme des Status quo, die von der Furcht vor Schmerz und Wandlung lebt.

In der folgenden Nacht träumte sie, sie läge in den Wehen. Die Hebamme sagte, sie solle auf dem Rücken, nicht auf dem Bauch liegen. Die nächste Nacht träumte sie, sie sei mit ihrem Schwager Patrick in Japan. Sie waren damit beschäftigt, Unrat aufzusammeln und in die Mülltonne zu stecken, und hatten die Arbeit fast beendet. Es lag etwas in der Luft, die Welt stand am Rande einer nuklearen Katastrophe. In den Gesprächen der Passanten ging es um Überlebenschancen, aber eigentlich spürte jeder, daß es keine Überlebenden geben würde. Sally und Patrick suchten einen Luftschutzraum auf, aber es war nur eine alte Ruine, voller Leute, die sich in die Ecken und hinter Trümmer drückten, wissend, daß alles vergeblich war. Sally schaute sich um und sah eine Tür. Sie öffnete sie in der Erwartung, einen Atompilz und den Untergang der Welt zu sehen – aber sie sah den Fuji-san, wie er sich aus dem Meer erhob, der Gipfel von schimmerndem Hellviolett in der fahlen Morgendämmerung, umgeben von fünf spiraligen Regenbögen. In den Anblick dieser Schönheit versunken, hörte sie Gottes Worte, die dieser zu Noah gesprochen hatte: daß künftig keine Flut mehr die Erde vernichten werde und der Regenbogen das Zeichen dieses Bundes sei.

Einige Tage danach träumte sie, daß sie vom Gipfel eines Berges zu einem See hinabstieg, wo sie Gott auf einem goldenen Thron sitzen sah.

Der Abstieg in ihre dunklen Tiefen hatte die Chimäre ihrer Ich-Identität so weit aufgelöst, daß sie das Göttliche nicht nur als das grenzenlose Reich des Geistes erkannte, sondern auch als Ursprung und Substanz ihrer selbst, ihres Körpers und ihrer Seele. «Dein Wille» war nicht mehr etwas Äußeres, das man in Kirchen und Tempeln findet oder in den Worten der heiligen Schriften, sondern war in ihr und unmittelbar zugänglich.

Wenn das Ich-Bewußtsein gezwungen wird, die Kontrolle abzugeben, so erscheint das meist wie ein Weltuntergang – und es ist ja auch der Zusammenbruch all dessen, was das Dasein des Ego ausmachte: Streit, Manipulation, Machtausübung und das sture Verfolgen egoistischer Ideale. Erst wenn sein despotisches Regime zusammenbricht, vermag das Ego die Schönheit der neuen Ordnung, die sich aus den Trümmern der alten erhebt, zu ahnen – die Herrlichkeit des Selbst, die sich im Bewußtsein ausbreitet, wenn der kleine Ego-Wille abdankt.

Die Arbeit mit Träumen hatte bei Sally die Grundlage geschaffen für die Geburt des göttlichen Selbst in ihrem Bewußtsein. Es geschah eines Morgens bei der Meditation.

Schon seit etwa vier Wochen hatte sie eine Spannung in sich wachsen gefühlt, so als drängte etwas gegen die Grenzen ihres Bewußtseins vor und wollte eingelassen werden. Sie wußte nicht, was das war, doch die Berührung fand einen tiefen Widerhall in ihr und inspirierte sie, und irgendwann erinnerte sie sich plötzlich an eine Postkarte, die der Schulvikar ihr am Tag ihrer Konfirmation geschenkt hatte: Sie zeigte Holman Hunts «anklopfenden Christus». Sie hatte das Gemälde nie so recht gemocht, die Karte aber doch aufbewahrt, bewegt von dem Bild, das die Darstellung in ihr selbst wachrief, und von dem Bibelspruch, den der Vikar daruntergeschrieben hatte: «Siehe, ich stehe vor der Tür und klopfe an. So jemand meine Stimme hören wird und die Tür auftut, zu dem werde ich eingehen und das Abendmahl mit ihm halten und er mit mir» (Off. 3,20).

Das war mindestens zwanzig Jahre her. Jetzt, in der Osterwoche, war Sally in Spanien, besuchte Ávila und Toledo und ging durch die Straßen, durch die einst auch die heilige Theresa und ihr Freund, Johannes vom Kreuz, gegangen waren. Die Leute der Stadt waren mit den Vorbereitungen der Osterfeierlichkeiten beschäftigt, und bei den Prozessionen, die sich durch die Kopfsteinpflasterstraßen wanden, wurden große, meist recht kunstlos gestaltete Christusstatuen mitgeführt. Beim Karfreitagsgottesdienst fiel es ihr nicht schwer, sich der Erfahrung des Dunkels zu überlassen, als die Kerzen zum Symbol für den Tod Christi gelöscht wurden.

Für den Ostersonntag zog sie sich in das Haus einer Freundin an der Mittelmeerküste zurück, um ganz allein zu feiern.

Der Tag dämmerte still und klar herauf, und Sally blieb noch eine Weile im Bett, genoß die Leere des Hauses und ihr warmes Bett. Dann empfand sie wieder diesen schon vertrauten Druck, diesmal aber drängender und stärker. Sie richtete sich auf und nahm die Sitzhaltung mit überkreuzten Beinen ein, um sich der Erfahrung mit voller Aufmerksamkeit widmen zu können. Und dann geschah es. Sie fühlte sich urplötzlich aufgesogen und durchdrungen von ewiger, grenzenloser Liebe, und das Bild, das diese Erfahrung begleitete, zeigte nicht mehr den anklopfenden, sondern den eingetretenen Christus, der nach langen Jahren vergeblichen Klopfens heimgekehrt war.

Tränen einer unfaßbaren Erleichterung sickerten in den Kragen ihres Flanellnachthemds, und sie saß wie versteinert da – ein neuer Mensch, der eine neue Welt sah und fühlte. Das

Bett und die Wände, auch das Stück Meer, das sie durchs Fenster sah, alles gehörte ebenso zu ihr wie der ruhige, feste Schlag ihres Herzens. Alles, wonach sie sich je gesehnt hatte – hier war es nun. Es gab in diesem Augenblick nichts mehr, was außerhalb ihrer war; sie war untrennbar eins geworden mit allen Dingen und Menschen. Sie war alles und jeder, und alle waren sie. Und in diesem Wissen wußte sie zugleich auch, daß dieses Alles, das sie war, ein individuelles Dasein als Sally hatte und ein individuelles Leben leben würde, das von jetzt an dem Dienst an diesem Alles, das sie war, gewidmet sein würde.

Die Erfahrung hielt mit unverminderter Intensität drei Tage lang an und begann dann zu verblassen, wurde überlagert von Sally-haften Gedanken und Gefühlen. Aber sie ging nie mehr ganz verloren; sie blieb ihr mehr oder weniger zugänglich, wenn sie sich ihr bewußt zuwandte, und erinnerte sie stets an die Einzigartigkeit und Universalität ihres Seins.

Nach ihrer Rückkehr aus Spanien wollte sie ihre Analytikerin wieder aufsuchen und überlegte, wie sie ihre Erfahrung wohl mit Worten vermitteln könnte. Dabei fiel ihr ein Mann ein, den sie gekannt hatte, als sie siebzehn war, und der periodisch in Zustände geriet, in denen er glaubte, er sei Gott. Diese Erinnerung irritierte sie. War sein «Ich bin Gott» dasselbe wie das «Ich bin Gott», das sie erfahren hatte?

Ihre Analytikerin half ihr aus dieser Verwirrung heraus. Der Wahn ihres Freundes, so sagte sie, sei nichts als ein maßlos geblähtes Ego, ein Zustand, in dem das mit Körper und Persönlichkeit identifizierte Ich-Bewußtsein sich Gott oder dem Selbst gleichsetzt, sich in seiner vollkommenen Gesondertheit als göttlich betrachtet. Sallys Bewußtsein jedoch, so erklärte sie weiter, hatte sich bei dieser Erfahrung so weitgehend aus der Identifikation mit Körper und Persönlichkeit gelöst, daß es zum Ursprung zurückkehren und mit ihm verschmelzen konnte – aber ohne den lebendigen und schöpferischen Bezug zu jener einzelnen Zelle des kosmischen Seins zu verlieren, die Sally heißt.

Die Erfahrung unserer Ganzheit und Göttlichkeit, die Geburt des Selbst, ist die erste große Initiation der Seele. Der Ausdruck «Initiation» wird von Psychotherapeuten und anderen immer häufiger im Zusammenhang mit wichtigen Augenblikken psychischer Wandlung gebraucht, ob sie nun durch äußere Ereignisse wie Eheschließung, Scheidung, Tod oder auch ein Examen herbeigeführt werden oder eher durch innere Prozesse zustande kommen. Wenn dieser eher populäre Gebrauch des Wortes auch nicht direkt falsch ist, so geht uns damit doch ein Begriff für die viel selteneren, wirklich großen Übergangskrisen in der Entfaltung der Seele verloren. Solche Ereignisse bilden den definitiven Abschluß eines bestimmten Abschnitts dieses Werdens und initiieren einen neuen und umfassenderen.

Worin der Unterschied zwischen «Initiation» und dem, was wir hier als «Wandlung» bezeichnen, besteht, läßt sich vielleicht ein wenig an der Metapher des Umziehens verdeutlichen. Betrachten wir die Reise der Seele zu immer größerem Bewußtsein als ein Umziehen von einem Zuhause in ein neues. Zunächst einmal kostet es viel Zeit und Kraft, die Baumaterialien zu beschaffen, das richtige Grundstück zu finden, einen Bauplan zu entwerfen, die Fundamente zu legen und schließlich das Haus zu bauen. Das ist die langwierige Arbeit der psychischen Integration und Wandlung und trotzdem nur Vorbereitung. Dann kann plötzlich einer dieser sehr seltenen Augenblicke kommen, wo es Zeit wird, das alte Haus zu verlassen und in das neue umzuziehen, an dem wir so lange gearbeitet haben. Solche radikalen und grundlegenden Veränderungen gehen auf eine Initiation zurück.

Durch Träume, Visionen, aktive Imagination und Meditation können wir der Möglichkeit, ja sogar des Orts und der Anlage eines neuen Zuhauses gewahr werden; wir ahnen, in welcher Gegend das sein wird, reisen vielleicht sogar hin, erhalten einen Eindruck, wie der Blick aus dem Fenster sein mag – es ist ein Er-innern, ein Wiedererkennen eines lange vergessenen Ortes. Solch ein Vorgeschmack kann uns zwar in gewisser Weise auf den tatsächlichen Umzug vorbereiten, doch der ist dann noch einmal etwas ganz anderes.

Jede Initiation bringt eine vollständige Umorientierung des Bewußtseins mit sich, eine Neudefinierung des Selbst, aber auch eine neue Beziehung zum Selbst. Während wir den Umzug in das größere Haus vorbereiten, fällt das alte, das uns so viele Jahre Unterkunft geboten hat, allmählich in sich zusammen. Und wir wissen mit vollkommener Klarheit, daß es unmöglich ist, es wieder herzurichten und zu bewohnen, ohne alles, was wir derweil gewonnen haben, wieder zu verlieren.

Schon lange vor der Geburt des Selbst spüren wir das Nahen dieses Ereignisses als die Aufforderung und Sehnsucht, tiefer in die Stille unseres Seins, in die schmerzhaften und zerrissenen Zonen unserer selbst einzudringen, damit sie heilen können und in dieser Heilung die Ganzheit des Selbst offenbar wird. Auf diesem Weg gewinnen wir die Erfahrung der echten Ich-Du-Beziehung: Das Ego vernimmt den höheren Willen der werdenden Seele und gehorcht ihm. In der Geburt des Selbst erleben wir zum erstenmal die Vereinigung unseres Ich mit dem Du. Wir erkennen, daß wir im Grunde selbst der Leitstern sind, nicht nur derjenige, der ihm dient und folgt.

Wie die Geburt eines Kindes, so bringt auch die Geburt des Selbst neue Verantwortungen und Schwierigkeiten, aber auch neue Gaben und Möglichkeiten mit sich. Wir müssen uns unserem neugeborenen Sein mit viel feinfühliger Aufmerksamkeit zuwenden, wenn wir seinen Bedürfnissen so entsprechen wollen, daß es gedeihen kann. Und diese Bedürfnisse scheinen häufig im Widerspruch zu stehen zu den Interessen und Bedürfnissen der Außenwelt – Familie, Freunde und Gesellschaft. Ignorieren oder vernachlässigen wir das neugeborene Selbst, um Schmerz, Streit und Beschuldigungen zu vermeiden, so spült uns der Strom unseres Werdens sehr bald ans Ufer, und da erwarten uns nur Sinnlosigkeit und Erschöpfung.

Dem sich entfaltenden Selbst treu zu bleiben, das kann Zurückweisung und Einsamkeit für uns bedeuten, denn selbst die Menschen, die uns am allernächsten sind, können die Stimme unseres Selbst nicht direkt hören. Wir sind allein mit unseren Träumen, Meditationen und Gefühlen. Jemand, der sich in der Sprache der Seele auskennt, kann uns in dieser Zeit eine Stütze sein, indem er unsere Wahrnehmungen als gültig erkennt und bestätigt, aber am Ende müssen wir doch selbst für sie einstehen und wissen, ob sie wahr sind oder nicht. Es ist nicht sehr angenehm, ohne Stütze dazustehen und das neugeborene Selbst in eine Welt zu betten, die es nicht sehen und nicht hören kann und daher auch wenig für seine Bedürfnisse übrig hat. Doch an der Prüfung durch Schmerz und Einsamkeit erstarkt unser Wille, eher auf die Stimme der Seele als auf die der konventionellen Moralvorstellungen zu hören.

Etwa ein Jahr nach der Erfahrung in Spanien, die ihr das Selbst zu Bewußtsein brachte, mehrten sich in Sallys Träumen die Hinweise darauf, daß sie ihre Heimat verlassen und in die Vereinigten Staaten übersiedeln müsse. Anfangs suchte sie natürlich nach einem symbolischen Sinn dieser Träume, um herauszufinden, ob das ein physischer oder ein psychischer Schritt sein sollte oder gar beides. Sie vergegenwärtigte sich ihre Assoziationen zu Amerika und versuchte, es als das Land ihrer Seele zu empfinden. Doch dieser rein symbolische Ansatz erbrachte keinen Aha-Effekt. Er gab ihr nicht das Gefühl, durch ihre Träume verstanden zu haben und gewachsen zu sein. Und wie um zu bestätigen, daß sie nicht verstanden hatte, stellten sich immer weitere Träume dieser Art ein. Also nahm sie die Möglichkeit an, daß der Schritt sowohl auf der Erde als auch in ihrer Seele getan werden mußte.

Die Idee klang gar nicht schlecht. Es zog sie schon seit Jahren in die Vereinigten Staaten, und sie reiste gern. Aber bald dämmerten ihr auch die weniger erfreulichen Implikationen eines solchen Schrittes. Er würde bedeuten, daß sie die jetzt zehnjährige Rachael aus der Schule nehmen, vor allem aber von ihrem Vater und dessen neuer Familie und von der Großmutter trennen mußte, mit der sie eine enge, liebevolle Beziehung verband. Waren solche radikalen Trennungen überhaupt zu rechtfertigen? Wie konnte Sally sicher sein, daß die Übersiedlung ihrer Tochter nicht ernsthaft schaden würde? Diese Fragen verfolgten sie – und Antworten kamen nicht.

Und zu ihren eigenen Zweifeln und Sorgen kam noch, daß die Menschen, die ihr nahestanden – Peter, ihr Geliebter, aber auch die Eltern und Freunde, fast jeder außer ihrer Tochter –, den Gedanken der Auswanderung verurteilten. Sie ließen durchblicken, daß es ein höchst egoistischer Plan sei, der allen Betroffenen nur Schaden bringe. Peter, tief bestürzt von der Aussicht auf diesen Verlust, sagte sogar, ein solcher Schritt sei ein Verrat an ihrer Bestimmung. Ein anderer Mensch wäre vielleicht fähig gewesen, solche Worte gelassen hinzunehmen, aber Sally hatte schon immer Respekt vor seinen spirituellen Einsichten gehabt. Er bewies manchmal einen geradezu hellseherischen Blick, wenn es darum ging, Wesen und Interessen anderer einzuschätzen. Außerdem hatte ihre Beziehung sich zu einer echten Partnerschaft entwickelt, und sie bemühten sich, häufig mit Erfolg, einander bei ihren spirituellen und psychologischen Bestrebungen zu unterstützen. Sie kannte sonst niemanden, der so entschlossen und ausdauernd, mit soviel Engagement und Disziplin an seiner spirituellen Entwicklung arbeitete, und in der Anfangsphase ihrer Beziehung war es ihr Hilfe und Ansporn gewesen, daß er sie sah und verstand. Und wenn sie ihn jetzt sagen hörte, es ginge ihr gar nicht darum, dem Ruf ihrer Seele nach Werden und Entfaltung zu folgen, sie wolle vielmehr nur ihre Egozentrik ausleben, da war das natürlich Öl auf die Flammen ihrer eigenen Fragen und Zweifel.

Anfangs diskutierte sie noch mit ihm, unternahm den törichten Versuch, ihn von der Gültigkeit ihrer inneren Stimme zu überzeugen und davon, daß nicht die Stimme des Bösen, sondern die des Selbst aus ihr sprach. Doch wenige können das wirkliche Innere eines anderen sehen, schon gar nicht dann, wenn ihre Wahrnehmung von Angst und Schmerz geblendet ist.

Dennoch war sie nicht gänzlich allein mit ihren Überzeugungen. In dieser ganzen schwierigen Zeit gab es stets einen Menschen, der zu ihr stand und ihre Entscheidung unterstützte: ihre Analytikerin. Das Sprechzimmer dieser Frau blieb ein Ort der Einsicht und der Förderung, ein warmer Ort, wo sie den Schmerz und die Erschöpfung aussprechen konnte, die der Kampf zwischen Zweifel und Kritik auf der einen Seite und der immer noch leisen Stimme ihrer Träume auf der anderen mit sich brachte. Gemeinsam brachten sie jenen männlichen Teil ihrer selbst ans Licht, der in die Kritik der anderen einstimmte. Sie hörte seine Anklagen, erkannte, daß er es nicht mochte, wenn sie etwas tat, was den Status quo untergrub: Er kannte nur Pflichten und Gebote und wollte von inneren Notwendigkeiten nichts wissen. Je bewußter ihr diese destruktive innere Gestalt wurde, desto leichter fiel es ihr, mit den harten Urteilen der Menschen in ihrer Umgebung umzugehen. Sie fällte ihre Entscheidung. Sie verkaufte das Haus, packte das Notwendigste ein, verabschiedete sich und bestieg das Flugzeug, ein aufgeregtes kleines Mädchen an der Hand.

Egoismus ist der häufigste Vorwurf gegen jene, die den Erfordernissen ihres eigenen Werdens zu entsprechen versuchen. Und dieses Bestreben kann ja von außen tatsächlich sehr egoistisch aussehen. Da werden Entscheidungen gefällt, die offenbar wenig Rücksicht nehmen auf die Schwierigkeiten und Schmerzen, die sie für andere bedeuten, und Kommentare wie der folgende sind verständlich: «Wenn du tatsächlich so nah dran wärst an der Wirklichkeit deiner Seele, würdest du doch wohl anderen nicht so weh tun. Ein Weg, unter dem andere so zu leiden haben, kann unmöglich der richtige sein.» Und was der Beschuldigte zu erwidern hat, ist meist nicht geeignet, Zweifel und Argwohn zu zerstreuen. Die Seele hat eigentlich nur zu antworten, daß es unsere erste Pflicht ist, für unsere Entwicklung zu sorgen und den Weg zur Ganzheit zu gehen. Diesem Zweck zu dienen ist die einzige Möglichkeit, anderen zu dienen; ihn preiszugeben ist Verrat an anderen. Dinge nicht zu tun oder zu sagen, die ein anderer als verletzend erfahren könnte, das ist nicht unbedingt der richtige Weg, der eigenen Seele oder der eines anderen zu dienen. Manchmal sind Veränderungen notwendig, die andere, wenn sie vom bestehenden Zustand emotional abhängig sind, als bedrohend oder schmerzhaft empfinden müssen. Und da die Seele keine Gesetze und Richtlinien kennt, nach denen man sich in solchen Zeiten orientieren könnte, ist der einzelne mit seinem Gewissen und den Einsichten seines Unbewußten allein und hat allein zu entscheiden – etwa in der Frage, ob eine Scheidung unter den gegebenen Umständen ein egoistischer Akt ist oder notwendig für das Werden der Seele. Der Außenstehende, wenn er nicht von tiefer psychischer und spiritueller Einsicht ist, sieht nur die Scheidung, kann nicht beurteilen, ob sie im Interesse der Seele ist oder nur der Ego-Befriedigung dient, also eine Flucht vor den beiderseitigen Entwicklungschancen darstellt, die in vielen schwierigen Ehen und Beziehungen gegeben sind.

Egozentrik ist auch für das sich bildende Ich-Bewußtsein von Bedeutung, ohne das es keine Beziehung zur Seele geben kann. Es ist ganz in Ordnung, daß Kinder und Jugendliche vor allem mit sich selbst beschäftigt sind, um erst einmal ihre eigenen Interessen zu entdecken und ihr Ego gleichsam in Besitz zu nehmen. Das eigene Ich, die eigene Identität zu finden, ist in jeder Entwicklungsphase von wesentlicher Bedeutung; es kommt nur darauf an, was wir als unser Ich erfahren: Wir können mit unserem Körper und den Interessen unserer vergänglichen Persönlichkeit identifiziert sein, wir können in einer Ich-Du-Beziehung mit dem Selbst leben, und wir können die Identität von Ich und Selbst realisieren. Laurens van der Post schildert in *Das dunkle Auge Afrikas* eine Begegnung mit Buschmännern, die die Gefahr des Ich-Verlusts deutlich macht:

> Vor nicht allzu langer Zeit traf ich mitten in der Kalahari-Wüste eine Gruppe Buschmänner. Sie hatten noch nie vorher Weiße zu Gesicht bekommen, und als sie sich in unserem Lager unter meine Gefährten mischten, bemerkte ich eine sonderbare Tatsache: Die Buschmänner schienen wie unter einem Zwang alles nachzumachen, was wir taten. Wenn wir aufstanden, standen auch sie auf; wenn einer von uns eine Bewegung machte, bewegte sich der ihn beobachtende Buschmann auf dieselbe Weise; wenn einer von uns nur seinen Hut in die Stirn schob, hob der Buschmann ihm gegenüber die Hand an seinen Kopf und schob einen imaginären Hut in seine Stirn.
>
> Nun gehörte ein sehr distinguierter Herr zu uns, eine ausgezeichnet aussehende Persönlichkeit mit einem eindrucksvollen Kopf und einer natürlich würdevollen Haltung. Der Anführer der Buschmänner schloß sich fröhlich gestimmt diesem Manne an, als wäre das sein selbstverständliches Recht.
>
> Aber bald ging eine erstaunliche Verwandlung mit diesem kleinen gelben Männlein vor sich. Ein merkwürdiger, fast einer Trance ähnelnder Ausdruck kam in sein Gesicht. Plötzlich, als der große Mann ihm eine Zigarette angeboten und selbst eine angezündet hatte, sah ich, wie der kleine Buschmann den großen Mann imitierte – er stieß den Rauch aus, wenn jener es tat, führte die Zigarette wie der andere, mit genau der gleichen Geste an den Mund, und bald identifizierte er sich so vollkommen mit dem weißen Mann, daß er über keine eigenen Bewegungen mehr zu verfügen schien. Auf eigenartige Weise war er zu einer Art Quintessenz des großen Mannes geworden und war fast ausgeprägter ein Europäer als der Europäer selber.

Das ging eine Zeitlang so fort, doch dann begann der Buschmann gegen sich selbst anzukämpfen, wie unter einem Alptraum. Er blickte wild um sich, durchschnitt mit beiden, krampfhaft geschlossenen Händen die Luft zwischen sich und dem Europäer und brach auf diese Art die Verzauberung. Nachdem er begriffen hatte, was mit ihm geschehen war, fiel er erschöpft zu Boden und schüttelte sich vor Lachen. Ich bemerkte aber später, daß das Vertrauen, mit dem er sich dem Weißen angeschlossen hatte, verschwunden war; er streifte den magnetischen Mann nur mit angsterfüllten Seitenblicken und hielt sich in gebührendem Abstand von ihm entfernt.

Es scheint ein Gesetz zu sein: Wenn jemand nach innen zu lauschen beginnt, um seine eigene Wahrheit zu finden und ihr zu folgen, so geraten eng mit ihm verbundene Menschen in Schwierigkeiten. Ob man diese als Zeugnis für seinen Egoismus betrachtet, hängt auch davon ab, welche Einstellung man zum Schmerz hat. Ist Schmerz schlecht und um jeden Preis zu vermeiden, dann *muß* das Hören auf die Stimme der Seele alle Beteiligten glücklich machen, und wer etwas tut, das andere schmerzt, ist vom Bösen. Wenn wir aber den Schmerz, den wir empfinden, wenn jemand sich ändert, nicht als zugefügt erleben, sondern als Ausdruck und Folge unserer eigenen emotionalen Projektion – die etwa darin bestehen kann, daß wir unser Gefühl der Sicherheit, Ausgeglichenheit und Ganzheit von einem anderen Menschen abhängig machen –, dann wird der Schmerz zu einer Entwicklungschance für uns. Wir haben dann die Möglichkeit, die Projektion vom anderen abzuziehen und in uns selbst die psychische Entsprechung dieses Menschen zu entdecken, so daß er uns nicht genommen wird, mag er auch seinen ganz eigenen Weg gehen.

Und dies gilt auch im größeren Rahmen: Wenn wir den Weg der Seele gehen, ihrem Werden lauschen und daran mitwirken, so müssen wir ihren Gesetzen auch dann folgen, wenn diese, was häufig der Fall ist, im Widerspruch zu den Konventionen und Bräuchen von Kultur und Gesellschaft stehen. Für unsere eigene Entwicklung ist nämlich wesentlich, daß wir unsere innere Gesellschaft finden und uns ihr einfügen, das heißt ihre Bedürfnisse und Gesetze erkennen und ihnen entsprechen. Und es zeigt sich, daß auch hier gilt, was schon über individuelle Beziehungen gesagt wurde: Für die Integration unserer inneren Gesellschaft müssen wir die äußere loslassen und uns aus der Abhängigkeit von ihren Gepflogenheiten und Ansichten befreien.

Der Seele zu dienen, das erfordert ein geduldiges und waches Lauschen auf innere Bedürfnisse – ausruhen, wenn wir der Ruhe bedürfen, und nicht unbedingt zu den üblichen Zeiten; unserem Bedürfnis nach Alleinsein nachgeben, auch wenn andere das als unkameradschaftliche Eigenbrötelei ansehen mögen; weinen, wenn geweint werden muß, und so weiter. Jedesmal, wenn wir verständnisvoll auf unsere wirklichen Bedürfnisse eingehen und dem, was wir sind, authentischen Ausdruck geben, sind wir der Erkenntnis und Achtung unserer Natur ein Stück nähergekommen. Und nur so weit, wie wir unsere eigene Seele erkennen und zulassen und ihr dienen, können wir die Seele anderer erkennen und zulassen und ihr dienen. Wie ein chinesischer Bauer einmal sagte, als er von einem westlichen Journalisten gefragt wurde, was er unter Christentum verstehe: «Sich selbst lieben, damit man andere lieben kann.»

Wenn wir unsere eigenen Erfahrungen und Bedürfnisse nicht achten, stehen unsere Beziehungen zu anderen meist mehr im Zeichen der Pflichterfüllung als der Liebe; es mag mitunter ein nobles Pflichtbewußtsein sein, doch meist ist es durch Zorn und Groll vergiftet.

Sallys Jahre als alleinerziehende Mutter gaben ihr vielfach Gelegenheit zu erleben, welche Dynamik entsteht, wenn der Schmerz eines Kindes das verletzte Kind im Unbewußten der

Eltern weckt. Einmal, als Sally nachmittags gerade von ihrer Arbeit aufblickte, sah sie Rachael von der Straße in den Gartenweg einbiegen, mit hängenden Schultern und müdem Schritt nach einem schweren Tag in der Schule. Während Sally zur Tür ging, verschwanden alle Gedanken an ihre Arbeit, und sie war ganz frei, ihre Tochter liebevoll in die Arme zu schließen. Zusammen gingen sie zum Fenster und setzten sich in die Nachmittagssonne. Rachael ließ ihren elfjährigen Kopf in Sallys Schoß sinken und nahm einfach die Liebe auf, die ihr entgegenströmte.

Und bald begann sie von diesem scheußlichen Tag zu sprechen, von den Kindern, die sie nicht mitspielen lassen wollten, von der Lehrerin, die ihr Unzulänglichkeitsgefühl als Bockigkeit auslegte. Sally hörte zu, unterbrach nicht, begütigte nicht, tröstete nicht. Natürlich war da der Wunsch, ihre Tochter vor solchen Prüfungen zu bewahren, doch sie spürte seit einiger Zeit, daß es immer weniger Gebiete gab, auf denen dies wünschenswert oder auch nur möglich war. Sie hatte als Mutter zuzuschauen und zuzuhören und einfach Rückhalt zu geben, wenn Rachael die Beulen und Schrammen des Lebens erhielt; sie konnte liebevoll und ohne zu urteilen die Arme öffnen und die Tränen auffangen, durfte aber nicht versuchen, sie zu verhindern.

Sie streichelte das weiche, hellblonde Haar ihrer Tochter, ließ die Finger versonnen über den Flaum am Haaransatz gleiten. Ein ähnlicher Tag vor etwa sechs Jahren fiel ihr ein. Rachael war furchtbar gereizt von einer Geburtstagsfeier nach Hause gekommen. Alles, was Sally tat oder sagte, machte die Sache nur noch schlimmer. Und bald war sie selbst so aufgebracht wie ihre Tochter. Wenn Rachael doch bloß zu weinen aufhören würde oder sie wenigstens in Ruhe ließe! Doch je mehr sie sie zu beruhigen versuchte, desto lauter schrie sie, bis sie das Kind endlich ins Bett steckte in der Hoffnung, es würde sich in den Schlaf weinen. Jetzt aber war Rachael nicht mehr nur unglücklich, sondern auch zornig, weil sie nicht das

Verständnis fand, das sie brauchte. Also blieb sie natürlich nicht im Bett, sondern tobte, aus Leibeskräften schreiend, im Haus herum. Sally spürte, wie es auch in ihr zu kochen begann. Am liebsten hätte sie Rachael geschlagen – irgendwas mußte geschehen, um die Kleine endlich zum Schweigen zu bringen. Das Geschrei brachte Sally schier um.

Doch da ihr Selbstbeherrschung gründlich anerzogen worden war, kämpfte sie den aggressiven Impuls in sich nieder, nahm Rachael in den Arm und streichelte sie, bis sie einschlief. Aber sie war dabei mehr von Verzweiflung und Pflichtgefühl bewegt als von Liebe. Als die Kleine schlief, stahl Sally sich davon und ging nach unten in ihr Zimmer. Erschöpft von diesem Drama, legte sie sich aufs Bett und versuchte zu ergründen, was überhaupt passiert war.

Es war nichts Neues, so etwas war schon häufiger vorgekommen: Augenblicke, wo Rachaels Weinen eher Zorn in ihr ausgelöst hatte als das Verlangen zu trösten und einfach da zu sein. Aber jetzt stellte sie sich zum ersten Mal die Frage, warum Rachaels Schmerz sie so aufbrachte. Die Schreie des Nachmittags klangen noch in ihr nach; sie schienen ihre Haut zu durchdringen, in sie einzuschmelzen, als wären es ihre eigenen. Wären? Plötzlich wußte sie, es waren ihre eigenen, die Schreie ihres bitter unglücklichen inneren Kindes, das sich immer so danach gesehnt hatte, in den Arm genommen und gehört zu werden, Liebe und Beistand zu finden in diesen endlosen Bedrängnissen der Kindheit; aber ihr Schmerz hatte kaum jemals mehr Trost gefunden als eine kurze Umarmung und belehrende Worte über Tapferkeit und dergleichen.

Sally weinte. Sie weinte all die ungeweinten Kindertränen, fühlte die Wunden, die Kälte, wenn keine großen Arme sich um sie schlossen. Sie weinte bis tief in die Nacht, und die wehen Erinnerungen wollten kein Ende nehmen – wie sie sich vor den Schlangen im Garten erschreckt hatte und die Mutter nur rügte, daß sie vergessen hatte, den Hahn des Gartenschlauchs zuzudrehen; wie man sie einmal fälschlich beschuldigt hatte, Korinthenbrötchen stibitzt zu haben; und wie sie manchmal krank gewesen war und dann für ein paar Tage die liebevolle Zuwendung der Mutter erfahren hatte, und dann die schreckliche Kälte, wenn sie gesund wurde und alles wieder normal war. Mit diesen Erinnerungen und lange begrabenen Schmerzen kam noch etwas anderes in ihr hoch, ein seltsames Mitgefühl für dieses verletzte, hungernde kleine Mädchen.

«Können wir nicht was spielen?» Rachaels Frage holte sie wieder an das sonnige Fenster zurück. Sie sah sie an und lächelte. «Ja», sagte sie, «aber erst brauche ich noch einen Augenblick für mich allein. Du kannst das Spiel ja schon mal im Wohnzimmer herrichten, ich komm dann gleich.»

Rachael verließ frohgemut das Zimmer, und dieser schlimme Tag war schon nur noch eine ferne Erinnerung. Sally dachte lächelnd und voller Dankbarkeit an ihre Analytikerin, die sie so einfühlsam und verstehend auf diesen Abend vor sechs Jahren vorbereitet hatte, an dem sie die Verwundungen ihrer eigenen Kindheit erkannt und erlitten hatte. Ohne diese Frau, dachte sie, könnte ich Rachaels Schmerz vielleicht immer noch nicht ertragen und würde immer noch versuchen, ihn irgendwie loszuwerden, zu leugnen, glattzubügeln oder zu verdrängen. Und dann hätte sie im Wohnzimmer keine vergnügte Tochter, sondern eine wütende und bockige.

Wenn wir der Seele lange genug gefolgt sind und ihr gedient haben, beginnt mit der Geburt des Selbst etwas Neues. Wir schwimmen jetzt wahrhaft mit im Strom unseres Werdens und erfahren in manchen Augenblicken auch seinen Ursprung und sein Ziel. In solchen Augenblicken erleben wir uns nicht mehr als gesondertes, an Körper und Persönlichkeit gebundenes Individuum, ja nicht einmal als gesondert existierende Seele, sondern fühlen uns von einem viel größeren Ganzen umfangen. Wir erkennen dieses Ganze als unser eigenes Selbst, das Selbst jedes einzelnen Wesens und Dinges und das Selbst von Natur und Geist – des Erdinneren ebenso wie des fernsten Sterns.

Wenn wir uns daran gewöhnt haben, mit der Strömung unseres Flusses zu schwimmen und seinen Ursprung zu spüren, werden uns allmählich die Augenblicke bewußt, in denen wir uns ans Ufer treiben lassen und von der lebenspendenden Kraft des Wassers abgeschnitten sind. Und wenn wir jetzt darauf achten, welcher Art das Denken, Fühlen und Handeln ist, das nicht mit der Natur des Flusses übereinstimmt, sich ihm nicht anvertrauen möchte und uns daher stranden läßt, können wir eine Wandlung der gegen den Strom gerichteten Energien bewirken, so daß unser Bewußtsein sich erneut mit dem Strom von Sein und Werden vereinigt.

Mit unserem Strom zu schwimmen bedeutet ständige Veränderung und Anpassung. Denn Einstellungen, Gedanken und Sehnsüchte, die uns einst beflügelten, tun das nicht unbedingt auch weiterhin, sondern fangen im Gegenteil irgendwann an zu kristallisieren und zu hemmen. Um am Leben zu bleiben, müssen wir deshalb «am Sterben bleiben» – überlebte Sehnsüchte, Vorstellungen und Überzeugungen, ja sogar überlebte Beziehungen und Lebenssituationen abstreifen, damit neue geboren werden können. Oder um mit Goethe zu sprechen: «Und solang' du das nicht hast, dieses: Stirb und werde!, bist du nur ein trüber Gast auf der dunklen Erde.»

Was mit dem Strom des Flusses übereinstimmt, ist auch das, was wir möchten und gern tun – und nicht das, was wir nur aus Pflichtgefühl tun oder weil wir sonst Schaden fürchten müssen, und am wenigsten das, was wir nur aus Gewohnheit tun oder weil es halt üblich ist. Ego-Wünsche – etwa Präsident zu werden oder Wimbledon zu gewinnen oder ein literarisches Meisterwerk zu schreiben – sind nicht immer ohne weiteres von diesem Wünschen der Seele zu unterscheiden, aber wenn wir unseren Fluß finden und uns seiner Strömung überlassen, dann ändern sich die Zielobjekte unseres Wünschens ganz einfach.

Aus der Inselperspektive des Ego stellt sich das Sorgen für das Wohlergehen der Mitmenschen oder der Erde bestenfalls als inspirierendes Ideal dar, meist aber nur als eine eher lästige Verantwortung. Alles, was nicht dieser Körper und diese Persönlichkeit ist, erscheint dem Ego als etwas anderes und Äußerliches, und so entsteht ein Entweder-Oder: Für mich selbst zu sorgen ist von weit größerer Bedeutung, als für jemand oder etwas anderes zu sorgen.

Zum Glück ist es ja nicht so, daß wir vor dem Eintauchen in unseren Fluß ausschließlich unseren Ich-Begierden folgen. Die geltenden Moralbegriffe, seien sie religiös formuliert oder juristisch fixiert, schützen uns immerhin vor der totalen Anarchie, die augenblicklich einsetzen würde, wenn man dem Ego freien Lauf ließe. Solange wir noch nicht von den Wassern unseres Flusses benetzt sind und nicht wissen, daß sie von derselben Substanz sind wie die Wasser des Flusses eines anderen Menschen, ja des Universums – so lange ist es gut, daß es Gesetze gibt, die Mord, Vergewaltigung und Inzest verbieten, und allgemein akzeptierte Anschauungen wie etwa die, daß es gut sei, sich um andere und die Erde zu kümmern.

Sind wir aber einmal in unseren Strom eingetreten, so werden viele dieser Verhaltensnormen und Moralvorstellungen nach und nach überflüssig, wenn sie nicht gar unserem Werden im Weg stehen – und nicht etwa deshalb, weil wir jetzt einen Freibrief besäßen, ohne Rücksicht auf andere zu tun, was uns gerade paßt, sondern weil uns klargeworden ist, daß diese anderen vom selben Wesen sind wie wir, und deshalb der Wunsch sich in uns regt, ihrer Entwicklung ebenso zu dienen wie unserer eigenen. Jetzt erscheint unsere individuelle Reise uns plötzlich in einem anderen Licht. Monate und vielleicht Jahre der introspektiven Erkundung unserer einzigartigen Individualität, Jahre, in denen wir unsere Wunden bloßgelegt haben und unserem Verlangen nachgespürt haben, münden nun spontan in den Wunsch, anderen zu dienen. Die Grenzen unseres Verlangens weiten sich und schließen nun auch das Verlangen anderer und das Verlangen der Erde ein. Wir haben so viel empfangen in den Jahren, in denen wir unseren eigenen Hunger stillten, daß nun ein ganz anderer Wunsch in unserer Seele aufkeimt: der Wunsch zu geben.

Doch manchmal – wie auch Sally im Laufe ihrer Analyse entdeckte – regt sich dieser Wunsch zu geben schon, wenn unsere Gaben noch gar nicht ausgereift sind. Ein solcher Impuls kann verschiedene Gründe haben: Manchmal fällt es uns schwer, die mit dem Bewußtwerden neuer psychischer Energien verbundenen Spannungen auszuhalten; manchmal haben wir noch Restschwierigkeiten mit dem Empfangen und Annehmen; und manchmal ist es der echte Wunsch weiterzugeben, was wir empfangen haben.

Sally kam an diesem Tag etwas zu früh zu ihrer analytischen Sitzung. Ihre Analytikerin war noch in der Küche beschäftigt und führte sie in die Geborgenheit des kleinen Sprechzimmers. Würzige Düfte drangen vom Flur her ins Zimmer. Sally setzte sich wie immer in einen der großen, bequemen Ledersessel, mit dem Rücken zum Fenster, so daß ihr Gesicht im Halbschatten lag. Versonnen versuchte sie sich vorzustellen, wen ihre Analytikerin wohl zum Essen eingeladen hatte, wer das Glück hatte, mit dieser stillen, wissenden Frau befreundet zu sein. Ganz kurz sah sie sich selbst mit am Tisch, verwarf den Gedanken aber gleich wieder, denn was hätte sie einer solchen Runde schon zu bieten? Was ihr in diesen beiden Jahren intensiver analytischer Arbeit zugewachsen war, war noch zu neu, zu zart, zu unentwickelt, als daß es bei Tisch oder überhaupt irgendwo anders als in den stillen Freiräumen dieses kleinen Zimmers und ihres eigenen Hauses thematisiert werden könnte. Die winzige Knospe des Selbst hatte sich gerade erst gezeigt; die Blättchen, kaum den ersten Hauch ihrer Farbe zeigend, waren noch zu zart für rauhe Winde und Mittagssonne.

Dennoch war für Sally an der Existenz dieser kleinen Knospe nicht mehr zu zweifeln, und oft empfand sie eine stille

Freude in diesen Tagen, wenn sie den Wirbel eigener und fremder Emotionen hinter sich ließ und sich ihr zuwandte. Wie eine kleine, von einem unerschöpflichen Ölvorrat gespeiste Flamme brannte dieses noch ungeborene Selbst in ihrer Mitte – ein warmer, sicherer Ort in einer so wandelbaren Welt. Sie fühlte die Flamme jetzt, während sie da im Sessel saß, und eine Welle von Dankbarkeit stieg in ihr auf; bewußter als je zuvor erkannte sie, was sie dieser Frau verdankte, die da in der Küche hantierte – weit mehr, als mit den beträchtlichen Summen, die sie für die Therapie aufzubringen hatte, je zu begleichen sein würde. Diese Frau hatte ihr geholfen, jenen Schatz zu finden, jene unermeßlich wertvolle Perle. War so etwas überhaupt zu vergelten? Was konnte sie tun, um zu zeigen, wie dankbar sie war? Sally war noch in diese Gedanken tiefer Zuneigung versunken, als ihre Analytikerin eintrat, wieder in einer kleinen Wolke von Essensdünsten.

Da stellte sie ihre Frage laut: «Wie kann ich Ihnen je danken?»

Ihre Analytikerin sah sie einen Moment an und lächelte. Dann sagte sie: «Bleiben Sie ihrem Wunsch, Analytikerin zu werden, treu, und geben sie anderen auf Ihre Weise weiter, was ich Ihnen gegeben habe.»

Sally schaute sie an, von diesen Worten ebenso bewegt wie von dem stillschweigenden Wissen beider, daß die Zeit dafür noch nicht gekommen war.

Geld ist wohl nie ein angemessener Dank für Geschenke, die Geist und Seele erhalten, aber in der therapeutischen Beziehung kann der Zusammenhang von Geld und Arbeit doch eine nützliche Rolle spielen. Manche Therapeuten finden, ein festgelegtes Honorar, das im Rahmen des Üblichen liegt, sei angemessen für ihre Arbeit; andere sagen, jede therapeutische Beziehung sei anders, und so müsse auch die Bezahlung den besonderen Umständen angepaßt werden. Schließlich gibt es noch die Ansicht, diese Art von Arbeit müsse grundsätzlich um ihrer selbst willen getan werden, ganz frei von finanziellen Erwägungen; solche Therapeuten versuchen, ihre Arbeit soweit wie möglich von der Bezahlung unabhängig zu machen, indem sie kein Honorar fordern und es dem Patienten überlassen, wieviel, was und wann, falls überhaupt, er geben möchte.

Diese letzteren werden von andersdenkenden Kollegen häufig als weltfremd betrachtet. Das träfe aber nur dann zu, wenn die Entscheidung, keine festen Honorare zu verlangen, eine demonstrative Weltverachtung, eine Art geistigen Hochmuts darstellte. Nicht aber dann, wenn diese Entscheidung dem Wissen um den Zusammenhang aller Dinge entspringt, also dem Wissen, daß ein echtes Geschenk nicht vom Ich, sondern vom Selbst kommt und daher nicht einem bestimmten Geber vergolten werden muß, sondern auch an jedem anderen Menschen gutgemacht werden kann. War nicht Christus das verkörperte Selbst? Und er sagte: «Was ihr getan habt einem unter diesen meinen geringsten Brüdern, das habt ihr mir getan» (Matth. 25,40).

In dem Maße, wie der Therapeut das Selbst durch sich hindurch zu anderen fließen läßt, sorgt das Selbst auch für gemäß dem Gesetz der wechselseitigen Abhängigkeit aller Dinge auf allen Ebenen, also Körper, Seele und Geist – und es sorgt nicht nur psychisch und spirituell für ihn, sondern auch materiell. Wer also, anders gesagt, die ihm ureigene Arbeit tut, die Arbeit, zu der er geboren wurde, der zieht damit die notwendigen materiellen Mittel an – sofern er weiß, worum es ihm geht, und der Erfüllung seines wirklichen Verlangens nicht im Wege steht, indem er daran zweifelt oder es leugnet. Dem Selbst zu geben, was ihm gebührt, auf der Ebene des Körpers, der Seele oder des Geistes, das läßt in uns spontan einen Raum entstehen, in dem wir empfangen können, was uns nottut. Und wenn alte Wunden erkannt und geheilt sind und dadurch die Verbindungswege zwischen unseren verschiedenen Körpern – dem spirituellen, dem psychischen und dem physischen – begehbar werden, können wir alles empfangen, was wir brauchen, auf jeder Ebene, wo es benötigt wird.

Für die Maori von Neuseeland besitzt jedes Geschenk einen Geist. Wenn der Beschenkte nicht Unglück auf sich ziehen will, muß er diesen Geist irgendwie weitergeben, indem er seinerseits etwas schenkt, dem Geber des Geschenks oder irgend jemand anderem. Für die Maori hängt also das Wohlergehen unmittelbar davon ab, daß die Dinge im Fluß bleiben, daß die physischen und psychischen Energien nicht ins Stokken geraten. Wenn wir uns an irgend etwas klammern, seien es Dinge, Begriffe, Gefühle oder besondere Fähigkeiten, so verdammen wir den spontanen Strom des Lebens. Seelischer Geiz ist nicht weniger schädlich, eher noch schädlicher als materieller Geiz. In beiden Fällen stagniert die Energie, um sich schließlich zu zersetzen und den zu vergiften, den sie einst mit Leben erfüllte. Der Mensch erstarrt, isoliert sich immer mehr von der Welt, von den Menschen, von der unerschöpflichen Fülle des Selbst.

Echtes Empfangen und Geben sind selten. Beide hängen davon ab, ob wir bereit sind, unsere innere Leere zu entdekken, zuzulassen und zu empfinden; ob wir von den Dingen lassen können, die uns vielleicht einmal genährt haben, jetzt aber nur noch verstopfend wirken; ob wir die Schutzschilde preisgeben können, die nicht nur den Schmerz fernhalten, sondern auch unser Werden.

Geschenke zu erhalten, auch solche, die sie wirklich mochte, war für Sally schon immer eine etwas peinliche Situation gewesen. Schon als Kind hatte sie das weihnachtliche Ritual des Schenkens eher als Qual denn als Freude erlebt. Lange hatte sie gedacht, es habe an der förmlichen, feierlichen Art gelegen, mit der das in ihrer Familie geschah, doch im Laufe ihrer Analyse zeigte sich, daß ihre seelischen Wunden sie unfähig gemacht hatten, mit einem Geschenk auch die Empfindungen des Gebers entgegenzunehmen. Sie hatte ihr Herz gepanzert, damit es unerreichbar sei für Worte und Taten, die schmerzhaft sein könnten. Und dieser Panzer bewahrte sie natürlich auch vor aller Liebe, die ihr zugedacht sein mochte.

Manchmal, wenn die Analysestunde zu Ende war und Sally ihr Traumtagebuch an sich genommen und den Mantel angezogen hatte, umarmte ihre Analytikerin sie zum Abschied. Das erste Mal war sie überrascht und dankbar. Die Überraschung trat später nicht mehr auf, aber die Dankbarkeit blieb. Bevor sie diese Frau kennenlernte, hatte sie sich nicht vorstellen können, daß irgendein Mensch in der Lage sei, sich ihr Woche für Woche in gleichbleibend liebevoller Weise zuzuwenden, ohne irgendwann urplötzlich und ohne ersichtlichen Grund in abweisende Kälte zu verfallen. Obgleich es der Umarmungen nicht bedurfte, um sie davon zu überzeugen, daß diese Frau wirklich Anteil nahm – das war an ihren Augen, ihrer Stimme und ihrem ganzen Verhalten deutlich abzulesen –, waren sie doch eine Bekräftigung, die Sally nicht als professionelle Zugabe auffassen mochte. Diese Umarmungen waren für die Auflösung ihrer Ängste wichtiger als alle Worte.

Aber wenn sie auch bei der ersten Umarmung schon Dankbarkeit empfand, dauerte es doch noch Monate, bis sie sich ihr froh überlassen konnte. Ganz unbewußt schützte sie sich anfangs in diesen Augenblicken des warmen Körperkontakts mit ihrem Traumtagebuch, das sie sich vor die Brust hielt: Schutzschild gegen Überraschungsangriffe. Sie bemerkte diesen Schild erst in dem Augenblick, als er sich auflöste. Das geschah an einem Nachmittag, der zunächst wie alle anderen zu sein schien; nur als die Analytikerin sie im Halbdunkel des schmalen Flurs vor dem Sprechzimmer umarmte, da konnte Sally auf einmal nicht nur diese Arme zulassen, sondern auch die Liebe, die sie gaben. Wie einen Stich ins Herz empfand sie die Wärme, und plötzlich wußte sie, was es heißt, Liebe zu empfangen, alle Abwehrmittel der Seele fallenzulassen und sich der Wärme des Lebens zu öffnen.

Auf der Heimfahrt fühlte sie ihr Herz entblößt und neu,

aber auch weich und voll. Unter Tränen einer nie gekannten Weichheit suchte sie sich den Weg durch den Londoner Verkehr. Zu Hause hatte Rachael schon vom Fenster aus nach ihrem Wagen Ausschau gehalten und kam ihr entgegengelaufen. Als sie sich umarmten, strömte ein wenig von der Liebe, die Sally gerade eingelassen hatte, zu ihrer Tochter hinüber – und sie empfand keine Minderung der Fülle.

Die Angst, daß tief vergrabene Wunden berührt und durch das Handeln eines anderen schmerzhaft bewußt werden könnten, läßt uns auch als Empfangende höchst vorsichtig sein. Die Kontrolle über unsere Umwelt und die Zensur unserer Erfahrung aufzugeben, ist zunächst sehr unangenehm, denn sobald das geschieht, steigen die Verwundungen der Seele ins Bewußtsein auf. Aber wenn hier ein Anfang gemacht ist und wir lernen, Gefühle und Erfahrungen zuzulassen, dann treten die Mutter, der Freund und der Vater als innere und ewige Realitäten hervor, als Archetypen, die dort leben, wo auch die Wunden unserer Seele sind – und damit schwindet der Impuls, unsere Welt unter Kontrolle zu halten, denn wir leben dann nicht mehr in der Angst vor Verletzungen, Seitenhieben oder dem Verlust einer Freundschaft. Wir werden bereit zu empfangen, und zwar nicht nur deshalb, weil unser Selbstwertgefühl jetzt weniger vom Denken und Handeln anderer abhängt und wir weniger verletzlich sind, wenn wir unsere Empfindlichkeiten und Wunden erkundet und geheilt haben, sondern vor allem, weil uns klargeworden ist, welche Möglichkeiten des Werdens in allem liegen, was uns begegnet, sei es Freude oder Schmerz.

Die Fähigkeit zu empfangen kann schon vor der Geburt des Selbst vorhanden sein, aber echtes Geben ist vor diesem entscheidenden Augenblick selten. Natürlich kann auch das Ego lernen, zu geben und sich gegen das Gefühl der Entleerung und Aufopferung für einen anderen zu behaupten; es kann sogar Freude beim Geben empfinden, die Freude der anderen teilen. Doch da bleibt immer so ein Gefühl, als müßte ich wählen zwischen meinem Reichtum und dem eines anderen, zwischen Egoismus und Altruismus. Nur das Geben, das aus dem Selbst kommt – durch Meditation oder tiefe Liebe bedingt oder nach der inneren Verwirklichung des Selbst –, ist ein Geben, das sich nicht wie Entleerung und Opfer anfühlt, sondern wie ein Strömen von seelischem oder materiellem Reichtum aus einer unerschöpflichen Quelle. In solchen Augenblicken entdecken wir, daß Geben und Nehmen untrennbar eins sind. Indem wir geben, empfangen wir, und je mehr wir geben, desto besser sind wir in der Lage zu empfangen.

Die Liebe, die aus der Quelle des Selbst strömt, ist qualitativ verschieden von emotionaler oder körperlicher Liebe. Sie ist sich selbst genug, braucht nichts und verlangt nichts vom anderen. Es ist die Liebe, von der Shakespeare in einem seiner Sonette spricht:

...Love is not love
Which alters when it alteration finds,
Or bends with the remover to remove.
O, no! it is an ever-fixed mark,
That looks on tempests and is never shaken;
It is the star to every wandering bark,
Whose worth's unknown, although his hight be taken.
Love's not Time's fool, though rosy lips and cheeks
Within his bending sickle's compass come;
Love alters not with his brief hours and weeks,
But bears it out even to the edge of doom.

...Lieb ist nicht Liebe,
Die wechseln würd mit wechselvoller Stund
Und dem Vertreiber weicht, der sie vertriebe.
O nein, sie bleibt die ewig feste Mark,
Blickt in den Sturm, bleibt selber ungeschüttelt,
Der Leitstern jeder seebefahrnen Bark,

Sein Ort bestimmt, sein Wesen unermittelt.
Kein Narr der Zeit: ob Rosen-Lipp und Wang
In den Bereich des Sichelschwunges fällt,
Lieb wechselt nicht mit Tag- und Mondengang,
Sie bleibt und dauert bis ans Ziel der Welt...

Solange wir diese bedingungslose Liebe nicht wirklich erfahren haben, verwechseln wir sie nur allzuleicht mit dem Verlangen nach Liebe, das häufig als Projektion zum Ausdruck kommt: diese Augenblicke des Verliebtseins, wenn wir sagen: «Ich liebe dich», und meinen: «Ich begehre dich». Die bedingungslose Liebe des Selbst wird manchmal auch mit unkritischer Zustimmung verwechselt; tatsächlich aber schärft diese Liebe die Urteilskraft und das Unterscheidungsvermögen auf eine Weise, die undenkbar ist, solange der Spiegel der Seele von Sehnsüchten und Begierden verschleiert wird. Sie gibt uns die Freiheit, zu unseren Neigungen und Abneigungen zu stehen, den Dingen treu zu bleiben, die uns wertvoll sind, und die abzulegen, die es nicht sind – ganz gleich, wie andere, auch die, die wir lieben, darauf reagieren mögen. Sie löst uns aus den Verstrickungen mit anderen und gibt uns so die Möglichkeit, sie noch mehr zu lieben.

Sally wurde durch ihre Beziehung zu Rachael auf den Unterschied zwischen Liebe und Verhaftetsein aufmerksam.

«Können wir nicht in den Park gehen und meine neuen Rollschuhe ausprobieren?» fragte Rachael, als Sally mit zwei wohlgefüllten Körben vom Supermarkt nach Hause kam. Sie stellte sie auf den Küchentisch und schaute in die erwartungsvollen Augen ihrer Tochter. Dann wanderte ihr Blick zum Fenster und dem dichtverhangenen Himmel dahinter. Das Gewicht der Wolken schien sie niederzudrücken an diesem Tag, an dem sie sich völlig erschöpft fühlte. Sie wollte schon sagen: «Heute nicht, vielleicht morgen», aber als sie dann wieder in diese Augen blickte, da sagte ihr Mund: «Na gut, aber nicht lange. Ich hab noch allerhand zu tun.»

Zum Park waren es zu Fuß eigentlich nur fünf Minuten, aber heute dauerte es länger, weil Rachael unbedingt von der Haustür an die Rollschuhe benutzen wollte. Sie stolperte dahin über den unebenen, nassen Bürgersteig, fiel, stand auf, fiel wieder und war gar nicht angetan von der Tatsache, daß sie offenbar nicht als perfekte Rollschuhläuferin geboren war. Die steile Treppe zur Brücke über die Eisenbahnlinie hinauf war ein besonders haariges Hindernis. Sie mußte die Füße seitwärts setzen, während sie sich auf der einen Seite ans Geländer und auf der anderen an Sally klammerte. Als sie endlich den glatten Asphaltweg erreichten, der am Spielplatz vorbei zu den Weihern und Tennisplätzen führte, hatte Rachael den Bogen allmählich raus. Sie ließ Sallys Hand los und versuchte es allein, eine kleine Gestalt in hellblauem Anorak unter dem grauen Himmel. Sally ging langsam hinterher, dachte an die Arbeit, an der sie gerade schrieb, an ihren Geliebten, der an diesem Tag noch nicht angerufen hatte, ans Abendessen...

Manchmal tauchte sie für einen Augenblick aus diesen ziellosen Gedanken auf, gewahrte das zertretene Gras neben dem Weg, die Unmassen von Hundekot, die Bäume, die tapfer der schmutzigen Luft standhielten, oder Rachael ein Stück voraus – und kehrte zurück zu ihren Gedanken. Doch als sie wieder einmal aufblickte, blieben ihre Augen an Rachaels blauem Anorak haften, festgehalten durch eine Woge von Liebe, die plötzlich von ihr zu diesem kleinen rollschuhlaufenden Wesen hinüberging. Es war keine Emotion in dieser Liebe, kein Verlangen zu umarmen oder umarmt zu werden, keine Vorstellung, wie Rachael sein sollte, kein Wunsch nach irgend etwas von ihr und kein Bedürfnis, ihr irgend etwas zu geben – nur eine stille Woge von Liebe, ein warmes Strömen aus Augen und Herz zu einem Menschen hin, der, so schien es, nur zufällig ihre Tochter war.

Die bedingungslose Liebe, Erkennungszeichen des Selbst, ist uns nur zugänglich, wenn wir für einen Augenblick in der Ganzheit unserer selbst sind. Wenn zwei Menschen sich verlieben (*fall in love*), so fallen sie in das Sein des Selbst. Doch das ist eine zarte Flamme, die nur leben kann, solange Harmonie besteht zwischen diesen beiden. Die kleinste Disharmonie bläst sie aus.

Verliebtheit hält meist nicht lange an. Unsere Ideal-Projektionen auf den anderen zerbröckeln im Licht des Alltagslebens. Eine Frau kann nicht immer makellos schön sein, wenn sie den ganzen Tag im Büro arbeitet oder den Küchenboden wischt; der Mann büßt einiges von seinem Charisma ein beim Rasenmähen oder Windelwechseln. Die perfekte Vereinigung von idealer Männlichkeit mit idealer Weiblichkeit läßt keinen Raum für die Zerrissenheit und Kantigkeit unseres Werdens, für unsere Schatten und unser Strahlen – keinen Raum für Unvollkommenheiten. Und es ist gut, daß solche Ideale sich nicht verwirklichen lassen, denn wir sind als einzelne nicht Verkörperungen «der Männlichkeit» oder «der Weiblichkeit». Wir haben die Anlage zur Ganzheit. Durch einen anderen Menschen in die Liebe zu fallen, also in ihn verliebt zu sein, das kann uns geradezu daran hindern, durch unsere eigene Seele in die Liebe zu fallen.

Doch das Verliebtsein, solange es dauert, ist durchaus keine pure Illusion, sondern ein echter Impuls, ein Eintauchen in den Ursprung der Liebe, in das Selbst. Nicht in mein Selbst oder dein Selbst, nicht einmal in unser Selbst, sondern in das Selbst, das zugleich du und ich ist. Solche Augenblicke des «In-der-Liebe-Seins» sind die Nahrung unseres Werdens, ganz egal, wo und wie sie geschehen, als ein kurzes meditatives Aufblitzen oder durch das Bild unserer komplementären Natur, das uns von einem anderen Menschen zurückgespiegelt wird. Jede Berührung dieses Selbst macht die Seele empfänglicher für ihr Selbst. Zudem kann ja nach dem flüchtigen Zustand des Verliebtseins auch echte Liebe beginnen, wirkliche Nähe und Vertrautheit.

Die eigentliche Illusion des Verliebtseins – abgesehen davon, daß unser Bild vom geliebten Menschen nicht mit seiner Wirklichkeit übereinstimmt – besteht in dem Gefühl, diese Glückseligkeit könne ewig so weitergehen. Wir erkennen das Verliebtsein also nicht als einen zwar aufrüttelnden, aber flüchtigen Einblick in einen Seinszustand, der im Grunde immer schon unser ist, ganz unabhängig von anderen Menschen – zugänglich überall, in der überfüllten U-Bahn ebenso wie bei der Beerdigung eines geliebten Menschen oder in der Einsamkeit einer Höhle im Himalaya oder in der Vereinigung der Körper.

Da Verliebtsein überhaupt nur aufgrund von Projektionen möglich ist, steht dieser Zustand häufig der wirklichen Liebe im Wege; es ist ein Abhängigkeitszutand, der, wie die Geschichte lehrt, Menschen nicht nur zu hehren, sondern auch zu ganz grauenhaften Taten treiben kann. Nie ist es ein Zustand, der uns ruhig und in unerschütterlicher Liebe vor einem anderen stehen läßt – unabhängig davon, ob jener unserem Verlangen und unseren Phantasien von Beziehung entspricht. Wenn wir in unserem Verliebtsein sagen: «Ich liebe dich», so meinen wir im Grunde wohl eher so etwas wie: «Mein Gefühl für dich vermittelt mir die Erfahrung von Liebe», aber nicht: «Ich kann dich lieben; ich kann zulassen, daß wenigstens ein bißchen von dieser bedingungslosen Liebe dich auf deiner Reise des Werdens wärmt.»

Als Synthese und zugleich Grundlage der beiden Pole unseres Seins, Körper und Geist, besitzt die Liebe, die das Selbst *ist*, Heilkraft: Sie führt eine einseitige, polarisierte Verfassung zu Ganzheit und Gesundheit zurück. Eine Frau etwa, die sich in ihrer Beziehung zu Männern zwischen der Rolle der Nonne und der Rolle der Hure hin und her gerissen fühlte, zwischen der Energie des Geistes und der instinktiven, undifferenzierten Energie des Körpers, kann diese beiden Pole nun auf der Grundlage aller Polaritäten, dem Selbst, miteinander vereinigen. Sie kann sich körperlich hingeben, ohne ihre Spiritualität preiszugeben, und sie kann im Geist sein, ohne seine Widerspiegelungen im Körper von sich zu weisen. Von solch einem Menschen geht eine Kraft aus, die heilt und ganz macht, die ihm selbst und anderen, aber auch der Erde Ausgewogenheit und Gesundheit zurückgibt.

Da durch die Verwirklichung des Selbst die Gegensätze aufgehoben werden, kann nun Frieden an die Stelle des Krieges treten. Dieser Frieden läßt uns erkennen, daß es nicht nur Menschen von unterschiedlicher Natur und Bestimmung gibt, sondern auch Nationen; und wir sind dieser Unterschiede jetzt froh und achten sie, ohne jedoch die alles verwebende Einheit aus dem Auge zu verlieren. Wir sehen, was ein jeder von uns zum Weltfrieden beitragen kann: den Krieg in uns selbst zu erkennen und zu beenden. Wenn diese Heilung geschieht, blühen unser eigenes Leben, das Leben anderer und das Leben der Natur auf – durch unser Sein ebenso bereichert und belebt wie durch unser Tun.

C. G. Jung veranschaulichte diese Wahrheit gern durch die alte chinesische Erzählung vom Regenmacher, die ich hier paraphrasiere:

> Lange schon war in der Gegend, in der das Dorf lag, kein Regen mehr gefallen. Die Bäche waren versiegt, sogar das Flußbett lag trocken da. Das letzte Korn aus dem Dorfspeicher war ausgeteilt, und was man in diesem Jahr angebaut hatte, neigte sich erschöpft der aufgesprungenen Erde zu. Einmal mehr beteten die Leute zu den lokalen Gottheiten und führten die überkommenen Rituale und Opferungen aus. Doch immer noch fiel kein Regen, und nichts sprach dafür, daß sich das so bald ändern würde. Die Sonne schien ihre Macht über das Land nicht preisgeben zu wollen, um den lebenspendenden Wolken Zugang zu gewähren.
>
> In ihrer Not faßten die Leute des Dorfs den Entschluß, einen Boten auszusenden und den berühmten Regenmacher zu bitten, ins Dorf zu kommen. Da er viele Tagesreisen

entfernt lebte, war nun reichlich Zeit, sich zu überlegen, wie der erlauchte Gast zu empfangen sei und wie man sich erkenntlich zeigen könnte – falls er denn überhaupt bereit war zu kommen. Was ihnen teuer war an persönlichem Besitz und was sie an Nahrungsmitteln noch besaßen, alles trugen die Leute nun zusammen.

Doch als der Regenmacher dann endlich eintraf, lehnte er all das ab. Er wollte weder Nahrung noch Schätze, nur eine stille Höhle, in der er allein sein konnte. Verwundert, doch um so eifriger auf die Erfüllung jedes noch so kleinen Wunsches bedacht, führten die Leute den Regenmacher zu einer kleinen Höhle am Dorfrand und ließen ihn dort allein.

Drei Tage lang hörte man nichts aus der Höhle, und niemand erblickte den seltsamen Gast. Die Leute waren in Sorge und begannen untereinander zu tuscheln. Doch am Abend des dritten Tages erschien der Regenmacher wieder. Als er auf die bang und erwartungsvoll dastehenden Dörfler zuging, ballten sich dunkle Wolken zusammen und zogen vor die Sonne, ein sanfter Wind strich über das Land, und es begann zu regnen.

Die staunenden Dörfler fragten den Regenmacher, was er getan habe, daß nun der Regen kam.

«Ich habe mich in meine Seele zurückgezogen», erwiderte er. «Ich erlaubte meinem Selbst zu sein, und ich wartete.»

5 Das Feuer des Selbst

Du mußt von deiner Mitte verzehrt werden. Du mußt die Zügel des heiligen Pferdes namens Geist-Feuer ergreifen und dich in der Mitte zwischen den positiven und negativen Kräften halten. Als Kriegerin, als Frau der Kraft, mußt du das Mitten-Feuer wie ein Pferd besteigen und dich mit dem unendlichen Universum vereinigen...

Der Große Geist und die Große Mutter haben dir nicht deshalb Leben gegeben, daß du allein bleibst. Zu erkennen, daß du wahrhaft allein bist, das ist der erste Schritt der langen Reise zur Selbstentdeckung auf dem Weg der Kraft. Im nächsten Schritt hast du dann zu lernen, daß du mit dem Universum verbunden bist, daß du in allen Hütten des Universums wohnst. Das Leben blüht und ernährt sich von innen heraus. Das Sein hat sich in dir verwirklicht...

Du denkst, daß dein Leben nichts mit irgendeinem anderen Leben zu tun hat. Das ist Selbst-Rat. Darin trennst du dich los und übernimmst selbst die Verantwortung für deine Kraft. Stränge werden durchtrennt, die dir nur dringend benötigte Energien absaugen. Wenn das vollzogen ist, kommt es zu einer tiefen Wandlung. Du öffnest dich dem großen Rat und den Rats-Feuern des Innern. Und langsam geht dir auf, daß die Milchstraßen, die Muttersterne, ja alle Daseinsformen in dir selbst zum Leben erwachen. In gewissem Sinne *bist* du alles. Du bist der Schoß, aus dem die Sterne geboren werden. Alles Leben ist dein Erstgeborenes.

> Die Bäume, die Blumen und alle Kreaturen der Erde sind in deinem besonderen Sein verwurzelt. So war das schon immer, wenn es auch nicht so aussieht. Um diese Dinge zu erkennen, muß das zentrale Rats-Feuer deiner persönlichen Erfahrung entfacht werden, und du mußt dir die Hände über deiner eigenen Geist-Flamme wärmen (Andrews, *Star Woman*).

Die Geburt des Selbst ist die bewußte Realisation unserer individuellen, aber auch der kosmischen Ganzheit und Vollkommenheit. Wir wachsen über die Begrenzungen hinaus, die emotionale Begierden und Leiden erzeugen, und erkennen, daß wir im Grunde in Frieden und Glück leben. Doch wie alles Neugeborene ist das Selbst anfangs ein kleiner, empfindlicher Funke, der nur allzu leicht im Getümmel der immer noch unbewußten und daher nicht integrierten Fragmente unseres Seins untergeht oder in Vergessenheit gerät, weil wir noch nicht gelernt haben, dauernd in Resonanz mit seiner feinen Schwingung zu bleiben. Erst mit der Zeit und durch viel Zuwendung gewinnt er die Kraft und Reife, zu einer beständigen Bewußtseinsrealität zu werden.

Wir erleben die Realisation des Selbst als Erfüllung, weil es die Verbindung und Einheit der verschiedenen Pole unseres Seins ist – Himmel und Erde oder Geist und Materie auf der senkrechten Achse und Männlichkeit und Weiblichkeit auf der waagerechten. Als Mittelpunkt und Totalität dieses Kreuzes umschließt und erschafft das Selbst unser Sein. Es ermöglicht den bewußten Austausch zwischen diesen Polen und macht aus Gegensätzen Beziehungen. Und jede Vereinigung der Gegensätze, in physischer Sexualität oder als Vereinigung des Männlichen und Weiblichen im Gefäß der Seele, ist ein Schöpfungsakt.

Bei schöpferischen Prozessen muß Altes häufig zunächst aufgelöst und zerstört werden, und so ist es auch mit dem schöpferischen Wirken des Selbst. Der Funke, der der Verschmelzung der Gegensätze entspringt, brennt sich in die Seele ein, läutert und verfeinert alle Energien, die er dort vorfindet; er verwandelt die verschiedenen psychischen Substanzen, während sie gesammelt und ins Bewußtsein integriert werden, seinem Wesen an, und er macht alle Energien seiner eigenen gleich. Die Seele wird dabei verwandelt, und natürlich verfeinert und wandelt dann selbst wiederum ihre irdische Manifestation, den Körper.

Diese physische Verwandlung kann, wie Sally erfahren mußte, sehr unangenehm und beunruhigend sein. Am Beginn stand wieder ein Traum:

> Ein hochgewachsener Mann mit goldenem Haar trat während des Fischganges eines Banketts zu ihr. Er hatte etwas Kraftvolles und doch Sanftes an sich und war von vornehmer Kultiviertheit – Sally fühlte sich sofort zu ihm hingezogen. Er gab ihr mit einem Zeichen zu verstehen, sie möge ihm folgen, und führte sie dann zum halbverfallenen Eingang eines unterirdischen Ganges, der unter ein großes, scheunenartiges Gebäude zu führen schien. Als ihre Augen sich an die Dunkelheit gewöhnt hatten, erkannte sie überall Gänge voller geisterhafter Gestalten und Wesen. Es war ihr nicht ganz geheuer, und sie hielt sich dicht an ihren Sicherheit ausstrahlenden Führer, während sie immer tiefer in diese uralte Dunkelheit hinabstiegen, bis alle Laute und Gestalten hinter ihnen lagen.
>
> Schließlich erreichten sie ein hellerleuchtetes unterirdisches Haus. An dessen einem Ende fand an einem runden Tisch eine kabbalistische Zusammenkunft statt. Ihr Führer machte deutlich, daß sie erst Moses am anderen Ende des Hauses aufsuchen mußte, bevor sie sich zu dieser Gruppe gesellen konnte. Die Begegnung war kurz, mehr ein Zur-Kenntnis-Nehmen als ein Bekanntschaftschließen. Dann wurde sie an den runden Tisch geführt.
>
> Sie war die letzte. Die anderen waren offenbar schon eine

Weile da und ganz in ihr Tun versunken. Es schien darum zu gehen, daß ein jeder seinen «Hand-Tanz» fand und tanzte. Sie sah den anderen Leuten zu, um herauszubekommen, was ein Hand-Tanz war und wie sie ihn lernen könnte. Da sie keinen Rat erhielt, versuchte sie die Handbewegungen des neben ihr Sitzenden nachzumachen, doch das erwies sich bald als unmöglich. Die Bewegungen waren zu schnell und zu kompliziert und ließen auch keinerlei Muster oder Rhythmus erkennen. Also gab sie es auf und saß eine Weile nur still da, recht befremdet von der ganzen Situation. Dann ging ihr auf, daß sie ihren ganz eigenen Hand-Tanz zu entdecken hatte.

Als sie am nächsten Tag über den Traum nachdachte, noch ganz durchdrungen von der Atmosphäre dort am runden Tisch und von dem Auftrag, ihren eigenen Hand-Tanz zu finden, fielen ihr die tanzenden Derwische ein, die sich durch ihre Drehungen mit Gott zu vereinigen suchen. Diese Assoziation machte ihr die Begegnung mit dem Traum-Moses ein wenig faßlicher. Denn Moses führte die Israeliten nicht nur aus der Ägyptischen Gefangenschaft, sondern bis an die Schwelle des Selbst – bis auf den Berg, von dem aus man auf das Gelobte Land schaute. Doch er starb und konnte nicht mehr vorangehen in das Land, wo Milch und Honig fließen, das Land, das in kabbalistischer Sprache das Land des ICH BIN, DER ICH BIN genannt wird, Symbol unserer Einheit mit Gott.

Psychologisch gesehen, ist Moses also derjenige in uns, der die Seele aus ihrer Gefangenschaft durch die Begierden und Begrenzungen des Körpers befreien kann – befreien von der Identifikation mit dem Vergänglichen und dem Haften am Vergänglichen, vom Materialismus der letzten Tage Ägyptens –, so daß wir einen Blick auf das Gelobte Land werfen können, das Selbst, und darin die psychische Freiheit finden, zu Körper und Geist in Beziehung zu treten, anstatt Sklaven eines der beiden zu sein. Der Traum sagte also, daß Sally zwar ihrem Moses begegnet war und von ihrer vergänglichen Form genügend Abstand gewonnen hatte, um einen Blick auf das Gelobte Land werfen zu können, es aber nicht betreten durfte, solange sie nicht ihren eigenen «Hand-Tanz» gefunden hatte.

Da der Traum ihr keinen Hinweis gab, wie das zu geschehen hatte, betrachtete Sally zunächst ganz einfach eine Zeitlang ihre Hände. Ihre Hände hatte sie immer gemocht. Die langen, feinen Knochen entsprachen ihrem ästhetischen Empfinden. Dann bewegte sie sie, begann mit ihnen zu spielen, und stellte sich vor, sie tanzten. Ganz allmählich gewannen sie eine Art Eigenleben. Sally lenkte die Bewegungen nicht mehr, sondern schaute zu, spürte, was die Hände tun wollten – und war entzückt von der unendlichen Vielfalt der Handgesten, die möglich wurden, wenn sie zuließ, daß ihre Hände sich spontan bewegten.

Nach einer Weile hörten ihre Hände auf, sich zu bewegen, gaben ihr Zeit, sich Sinn und Wert der Hände zu vergegenwärtigen – geben und empfangen, berühren und halten. Sally machte sich klar, wie sie ihre Hände benutzte, wie sie mit ihnen in Beziehung trat zu anderen und zur Erde, wie und was sie gab und entgegennahm.

Doch bald hatte sie wieder Lust, ihr Handspiel fortzusetzen, das Vergnügen an diesen spontanen Bewegungen zu empfinden. Diesmal achtete sie aber weniger auf die Bewegungen selbst als vielmehr auf die überraschende Empfindung des Kontakts mit der Luft. Die Innenflächen waren plötzlich besonders empfindlich, so als regneten winzige Funken darauf. Sally schaute genau hin, als erwartete sie, irgend etwas zu sehen, was diese erstaunliche Empfindung auslöste. Aber sie sahen aus wie immer, kein sichtbares Anzeichen dieses «Brennens», das sich anfühlte, als werde ihr Fleisch davon verzehrt. «Brennend» war eigentlich eine nicht ganz treffende Bezeichnung für diese unangenehme, mitunter sogar schmerzhafte

Empfindung. Es war nicht Hitze, was sie fühlte, aber es war der Eindruck damit verbunden, daß ihr Körper, vor allem die Handflächen, durch Schauer von strahlendem, flüssigem Licht geläutert und gewandelt wurde.

Sie blieb mit überkreuzten Beinen sitzen, um sich diesem neuen Phänomen zu widmen. Durch die dichtbelaubten Linden vor dem Fenster drang wenig Licht ins Zimmer, außerdem hatte sich der Himmel an diesem Morgen mit anthrazitgrauen Gewitterwolken überzogen. Im Haus alles still. Rachael war in der Schule. Also konnte sie sich ruhig Zeit nehmen für diese neuartige Erfahrung. Als sich Staunen und Aufregung ein wenig gelegt hatten, empfand sie eine Art Ehrfurcht vor dem unsichtbaren und doch fühlbaren weißen Licht, dem diese Funken zu entspringen schienen. Das Licht war ohne ihr bewußtes Zutun gekommen, aber sie hieß es willkommen und ließ ihre Gedanken und Gefühle ausklingen, damit es sein Werk tun konnte und seine Energie durch nichts abgelenkt wurde.

Als sie wieder einmal zum Fenster schaute, waren die Wolken abgezogen, und das Blätterdach ließ Sprenkel von Licht durch. Sie hatte Hunger bekommen und stand auf, um in die Küche zu gehen, und nun schlug ihr Interesse an dem Brennen in Erschrecken um, denn jeder Bodenkontakt der Füße war schmerzhaft. Und als sie nach der Türklinke griff, war es mit den Händen das gleiche. Hände und Füße waren durch das Feuer offenbar so empfindlich geworden, daß alles, was fester war als Luft, sie aufzuschürfen schien. Schaudernd setzte sie sich aufs Sofa. Dieses Feuer, eben noch so gut und reinigend, wurde nun zum Feind, der sie auszuschalten versuchte. Wie sollte sie sich um Rachael kümmern, Auto fahren, zum Einkaufen gehen, wenn jeder Schritt, jede Berührung sie vor Schmerz zusammenzucken ließ?

Sie stand wieder auf, um festzustellen, wie behindert sie denn nun wirklich war. Auf Zehenspitzen ging sie in die Küche, öffnete den Kühlschrank mit den Fingerspitzen und machte sich ein Müsli mit Obst. Während sie aß, gab sie acht, daß der Löffelstiel nur ja nicht ihre Handfläche berührte. Dann wieder Spitzentanz die Treppe hinauf und ins Schlafzimmer, wo sie sich aufs Bett legte.

Sie hätte gern ihren neuen amerikanischen Analytiker angerufen, um ihn zu fragen, ob er mit so etwas vertraut sei, was es bedeute und wie lange es dauern könne. Aber sie fürchtete immer noch, aufdringlich zu erscheinen, und wagte nicht, um unbezahlte Minuten zu bitten. Sie rationalisierte diese Angst und sagte sich, es wäre ja auch eine Zumutung für den Analytiker, wenn alle seine Klienten ihn bei jeder etwas seltsamen Erfahrung gleich anriefen. Unter solchen Gedanken schlief sie ein, und das nächste, was sie wahrnahm, war das Geräusch der Eingangstür und Rachaels Schritte auf der Treppe. Ohne sich lange zu besinnen, stand Sally auf und ging ihrer Tochter entgegen. Rachael hatte Hunger, wie immer, da sie in der Schule wenig aß. Sally machte ihr ein paar Scheiben Toast mit Butter und hörte sich an, was sie mampfend aus der Schule zu berichten hatte. Erst als Rachael einmal kurz ins Bad verschwand, fiel Sally das Brennen wieder ein. Es war weg und stellte sich auch an diesem Abend nicht mehr ein. Aber am nächsten Tag, als sie Rachael zur Schule gefahren hatte und dann in ihrer Meditationshaltung zu Hause unter dem Fenster saß, kam es wieder, so stark wie am Vortag.

Die Tage vergingen, und Sally mußte sich damit abfinden, daß das Brennen wohl bleiben würde, daß es keine vorübergehende Erscheinung war, sondern nun zu ihrem Leben gehörte. Es kam und ging unregelmäßig, und auch seine Intensität war nicht vorauszusagen. Nur bei der Meditation war es immer da, und wenn Sally sich intensiv um Rachael oder den Haushalt kümmerte, nahm es beträchtlich ab oder verschwand ganz. In der übrigen Zeit mußte sie entweder mit dem aufhören, was sie gerade tat, und das Feuer brennen lassen, oder irgend etwas erfinden, um mit dieser Sensibilität besser umgehen zu können. Daß das Brennen abnahm, wenn sie sich um Rachael kümmerte, ließ in ihr ein Gefühl der Achtung entstehen: Es war wohl im Grunde ein wohlgesonnener, weiser Führer, der ihr half, das Wesentliche vom Unwesentlichen zu unterscheiden; er sagte ihr, daß sie zwar am Unwesentlichen festhalten könne, aber vermutlich besser fahre, wenn sie es aufgebe und in die gewiesene Richtung einschwenke.

Vielleicht war es ganz gut, daß Sally nicht wußte, worauf sie sich da eingelassen hatte. Sieben Jahre standen ihr bevor, in denen das Brennen nicht von ihr weichen sollte.

Das Feuer ist Ausdruck der Verbundenheit und Ganzheit, die aller Dualität innewohnt. Feuer kann es nur geben, wo Himmel und Erde, Luft und Materie miteinander in Wechselspiel treten. Wo eines von beiden mangelt, stirbt das Feuer. Daher wird das Feuer in vielen Kulturen als Bild und Inbegriff der Göttlichkeit aufgefaßt: Agni, der indische Feuergott, ist Sohn des Himmels und der Erde und als solcher Botschafter zwischen den Göttern und der Menschenwelt; in der *Bhagavad-Gītā* sagt Krishna: «Ich bin das Feuer, das in den Körpern aller Dinge wohnt, welche Leben haben»; in der Medizinhütte der Indianer ist das Feuer sowohl die heilige Wohnstätte des Großen Geistes als auch Vermittler zwischen dem Göttlichen und den Menschen; und in der Bibel wird Gott «ein verzehrendes Feuer» (5. Mose, 4,24) genannt. Er erscheint Moses in einem brennenden Dornenbusch, und im Neuen Testament fährt der Heilige Geist in Form von Flammen auf die Köpfe der Jünger hernieder.

Feuer manifestiert sich also nicht nur in der Form gewöhnlicher Flammen, in denen Materie verbrennt, sondern auch auf allen anderen Ebenen des Seins, wobei es zur Ebene des Geistes hin immer mehr von seinem grobstofflichen Charakter verliert. Es lebt als die Hitze sexueller Leidenschaft im Körper, als Zorn, Begierde und schwärmerische Liebe in den Emotionen, als bedingungslose Liebe im Innersten der Seele, als strahlendes Licht und Weisheit im Geist.

Feuer ist das Medium der Verwandlung; durch Feuer kehrt Materie zum Geist zurück. Wasser zum Beispiel kann sich in Dampf verwandeln und dann buchstäblich in Luft aufgehen; Kerzenwachs schmilzt und verströmt sich als Wärme und Licht. Wird das Wasser allerdings getrunken, bevor es seine Verdampfungstemperatur erreicht, oder das Kerzenwachs anderweitig verwendet, bevor es von der Flamme berührt wird, so findet keine Verwandlung statt. Wasser und Wachs verändern dann gleichsam nur ihren horizontalen Ort, ohne jedoch eine tiefgreifende Veränderung zu erfahren. Ähnliches gilt auch für wirkliche seelische Wandlung. Wenn psychische Energien eine neue und subtilere Seinsebene erreichen sollen, muß man sie lange genug der Hitze aussetzen, anstatt sie vorzeitig aufzubrauchen; sie müssen bewahrt werden und dürfen nicht in körperlichem, emotionalem oder intellektuellem Geschehen verpuffen. Spannung und Hitze müssen wachsen können, bis schließlich die für die Verwandlung erforderliche Temperatur erreicht ist.

Wie wir gesehen haben, kann die Seele durch die langwierige und häufig schmerzhafte Integration verdrängter oder unbewußter psychischer Inhalte Energie ansammeln und sich dadurch weiten. Indem wir zu unserer inneren Männlichkeit und Weiblichkeit in Beziehung treten, nehmen wir unsere Projektionen zurück und müssen sie dann nicht mehr in romantischen Affären ausleben; die psychische Energie kann wachsen und sich verdichten und schließlich, wenn die Zeit reif ist, verwandeln.

Dieses Verwandlungspotential, das aller Energie innewohnt, ist am Beispiel der sexuellen Energie besonders gut zu erkennen. Die Instinktreaktion auf sexuelle Erregung – wie auf jede Art von Erregung – ist der Wunsch nach Entladung. Und da die sexuelle Entladung durch den Orgasmus eine lustvolle Erfahrung ist, sehen wir im allgemeinen wenig Grund, sie uns zu versagen. Doch das Werden der Seele geschieht nicht unbedingt auf dem Weg des Leichten und Lustvollen. Die

Alchemisten des Mittelalters nannten es sogar *opus contra naturam*, das «Werk gegen die Natur». Wenn sexuelle Energie, die sich spontan oder aufgrund von Vorstellungen in uns bildet, nicht verausgabt wird, dann erreicht sie nach einer Zeit eine Intensitätsstufe, von der aus sie – so wie Wasser zu Dampf wird – in Herz-Energie übergehen kann.

In der tantrischen Tradition Indiens wird sexuelle Energie im Rahmen des Kundalini-Prozesses interpretiert. Sally wußte zur Zeit ihres Traums noch nicht viel über den Kundalini-Yoga, aber später entdeckte sie erstaunliche Übereinstimmungen mit ihrem Traum und der durch ihn eingeleiteten Verwandlung durch «Feuer». Die tantrischen Texte lehren, wie wir zur Wurzel unseres Seins hinabsteigen können, zu dem Chakra am unteren Ende der Wirbelsäule, wo die Kundalini-Schlange eingerollt im Schlaf liegt. Wenn sie erwacht und bewußt wird, kann sie – mit göttlicher Hilfe – dazu gebracht werden, durch die verschiedenen Chakras mit ihren immer höheren Energieschwingungen aufzusteigen, bis sie das Scheitel-Chakra erreicht, um sich in der Auflösung aller Dualität mit Shiva zu vereinigen, dem reinen Bewußtsein, von dem das ganze Universum erfüllt ist. Die Kundalini-Energie, Shakti genannt, ist weibliche Energie, die in latenter Form nicht nur in jedem Menschen, sondern in jedem Atom des Universums existiert; die Shiva-Energie ist männlich. Am Beginn eines jeden Augenblicks der Schöpfung, so sagen die tantrischen Texte, spaltet das eine kosmische Bewußtsein sich in diese Energie-Polarität auf, und damit tritt die Dualität ins Sein, die unser irdisches Leben bestimmt.

Der Kundalini-Yoga lehrt auch gewisse Handbewegungen, die Mudras genannnt werden. Sie sind eine Art ritualisierte Körpersprache, Ausdruck der Bereitschaft, die schlafende Schlangenkraft erwachen und aufsteigen zu lassen. Der Hand-Tanz, den zu finden Sally in ihrem kabbalistischen Traum den Auftrag erhalten hatte, war diesen Mudras verwandt. Der tiefe Wandlungsprozeß, den die Handbewegungen einleiten und begleiten, ist nur möglich, wenn alle persönlichen Wünsche, Einstellungen und Erwägungen geopfert werden. Die beiden Pole unseres Seins können sich nicht zum Selbst, zu unserem kosmischen Menschsein, vereinigen, solange wir den Energien unsere eigene Richtung zu geben versuchen, um uns eine persönliche Welt des Denkens und Fühlens zu schaffen.

Nachdem Sally einiges über den tantrischen Yoga gelesen hatte, verstand sie etwas besser, weshalb ihr «Brennen» sie nur die Dinge tun ließ, die für sie und andere wirklich gut und nützlich waren, aber offenbar alles zu verhindern suchte, womit sie früher ihre Tage angefüllt hatte: Sie konnte Rachael zur Schule fahren oder Essen für sie kochen, aber wenn sie an ihrem Buch weiterschreiben oder auf eine Party gehen wollte, dann war das mit beträchtlichen Unannehmlichkeiten verbunden.

Die Kundalini kann nur aufsteigen, wenn wir bewußt jede Identifikation ihrer Energie mit irgendeinem bestimmten Chakra aufgeben, sie also frei durch alle Ebenen der Energie hindurchströmen lassen auf ihrem Weg vom Körper zum Geist. Die erste und sehr schwierige Identifikationsauflösung betrifft natürlich die Genitalien. Das heißt zunächst, die Vorstellung aufzugeben, daß sexuelle Spannung nur durch sexuelle Entladung aufgelöst werden kann. Dann kommt es darauf an, diese Energie ihren eigenen Weg gehen zu lassen, und der führt von den Genitalien zum Herzen. Dazu muß die Fähigkeit ausgebildet werden, diese Energie einerseits zu halten, ohne sie physisch auszuleben, und zugleich den Körper so zu entspannen, daß diese Konzentration von Hitze und Blut sich nicht im Genitalbereich staut, sondern als warmer Strom aufsteigen kann, zunächst in den Solarplexus, von wo aus er den ganzen Bauchraum belebt und erwärmt, und dann ins Herz, wo er sich in seelische Wärme und in Liebe verwandelt. Dann kann dieses Werk der Entspannung und der Befreiung der Energie aus allen Identifikationen mit bestimmten Zonen oder Aspekten des Körpers oder der Seele fortgesetzt werden bis zum Scheitel-Chakra, wo die Herz-Wärme sich in strahlendes Licht und spirituelle Weisheit verwandelt.

Damit die Energie während dieses Wandlungsprozesses nicht vermindert wird oder verlorengeht, kommt es aber nicht nur darauf an, sie nicht auf falsche Weise zu verausgaben; ebenso falsch wäre es, sie zu verleugnen oder zu unterdrükken: Sie ist eine große Kostbarkeit, und als solche sollten wir sie betrachten. Sexuelle Energie etwa darf also nicht unterdrückt werden, sondern braucht unser bewußtes Einverständnis, sich zu verfeinern und ihre ganze Kraft als Liebe zu entfalten. Wenn wir uns dieser Kraft verweigern, anstatt sie achtungsvoll in uns zu bewahren und ihr Werk tun zu lassen, wird sie sich im Körper stauen und dann möglicherweise Krankheiten verursachen. Durch Verleugnen wird der Austausch zwischen Körper und Seele unterbrochen: Der Körper kann die Energien der Seele nicht mehr empfangen und umsetzen, und die Seele wird der Lebenskraft von Körper und Erde beraubt.

Ähnlich ist es auch mit Empfindungen und Emotionen: Wo sie geleugnet oder unterdrückt werden, können wir möglicherweise dennoch das Licht des Geistes sehen, aber es wird ohne die Wärme und Lebendigkeit der Seele sein. Wo Unterdrückung ist, gibt es keine Verwandlung, nur ein Fortbestehen der Dualität – Körper *oder* Herz, Herz *oder* Geist. Wir müssen die Möglichkeiten von Körper und Herz ganz gelebt und Lust und Erregung genossen haben, bevor das alchemistische Werk beginnen kann. Denn wo immer wir Teile unserer selbst nie richtig bewohnt und erfahren haben, fehlt dem alchemistischen Wandlungsprozeß ein wesentlicher Bestandteil, die Ur-Materie des Selbst, und dann bleiben wir leblose Wesen; der Erde entfremdet, auf der wir leben, wissen wir ihr keinen Dank und werden nicht von ihr genährt.

Diese Verwandlung der Energie schlägt sich in unseren Träumen nieder. Steigt ein Bild ins Bewußtsein auf, so erscheint es häufig zunächst in seiner gröbsten Form. Wird es aber in dieser groben, primitiven und vielleicht entstellten Form angenommen und willkommen geheißen, so wandelt sich nicht nur das Bewußtsein, sondern auch (wie wir in der Geschichte von der Schönen und dem Tier sahen) das Bild selbst. Aus der jungen *femme fatale* mit ihren üppigen Brüsten und Hüften, dem dichten schwarzen Haar und dem wollüstigen Mund kann die schlanke, sanfte Schöne werden, aus dem ungeschlachten Fleischjäger ein edler Jäger der Weisheit, und verletzte Katzen verwandeln sich in starke, edle Männer.

Es ist nicht unbedingt angenehm, sich auf diesen Prozeß einzulassen und bewußt an ihm mitzuwirken. Das individuelle Bewußtsein bleibt am liebsten bei dem, was ihm vertraut ist, also im Rahmen gewisser begrenzter Energiefluktuationen, wie sie mit vertrauten mentalen, emotionalen und physischen Zuständen einhergehen. Diese Rahmenbedingungen ändern sich jedoch drastisch, wenn wir unsere Energie nicht mehr mit überflüssigem Gerede, unschöpferischen Orgasmen und anderem entbehrlichem Tun verzetteln, sondern anfangen, sie bewußt zu sammeln und zu bewahren, damit sie die Hitze gewinnen kann, die sie dann aufsteigen läßt und in immer feinere Schwingungen überführt.

Dieser Umwandlungsprozeß ist nicht nur wegen seiner manchmal unangenehmen Begleiterscheinungen beunruhigend oder erschreckend, sondern schon durch seine Fremdartigkeit schwer zu ertragen. Denn während die psychische Energie immer höhere Schwingungsebenen erreicht, die Schlacken ausgeglüht werden und Kraft und Licht Körper und Seele überfluten, muß die alte Seinsweise aufgegeben werden. Dies ist ein Prozeß des kontinuierlichen Abstreifens und Opferns. Sally mußte feststellen, daß gar nicht so leicht herauszufinden ist, wie man an diesem Geschehen mitwirken kann, anstatt es zu behindern. Gewiß, man kann etwas darüber lesen, aber mit Worten und Büchern ist keine wirkliche Vorbereitung auf diese Erfahrung möglich. Am Ende ist wie immer die Erfahrung selbst unser verläßlichster Lehrer – sofern wir ihm aufmerksam zuhören.

Sally hatte sich zum Mittagessen mit Sarah verabredet, einer Frau, die sie erst kürzlich kennengelernt hatte. Das Brennen war in den letzten Tagen wieder recht unangenehm geworden, aber sie wußte, daß Sarah sich viel Mühe geben würde mit dem Essen, und so brachte sie es nicht fertig, kurz vor der vereinbarten Zeit noch abzusagen.

Also nahm sie ihren Mantel und machte sich auf den Weg zur U-Bahn. Mitten im Gedränge, umgeben von den Giftschwaden der Stadt, fiel ihr eine neue und ebenfalls sehr unangenehme Begleiterscheinung des Brennens auf. Sie fühlte sich wie ein Dampfkochtopf. Es kam ihr ohnehin schon so vor, als könne sie die Energie kaum noch halten, und nun schien immer noch mehr in sie hineingepreßt zu werden. In der Bahn saß sie dann neben einem Geschäftsmann, der ein Wirtschaftsjournal studierte, und blickte verstohlen an sich herunter, um zu sehen, ob es irgendwelche Anzeichen dieses Überdrucks gab. Alles sah normal aus. An einer großen Frau vorbei konnte sie sich in der Fensterscheibe sehen, aber auch ihr Gesicht sah ziemlich normal aus, höchstens ein bißchen müder als sonst. Aber als sie ihre Haltestelle erreichte, war der Druck noch weiter gewachsen.

Nur mit großer Mühe kam sie durch das Gedränge der Einkaufsstraßen voran, zur einen Hälfte in Anspruch genommen von dem Bemühen, den Bodenkontakt ihrer schmerzenden Fußsohlen so leicht wie möglich zu halten, und zur anderen Hälfte von dem stillen Gebet, ihr Körper möge nur ja nicht ausgerechnet jetzt zerplatzen und seinen Inhalt über die Straße ergießen.

Auch das gemeinsame Essen war schwierig. Ihr war höchst wunderlich zumute mit diesem Gefühl, daß ihre Haut mehr Energie fassen müsse, als sie verkrafte. Sie wußte nicht, was das bedeutete, und war auch mit Sarah, einer viel älteren Frau, noch nicht so vertraut, daß sie Schmerz und Verwirrung hätte zeigen können. Also sprach sie so gut es ging mit ihr über Jung und Psychologie, während der Druck immer noch weiter anstieg, ohne Rücksicht auf die damit für sie verbundenen Schwierigkeiten. Als sie dann am Nachmittag endlich wieder zu Hause war, legte sie sich ins Bett, heilfroh, daß sie wenigstens allein war, wenn das Unheil nun seinen Lauf nahm.

Der Druck am Scheitel nahm immer noch weiter zu. Anfangs lag sie einfach nur da, erleichtert, daß sie zu Hause war. Dann begann sie sich zu fragen, ob sie wohl etwas tun könne, um die Sache zu fördern. Denn sie war inzwischen weit genug mit der Dynamik der Seelenentfaltung vertraut, um zu wissen, daß solche seelischen Vorgänge nicht bekämpft und abgewehrt werden dürfen, sondern bewußte Mithilfe brauchen. Also ließ sie sich, so tief sie es vermochte, auf das Bild ihrer zum Bersten gefüllten Haut ein. Und da fiel ihr die Lösung ganz von selbst zu. Sie mußte von ihrer alten Haut lassen, sie abstreifen, wie es die Schlangen tun.

Bis dahin hatte Sally sich völlig identifiziert mit ihrer prallvollen psychischen Haut und wäre gar nicht auf den Gedanken gekommen, von ihr zu lassen. Jetzt aber, indem sie ganz auf dieses Bild einging, erlebte sie den Beginn der Loslösung ihres Seins von seiner alten psychischen Identität und seinen nicht mehr gültigen Bedingungen – und plötzlich erschien es ihr durchaus möglich, von dieser Haut zu lassen. Es fühlte sich ein wenig so an wie das Ausziehen von Kleidungsstükken. Aber während sich der Körper einem Mantel aktiv entwindet, war es bei der Haut so, daß sie leichter vom Körper glitt, wenn er entspannt wurde.

Als die Haut ganz und gar abgestreift war, gelangte Sally zu einem völlig neuen Raumgefühl; für die unaufhörlich einströmende Energie war Platz in Hülle und Fülle vorhanden. Die unangenehmen Empfindungen dieses Tages hörten auf. Sie schloß die Augen, um zu ruhen, fühlte sich riesenhaft und erfüllt.

Wenn das Feuer des Selbst bewußt wird und die Schlacken läutert, die wir von demütigen Reisen in die Höhlen unserer psychischen Dämonen mit zur Oberfläche bringen, sind wir seelischen und körperlichen Feuerproben ausgesetzt, die an mittelalterliche Höllenvorstellungen erinnern. Doch die brennenden Höllenschlünde der Seele sind, wie der folgende Traum zeigt, nichts grundsätzlich anderes als ihr Himmel.

> Der Pfad führte Sally an den Rand eines riesigen flammenden Kraters. Als sie entsetzt stehenblieb, sagte ihr eine leise Stimme, sie müsse in diese Hölle eintreten und hindurchgehen. Also wagte sie sich noch ein wenig näher heran und schob einen Zeh über den Rand. Sie spürte, wie das Feuer ihre Haut versengte. Schnell trat sie einen Schritt zurück und überlegte, was zu tun sei. Die Stimme sagte, sie müsse bestimmte psychische und spirituelle Prozesse durchlaufen, um sich auf den Weg durch die Flammen der Hölle vorzubereiten.
>
> Die vorbereitenden Erfahrungen nahmen einige Zeit in Anspruch, aber schließlich war sie dann doch bereit. Eine große rote Schachtel Weihnachtsschokolade vor sich herschiebend, stieg sie in den Krater ein, einem gewundenen Pfad durch die Flammen folgend. Bald war sie in ein Meer von Feuer eingetaucht, doch sie spürte keine Hitze und empfand keinen Schmerz. Sie war vollkommen von Feuer umschlossen und wurde doch nicht verbrannt. Als sie die tiefste Tiefe der Hölle erreichte, sah sie sich in der Gegenwart Gottes.

Solange Sally noch nicht in der rechten Weise vorbereitet war, gab es noch Dinge an ihr, die von gröberer Energie waren als das Feuer, und diese Aspekte konnten von den Flammen verbrannt werden. Als aber das Werk der Läuterung und Reinigung weit genug gediehen war, sobald also die primitiven, groben, ja sogar dämonischen Energien ins Bewußtsein gehoben und vom einströmenden Geist gewandelt worden waren, konnte ihre Seele den Flammen der Hölle widerstehen – nicht weil sie sich einen Asbestschild geschaffen hatte, sondern weil sie alle Schilde hatte fallen lassen. Durch den langen Weg des psychologischen Erkundens und des vollkommenen Annehmens war ihre Seele so weit verfeinert, daß sie vom «verzehrenden Feuer» selbst nicht mehr zu unterscheiden war.

Gott – oder das Selbst – als Feuer der Zerstörung und zugleich Feuer der Erleuchtung, davon sprach auch Johannes vom Kreuz, der große spanische Mystiker des 16. Jahrhunderts, in seiner Schrift *Lebendige Liebesflamme*:

> Bevor dieses göttliche Feuer der Liebe durch die vollkommen vollzogene Reinigung und Läuterung in das innerste Wesen der Seele sich einsenkt und mit ihr vereinigt, verwundet diese Flamme, nämlich der Heilige Geist, die Seele, verzehrt sie und macht die Unvollkommenheiten ihrer schlimmen Gewohnheiten zunichte.
>
> Und auch das ist das Werk des Heiligen Geistes, wodurch er die Seele zu der ihr entsprechenden Vereinigung und Umgestaltung in Gott durch die Liebe vorbereitet. Denn das Feuer der Liebe, das sich nun in beseligender Weise mit der Seele vereinigt, ist dasselbe, das sie ehedem reinigend erfaßte, ebenso wie das Feuer, das in das Innere des Holzes eingedrungen ist, dasselbe zuerst mit seiner Flamme erfaßte und berührte, es austrocknete und von seinen häßlichen Bestandteilen befreite, bis es dasselbe durch seine Wärme so zubereitet hat, daß es ins Innere eindringen und es in sich umgestalten kann.
>
> Und diesen Vorgang nennen die Geisteslehrer den Vorgang der Reinigung. In diesen Prüfungen erleidet die Seele (scheinbar) große Einbuße und wird von schweren geistigen Trübsalen heimgesucht, in die sich gewöhnlich auch der sinnliche Teil hineingezogen sieht, da diese Flamme sich überaus schrecklich fühlbar macht. In dieser Zubereitung

> und Reinigung ist diese Flamme nicht helleuchtend, sondern dunkel, und wenn sie auch irgendwie Licht verbreitet, so geschieht es nur allein, damit die Seele ihr Elend und ihre Mängel wahrnimmt und empfindet. Sie ist nicht angenehm, sondern peinlich, und wenn die Seele auch manchmal von ihrer Liebeswärme erfaßt wird, so vollzieht sich dies nur in peinlicher und beängstigender Weise, sie verursacht keine Wonne, sondern Trockenheit, und wenn sie auch manchmal durch ihre Milde etwas Genuß verschafft, um die Seele zu stärken und zu beleben, so muß sie dies doch früher oder später wieder büßen und wird sie von anderen Bedrängnissen heimgesucht. Sie ist nicht erquickend und beruhigend, sondern vernichtend und vorwurfsvoll, indem sie die Seele ihre Ohnmacht fühlen läßt und sie durch Erkenntnis ihrer selbst peinigt. Und sie ist auch nicht beseligend, sondern versetzt sie vielmehr in einen Zustand des Elendes und der Bitterkeit durch die geistige Erleuchtung bezüglich ihrer Selbsterkenntnis, indem Gott, wie der Prophet Jeremias in seinem Klagelied sagt, Feuer in die Gebeine sendet und sie züchtigt, und wie David bemerkt, sie im Feuer erprobt.

Die Hölle der Seele und des Körpers, in die das verwandelnde Feuer des Selbst uns schleudert, entsteht aus dem Zusammentreffen unserer gröberen Energien mit dem reinen, lebendigen Licht des Selbst, dem göttlichen Funken. Psychologisch gesehen, brennt das Feuer die Barrikaden zwischen Bewußtsein und Unbewußtem nieder und nimmt uns all die Abwehrmittel, mit denen wir uns gegen die eher häßlichen und primitiven Seiten unserer Seele abzuschirmen suchen. Und natürlich begleitet dieses Feuer unsere psychologische Forschungsreise schon von den ersten Schritten an. Wenn der erste Lichtstrahl des Bewußtseins ins Dunkel dringt, flammt es auf. Wenn wir es dann ertragen lernen, sowohl die Tiefen des Körpers und der Instinkte als auch das Strahlen des Geistes anzunehmen, wenn das Selbst also im Bewußtsein geboren wird, tritt das

Brennen dieses Feuers nicht mehr anfallsweise auf, sondern wird mehr und mehr zu einem ständigen Begleiter, der die vielen Schichten des Dunkels fortbrennt, mit denen wir uns vor unserer Seele geschützt haben, und treibt den Prozeß der körperlichen und seelischen Wandlung voran.

Eine der unmittelbaren Reaktionen auf dieses Geschehen ist ein Gefühl der Scham angesichts all der häßlichen Selbstbezogenheit, die das Feuer bloßlegt und bewußt werden läßt. Das Gefühl der Scham ist bezeichnend für diese Entwicklungsphase; es hält so lange an, bis die alten Energiekonstellationen, die allem mit der Natur des Selbst unvereinbaren Denken, Fühlen und Handeln zugrunde liegen, gründlich ausgebrannt sind. Es fühlt sich an, als werde etwas Verhärtetes und Verkrustetes aufgelöst und abgestoßen. Es tut weh, aber es löst auch. Am Ende jeder Phase dieses Prozesses, wenn der Schmerz nachläßt und die gröberen Energien durch die Berührung des Selbst aufgelöst wurden, fühlen wir uns leerer und freier, sauberer und mehr im Fluß. Die Wasser unseres Seins scheinen neue Tiefe und Lebendigkeit gewonnen zu haben.

Ist das Feuer des Selbst einmal aufgeflammt in der Seele, dann verzehrt es schonungslos alles, was nicht von der gleichen reinen Schwingung ist wie es selbst. Dem Ego, das am Persönlichen und Vergänglichen haftet, an allem, was der Selbstverherrlichung, Bequemlichkeit, Sicherheit und dem zeitlichen Glück dient, erscheint das als rücksichtslose Härte. Für das Selbst aber läutert das Feuer das Gefäß unseres Seins und gibt uns die Fähigkeit, die Lebendigkeit und Liebe des Selbst durch unseren Körper, durch Beziehungen zu anderen Menschen und zur Erde in die Welt zurückzuspiegeln.

Die seelischen Veränderungen, die das Brennen bewirkt, zeigen sich bald. Alte Vorlieben, Neigungen, Wünsche, Einstellungen, Begriffe und Interessen werden schal und matt und sterben ab, und dahinter kommen neue zum Vorschein, die uns besser entsprechen und mehr Befriedigung bieten.

Und die durch Feuer gewandelte Seele macht sich den Körper gleich, denn der Körper ist Ausdruck der Seele. Dann verändert sich auch auf dieser Ebene unser Geschmack: Es kann zum Beispiel sein, daß bestimmte Nahrungsmittel und Getränke wie Kaffee, Tee, Alkohol und Süßigkeiten ihren Reiz verlieren oder sogar Widerwillen erregen und der sensibilisierte Körper allzu starke Geschmacksreize zurückweist. Es entwickelt sich eine natürliche Neigung zu einfachen, lebendigen und unverschmutzten Nahrungsmitteln.

Daneben zeigt sich eine neue Sensibilität gegenüber der physischen Umwelt. Wenn die alten Schutzhüllen des Unbewußten abfallen und die gröberen psychischen Energien verbrannt werden, während wir aber zugleich noch nicht fähig sind, ganz und gar in der Unverwundbarkeit des Selbst zu leben, dann kann es sogar sein, daß unsere Toleranz für die Gift- und Lärmverschmutzung der Stadt vorübergehend abnimmt. In dieser Zeit sind die regenerierenden Kräfte der Natur – und das Alleinsein – besonders notwendig und willkommen.

Bevor das Feuer sein Werk beginnt, erfreut sich der Körper meist nicht nur einer gewissen Autonomie gegenüber der Seele, sondern auch einer gewissen Immunität gegenüber der Umwelt: Er verträgt einiges an psychischem und physischem Mißbrauch – toxische Nahrungsmittel, toxische Umwelt, sogar toxische Emotionen und Gedanken –, bevor seine Widerstandskraft gebrochen ist und er krank wird. Wenn aber die unbewußten Schutzschleier zwischen Körper und Seele verschwinden, wird der Körper ein immer empfindlicheres Barometer der Seele und zeigt jede aufwallende Emotion als körperliches Unbehagen an. Der Körper ist kein selbständiger Automat mehr, sondern reagiert feinfühliger auf Reize von innen und außen, und damit wächst auch unsere Verantwortung für seine Gesundheit. Es liegt an jedem einzelnen selbst, so zu leben, daß er schädliche Einflüsse von innen und außen möglichst gering hält, damit sie sich nicht eines Tages in körperlichen Erkrankungen niederschlagen.

Es ist nicht leicht, die neuen Kräfte, die mit der Sensibilisierung von Körper und Seele auftreten, zu erkennen und anzunehmen, in bewußte Beziehung zu ihnen zu treten und schließlich die Verantwortung für sie zu übernehmen. Das ist Neuland, und in seiner Fremdartigkeit manchmal erschrekkend. Mitunter haben wir den Eindruck, das Werk des Feuers sei eher ein Teufelskreis: Jede neue Phase des Wegbrennens von alten Strukturen sensibilisiert den Körper noch mehr und macht ihn nur noch anfälliger für äußere und innere Gifte, und dann muß wiederum mehr von der Reinheit und Kraft des Selbst in die Seele fließen und durch noch mehr Feuer die Schlacken läutern. Wenn wir hier Schritt halten wollen, müssen wir ständig wachsam sein und bereit, uns kontinuierlich zu wandeln; wir müssen uns auf die Wirklichkeit des Augenblicks einlassen, anstatt anzunehmen, daß die Verfahren von gestern auch heute noch tragen werden; und schließlich gilt es, ganz klar zu sehen, daß Leben nicht ohne Sterben möglich ist.

Ähnlich einem Musikinstrument können die Seele und ihre physische Form die Musik des Selbst nur so weit zum Klingen bringen, wie ihre Gestaltung und Stimmung es zulassen. Eine Stradivari läßt Feinheiten einer Bachschen Violinsonate hörbar werden, die einer Anfängergeige einfach nicht zu entlokken sind; und eine fein gearbeitete Seele läßt die Stimme des Selbst – die Stimme Gottes – besser hörbar werden als eine, die nicht durch spirituelles Streben oder psychologische Arbeit geläutert wurde. Aber eine Stradivari ist aufgrund ihrer größeren Vollkommenheit natürlich auch anfälliger für schlechte Behandlung, und dasselbe gilt für Körper und Seele.

Tatsächlich ist der vermeintliche Teufelskreis eine Spirale, und mit dieser fortschreitenden Verfeinerung Schritt zu halten, indem wir jederzeit bereit sind, falsche Grundhaltungen, falsches Denken, Fühlen und Handeln aufzugeben, ist so schwierig, daß man sich nicht zu wundern braucht, wenn Mißbehagen, Einsamkeit und körperliche Störungen damit einhergehen. Das alte Leben hängt schwer an uns, denn es schöpft seine Kraft und sein Beharrungsvermögen aus unbewußten Gewohnheiten. Viele der Veränderungen, die notwendig sind, um mit der stetigen Sensibilisierung Schritt zu halten, erfordern ein tiefgreifendes Umdenken und «Umfühlen».

Zum Glück macht das Brennen den Körper aber nicht nur für unharmonische Gedanken und Gefühle empfindlicher, sondern auch für harmonische – solche, die mit dem Selbst in Einklang stehen. Aus diesem Grund wird die aktive Beteiligung an der Heilung des eigenen Körpers und der eigenen Seele – sinnvoll natürlich auf jeder Bewußtseinsstufe – immer produktiver. Sensibilität und entspanntes Wohlwollen für unseren Körper, die uns zuwachsen, wenn wir unsere irdische Natur angenommen haben, lassen uns Erkrankungen schon in einem frühen Stadium wahrnehmen, wenn sie sich noch nicht richtig im Körper eingenistet und in Symptomen niedergeschlagen haben. Nun hat das Bewußtsein mehr Zeit, sich in die Heilungsprozesse des Körpers einzuschalten, die Freude des Selbst in die Seele einzulassen und daraus harmonische Bilder, Gedanken und Gefühle zu gewinnen, die den Körper heilen.

Es kommt darauf an, den Körper während des ganzen Weges in rechter Weise zu versorgen, nicht erst wenn er erkennbar krank ist. Denn Leiden und Belastungen, die auf diesem Weg unvermeidlich sind, können dem Körper sehr zusetzen. Solche Belastungen kann man kaum umgehen, allenfalls verschieben. Prüfungen und Belastungen sind wichtig, damit wir uns entwickeln können, damit wir Identifikationen und Projektionen ablegen können, aber gerade deshalb kommt es darauf an, Körper und Seele durch die heilenden Energien des Geistes bei Kräften zu halten. Jung schrieb einmal, daß man zum Licht nicht durch die Vorstellung lichter Gestalten gelangt, sondern durch die Aufhellung des Dunkels. Gewiß ist das Aufhellen des Dunkels die ausschlaggebende Vorbedingung, aber ich glaube nicht, daß Jung gerade an diesem Punkt ein «Entweder-Oder» meinte, denn sein gesamtes Werk bezeugt ja ansonsten, daß man der Seele mit dieser Entweder-Oder-Sicht nicht gerecht wird. Besser ist wohl das «Sowohl-als-auch», denn zur Ganzheit und zum Licht der Seele finden wir nicht nur durch Aufhellung des Dunkels, sondern auch durch lichte Bilder. Das Strahlen des Geistes, wenn er durch Bilder, Gebete und meditative Praktiken ins Bewußtsein eingelassen und von der Seele empfangen wird, trägt zu unserem Schutz bei, wenn wir die dunkle Nacht unseres Werdens durchleiden. Es fördert die seelische Wandlung und hebt unser Bewußtsein auf neue Stufen, von wo aus sich alte Ängste und Sorgen, einst so finster aufragend, ganz klein und unbedeutend ausnehmen.

Sally träumte am Ende der ersten Phase ihres «Brennens», sie befände sich in einem brennenden Haus. Oben wurde ein Kind namens Kabbala aus den Flammen geboren.

Die Kabbala, eine auf alten mystischen Überlieferungen beruhende jüdische Geheimlehre, ist eine reiche und komplexe Tradition, in der es um das Sein und Werden des einzelnen wie des Kosmos geht. Das Wort selbst bedeutet «die Wahrheit empfangen». Sallys Traum spiegelt also wider, wie ihr Kind der Weisheit – ihre Fähigkeit, die Wahrheit zu erfahren und zu erkennen – aus jenem Feuer geboren wurde, das alles Verhaftetsein, alle Identifikationen mit zeitlichen Realitäten, alle ego-zentrierten Ängste und Obsessionen verbrannte, die sie daran hindern konnten, ihre Seele als den Kelch des Selbst zu erfahren.

6 Sterben

Nun bist du dem Steine sicher. Hier mußt du alt werden, denn führt nicht der Teufel mit allen seinen Listen dich von hier weg, nie und nimmermehr kommst du wieder herunter. Da sitze!...

Den ersten Tag, nachdem der Fischer ihn höhnisch verlassen hatte und Gregor in vollkommener Einsamkeit zurückgeblieben war, verharrte er am Fleck, saß, die Knie mit den Armen umschlungen, oder kniete auch mit gefalteten Händen vor Gott... Der zweite Tag aber war erst einige Stunden alt, als Hunger und Durst ihn nicht länger ruhen ließen und er, fast ohne Wissen und Wollen, auf allen vieren, da er mit seinen Füßen im Eisenhalter nicht einen Schritt tun konnte, auf der Plattform suchend umherzukriechen begann.

In der Mitte, ziemlich genau, war im Gestein eine kleine Mulde, darin stand weißlich trübes Naß bis zum Rande, vom gestrigen Regen wohl, wie er dachte, nur eben auffallend trüb und milchig, – willkommen ihm jedenfalls zum Trunk, wie unsauber und woher so unsauber es sein mochte, – er war der Letzte, der Ansprüche zu stellen hatte...

Am neuen Tage stärkte Gregor sich neu mit dem Sud, schleckte alles aus bis zu wärmlicher Schläfrigkeit, denn er hatte während der Nacht sehr bitter unter der Kälte gelitten und nicht gewußt, wohin er sein armes Bettlerhemd ziehen und wie darin Zuflucht finden sollte...

Übrigens muß oder darf man hinzufügen, daß der Winter ihm seltsam schnell verging und ihm überaus kurz schien von Dauer, aus dem einfachen Grunde, weil er viel schlief und die Zeit übersprang und versäumte. An ihr nahm er erst wieder mehr teil, als das Licht wuchs, die Lüfte linder wehten und ein Frühling, der freilich an der baum- und graslosen Nacktheit seines Felsensitzes nichts änderte, sondern nur den Stein mild zu wärmen vermochte, hinüberleitete in langtägige Sommerzeit, wo die Sonne ihren höchsten Bogen am Himmel über dem See beschrieb und, wenn nicht Wetterwolken sie verhüllten, gewaltig niederstrahlte auf Mann und Fels, diesen oft so erhitzend, daß jener kaum darauf hätte aushalten können, wäre seine abwehrende Haut nicht schon sehr körnig und hornig verändert gewesen...

Schließlich, nach etwa fünfzehn Jahren, war er nicht viel größer als ein Igel, ein filzig-borstiges, mit Moos bewachsenes Naturding, dem kein Wetter mehr etwas anhatte, und an dem die zurückgebildeten Gliedmaßen, Ärmchen und Beinchen, auch Äuglein und Mundöffnung schwer zu erkennen waren. Zeit kannte es nicht. Der Mond wechselte. Die Sternbilder stellten sich um, verschwanden vom Himmel und kehrten wieder. Die Nächte, mondhell oder finster und triefend, eisig durchstürmt oder voll Schwüle, verkürzten sich oder nahmen zu. Der Tag graute früh oder spät, errötete, flammte auf und verging wieder in scheidendem Karmesin, das sich in der Gegend des Aufgangs widerspiegelte...

Unter alldem aber machte das moosige Wesen, wenn es nicht schlief, seinen kriechenden Weg zur Mutterbrust und kehrte gesättigt und etwas sabbernd an den Rand zurück, wo der Büßer einst abgesetzt worden war. Hätte durch Zufall ein Schiff auf dem See sich dem entlegenen Felsen genähert, – nichts Auffälliges wären die Bootsleute dort oben gewahr geworden. Hätte der Fischer der Einöde einmal die Laune verspürt, wieder die Fahrt zu tun und sich nach dem Lästigen umzusehen, den er vor Jahren hier untergebracht, – der Augenschein hätte ihm die Gewißheit bestätigt, daß er längst umgekommen, verwest und, was von ihm geblieben, vertrocknet, verdunstet und vom Steine hinweggewaschen sein mußte...

Am Morgen hatte [Probus] in der seinem Palast nahe gelegenen Basilika der Apostel Philippus und Jakobus sich mit Inbrunst an den allgemeinen Gebeten beteiligt. Jetzt mochte er wohl im Duft des erwärmten Lorbeers eingeschlummert sein; denn er hatte ein Traumgesicht...
Vor ihm im Klee der Wiese stand ein blutendes Lamm und redete zu ihm...
«Höre du, was ich dir zu verkünden habe! Habetis Papam. Ein Papst ist euch erwählt.»...
«Laß mich vernehmen: Wie heißt er?»
«Gregorius», antwortete das Lamm... «Auf, Probe! Suche ihn von Land zu Land in der Kristenheit und laß dich keine Mühe der Reise gereuen, sie führe nun hoch über öde Gebirgspässe oder über reißende Flüsse. Auf einem wilden Stein sitzt der Erwählte ganz allein seit vollen siebzehn Jahren. Suche und hole ihn, denn ihm gehört der Stuhl» (Thomas Mann, *Der Erwählte*).

Werden ist Sterben. Das Feuer des Selbst greift um sich, indem es alles, was es berührt, verzehrt und sich aneignet. Aber es kann nur die Teile der Seele erfassen, die dem Bewußtsein zugänglich sind. Denn Bewußtsein ist wie die Enge in der Mitte einer Sanduhr. Es hat die Macht, sich von allen psychischen Energien abzuspalten, sie zu leugnen oder zu unterdrücken, seien es nun Energien, die in seelischen Verletzungen oder häßlichen Schatteneigenschaften eingeschlossen sind, oder die Energien des Archetypischen, die hinter und in dem Persönlichen und Besonderen leben. Und diese Macht des individuellen Bewußtseins, vor dem Selbst die Tore zu schließen, erstreckt sich darüber hinaus auch auf die transzendente Leuchtkraft und Weisheit des Geistes.

Mit der Geburt des Selbst öffnen sich beide Tore – nach oben wie nach unten –, so daß die Energien der Erde und des Geistes nun endlich in der Seele miteinander in Wechselbeziehung treten können, doch am Anfang zeigt dieser Strom meist noch nicht allzuviel Wirkung. Viele Aspekte unserer geistigen und erdhaften Natur wurden noch nicht berührt und sind noch nicht ins Bewußtsein integriert; unser Denken, Fühlen und Handeln ist noch nicht ständig in den Strom des Selbst eingebunden. Doch sooft das Bewußtsein ein weiteres Feld der Seele durch geduldiges, aufmerksames Bemühen integrieren kann, wird eine neue Energie dem verwandelnden Feuer des Selbst erreichbar. Wie Schlacken an die Oberfläche geschwemmt werden, so bringt die Erkundung der dunklen, unbekannten Tiefen des Seins die groben und entstellten Energien ans Licht, wo sie von den Flammen des Selbst verzehrt und verwandelt werden können: Sie sterben in ihrer alten Form und finden neues Leben im ewigen Sein unserer Göttlichkeit.

Wir können also nur dann durch das Feuer gewandelt werden, wenn wir bereit und fähig sind, uns bewußt nach oben hin dem Licht des Geistes zu öffnen und nach unten den Emotionen und dem urtümlichen Leben von Körper und Geist. Mit jeder Geste nach oben fordern wir den Geist auf, noch stärker in die Seele einzuströmen, und mit jeder Geste nach unten bekunden wir, daß Heilung und Ganzheit nur möglich sind, wenn wir die verstreuten Teile unseres zerstückelten Seins wieder einsammeln und sie auf dem Altar des Selbst als Opfergabe darbringen.

Für das Selbst bedeutet das allesverzehrende Feuer Geburt und Wachstum; durch die Macht des Feuers stimmen alle seelischen und körperlichen Energien sich immer mehr auf das ewige Leitmotiv des Geistes ein. Das Ego jedoch, jener Teil von uns, der sich immer noch mit dem Persönlichen und Vergänglichen identifizieren möchte, kann in dem Feuer nichts anderes sehen als eine erbarmungslos todbringende Kraft – mit der sich zudem auch noch unsere «äußeren» Lebensumstände zu verschwören scheinen.

Nicht sterben zu wollen, das ist das Bemühen, den unumgänglichen Wandel, ohne den es kein Leben geben kann, zu verhindern. Dieser Weg führt in eine seelische Wüste, in der nichts als Stagnation und häufig genug körperliche Erkrankungen auf uns warten. Zum Sterben bereit zu sein, dazu gehört, daß wir alle Identitäten und Sicherheiten des Ego aufgeben, all die materiellen und immateriellen Stützen und Haltegriffe, die uns bislang ein Gefühl von Stabilität, Identität und Wert gaben. Wir müssen zulassen, daß das alte Haus einstürzt und der Boden unter unseren Füßen zu schwanken beginnt. Wir werden immer wehrloser, und das bedeutet natürlich eine harte Probe für unser Vertrauen in die Reise und läßt uns immer wieder versuchen, die Dinge unter Kontrolle zu bekommen. Es ist nicht leicht, all das zerfallen zu lassen, was uns als das tragende Gerüst unseres Lebens erscheint.

Für Sally war dies der schwierigste Abschnitt ihres Weges. Ihr Grauen vor dem Sterben in all seinen Spielarten machte diese Zeit des Opferns zu einem schier endlosen Alptraum. Die Ankündigung kam, wie so häufig, in einem Traum. Eine Stimme sagte ihr, es sei für sie an der Zeit zu sterben; ihr bisheriges, überwiegend ihren eigenen Interessen gewidmetes Leben sei nur eine Vorbereitung auf diesen Tod gewesen.

Sie erwachte schweißgebadet und zitternd, und ihr Herz schlug so heftig, daß sie kaum atmen konnte. Sie raffte ihre Verstandeskräfte zusammen, so gut es ging, und versuchte sich davon zu überzeugen, daß der Traum doch sicherlich symbolisch gemeint sei; daß er also nicht von ihrem körperlichen Tod sprach, sondern von einem inneren Sterben, von der Opferung aller Verhaftungen, Begierden und Anschauungen des Ego, die sie daran hinderten, den Willen des Selbst zu erkennen und zu leben.

Für diesen Tag und etliche weitere Tage und Wochen schien diese psychologische Interpretation richtig und ausreichend zu sein. Sally dachte über Bereiche ihres Lebens nach, in denen Ichbezogenheit vorherrschte, und mußte sich schamvoll eingestehen, daß es recht viele waren. Wieviel von ihrem Denken, Fühlen und Handeln doch immer noch von ihrem Ego diktiert war! Und indem sie sich all das näher anschaute, bekam sie das Gefühl, daß sie ein Doppelleben führte. Auf der einen Ebene, vor allem bei der Meditation, war sie der vollkommenen Erfüllung gewahr, die das Selbst bot; doch zu anderen Zeiten übersah sie das Selbst offenbar geflissentlich und lebte so, als hätte sie es vergessen oder wüßte gar nichts von ihm: Sie suchte in anderen Menschen oder in Dingen die Erfüllung, die nur das Selbst bieten kann.

Doch wenn sie das Selbst auch vergessen mochte – es vergaß sie nicht. Wann immer sie anderswo suchte, was nur durch das Selbst zu finden ist, gewahrte sie eine leise, aber nie ganz zu übertönende Stimme, die sie warnte, und wenn sie auch selbst nicht darauf hören wollte, die äußeren Umstände taten es offenbar: Wonach es sie verlangte, das entzog sich ihr. Und unterdessen sprachen ihre Träume immer wieder vom Tod.

> Einmal träumte sie von einer Frau, die sich frei zwischen Erde und Mars hin und her bewegen konnte. Diese Frau sagte ihr, sie sei die nächste in der Thronfolge. Ein männlicher Begleiter der Frau fragte sie, ob sie nicht «hinüberwechseln» – gemeint war: sterben – wolle, da es auf der anderen Seite Arbeit für sie gebe. Unsicher, ob dieses «Überwechseln» bedeutete, daß sie dann wie die Frau fähig sein würde, ihren Körper zu verlassen und in ihn zurückzukehren, wachte sie auf, wieder einmal verschwitzt und zitternd.

Und in den wachen Stunden zwischen den Träumen schienen auch die äußeren Ereignisse ihres Lebens sich in die Richtung dieser Todesbotschaften zu entwickeln. Beziehungen, geliebte Dinge und Ideen gingen in die Brüche, und selbst ihre Arbeit wurde von diesem Zerfallsprozeß erfaßt.

Einmal las sie gerade in einem alten heiligen Text, als das Telephon läutete und eine ihr unbekannte männliche Stimme ihr den Plan einer gemeinsamen Arbeit an der Interpretation eben dieser Schrift entwickelte. Es war ihr nicht wohl bei dem Gedanken, sich noch einmal auf dieses Gebiet zu begeben, das sie hinter sich gelassen zu haben glaubte, aber sie war auch beeindruckt von diesem seltsamen Zusammentreffen. Also willigte sie ein, daß man sich zumindest einmal traf, um die Idee durchzusprechen.

Von dem Augenblick an gewann das Projekt ein Eigenleben. Mit einem Verlag wurde ein Vertrag abgeschlossen, der sie bis auf weiteres absichern würde, und in ihr selbst erschlossen sich plötzlich Quellen der Energie und des Interesses, mit denen sie gar nicht gerechnet hatte.

Während der Arbeit gönnte sie sich immer mal wieder den Genuß des Gefühls, daß ihre Interessen endlich einmal finanziell etwas abwerfen und sogar öffentliche Anerkennung einbringen würden, und es war ihr eine große Erleichterung, daß die ewige bange Frage, wovon sie und ihre Tochter leben sollten, sich nun offenbar von selbst gelöst hatte. Sie wärmte sich an Phantasien über die Veröffentlichung ihres Buches, sonnte sich in der Vorfreude auf die erstaunten Gesichter all derer, die so viel an ihr auszusetzen gehabt hatten, insbesondere wegen ihrer Übersiedelung nach Amerika. Die Größe des Projekts und die ehrgeizige Publicity, die es begleitete, würden jeden davon überzeugen, daß ihre Wertvorstellungen und ihr Lebensstil doch nicht so tadelnswert waren. Sie träumte von Menschen, die ihr schreiben, sie vielleicht sogar besuchen würden, von neuen Freundschaften.

Und so war sie ganz und gar nicht auf das gefaßt, was

geschah, als sie das Manuskript zwei Jahre später ablieferte: Der Verlag wies es zurück. Und zwar mit dem Argument, es sei zu obskur, und mit dem schockierenden Ansinnen, sie solle es popularisieren. Da sie und ihr Mitarbeiter aber die berufliche und finanzielle Absicherung, die die Veröffentlichung praktisch garantierte, nicht verlieren wollten, steckten sie noch einmal achtzehn Monate in diese Arbeit, um sowohl dem Wunsch des Verlags zu entsprechen als auch ihr eigenes Wahrheitsempfinden nicht zu verraten.

Es half nichts. Die Kluft zwischen ihren Anschauungen und denen der Lektoren war mit kosmetischen Maßnahmen nicht zu schließen. Sie prüfte sich immer und immer wieder, um einen Weg zu finden, doch noch das zu schreiben, was der Verlag haben wollte, aber es ging nicht. Denn obwohl sie sich ihrer eigenen Anschauungen gar nicht so absolut sicher war, hatte sie nun mal nur diese. Da ließ sie das Projekt mitsamt ihren Phantasien der Ego-Befriedigung fallen. Es waren Phantasien, von denen sie gar nichts gewußt hatte, bis sie durch dieses Buchprojekt geweckt worden waren.

Sie heftete das Manuskript in einen großen braunen Ordner, den sie ins unterste Fach eines dunklen Schranks stellte. Ihre Phantasien brauchte sie nicht abzuheften. Die waren bereits in Scham verpufft. Sie nahm ein zerlesenes Buch auf, das neben ihrem Bett lag, die *Bhagavad-Gītā*, und las die wohlvertrauten Verse über Arbeit (4,12–24):

> Die es nach irdischer Macht gelüstet, opfern den Göttern der Erde; denn bald, in dieser Welt der Menschen, erwachsen Erfolg und Macht aus Arbeit.
>
> Die vier Klassen der Menschen gingen aus mir hervor, einem jeden gemäß seiner Natur und Arbeit gerecht werdend. Wisse, daß dies mein Werk ist, wiewohl ich in Ewigkeit jenseits aller Werke bin.
>
> In den Banden der Arbeit bin ich frei, weil ich in ihnen frei

von Begierden bin. Der Mensch, der diese Wahrheit sieht, findet in seiner Arbeit seine Freiheit.

Dies wußten die Menschen der alten Zeit, und so fanden sie Befreiung in ihrer Arbeit. Darum tu auch du deine Arbeit in deinem Leben in dem Geist, in dem ihre Arbeit getan wurde.

Was ist Arbeit? Was ist jenseits der Arbeit? Selbst manche Seher sehen dies nicht richtig. Ich werde dich die Wahrheit der reinen Arbeit lehren, und diese Wahrheit wird dich freimachen.

Wisse daher, was Arbeit ist, und wisse auch, was falsche Arbeit ist. Und wisse auch von einer Arbeit, die Schweigen ist: Geheimnisvoll ist der Pfad der Arbeit.

Der Mensch, der in seiner Arbeit Stille findet und der sieht, daß diese Stille Arbeit ist, dieser Mensch sieht wahrhaft das Licht und findet in allen seinen Werken Frieden.

Er, dessen Tun frei ist von drängender Begierde und Einbildungen, dessen Arbeit geläutert wird im Feuer der Weisheit: Jener wird weise genannt von denen, die sehen.

Welche Arbeit er auch tut, er findet wahrhaften Frieden in ihr: Er erwartet nichts, er stützt sich auf nichts und hat stets die Fülle der Freude.

Er hegt keine eitlen Hoffnungen, er ist Herr seiner Seele, er läßt alles fahren, was er hat, nur sein Körper arbeitet: Er ist frei von Sünde.

Er ist froh über alles, was Gott ihm gibt, und hat sich über die beiden Gegenteile hier unten erhoben; er ist ohne Eifersucht und in Erfolg und Mißerfolg derselbe: Seine Werke binden ihn nicht.

Er hat Befreiung erlangt: Er ist frei von allen Banden, sein

Bewußtsein hat in der Weisheit Frieden gefunden, und seine Arbeit ist ein heiliges Opfer. Das Werk eines solchen Mannes ist rein.

Wer in aller seiner Arbeit Gott sieht, der geht wahrhaft zu Gott: Gott ist seine Anbetung, Gott ist sein Opfer, von Gott geopfert im Feuer Gottes.

Sally ließ das Buch sinken. Was sie gelesen hatte, genügte, um all das von sich abfallen zu lassen, was immer noch nach äußerer Anerkennung und Sicherheit gelechzt hatte. Sie wußte, all das ist nur Ersatz für etwas, das einzig und allein das Selbst bieten kann. Sie ließ sich aufs Bett zurücksinken und genoß die freudige Gelassenheit, die in das von Träumen hinterlassene Vakuum einsickerte.

Vor der Geburt des Selbst ist unsere Zeit im allgemeinen durch die Dualität von Arbeit und Spiel bestimmt. Arbeit, mag sie auch in sich selbst befriedigend und lohnend sein, braucht darüber hinaus noch vom Ego diktierte Motivationen: finanzielle Sicherheit, gesellschaftlichen Status, allgemeine Anerkennung. Nur bei spielerischer Betätigung in der Freizeit bietet sich Gelegenheit, das plan- und zielorientierte Handeln einmal beiseite zu lassen, um der Spontaneität des Lebens Raum zu geben.

Das Spiel hat keinen Platz mehr in den materiellen und seelischen Rahmenbedingungen oder «Zwängen» des Arbeitslebens; es ist etwas Minderwertiges geworden, eine Begleiterscheinung, ein bißchen Spaß und Entspannung am Rande – nur zur Erholung vom «Ernst des Lebens» gedacht, keineswegs zu ihm gehörig. Zwischen den Polen dieser Dualität von Arbeit und Spiel kippt unser Leben hin und her, und selten sind die Augenblicke, wo ein spontanes und freies Zusammenspiel aller Kräfte möglich wird, wo also Verantwortungsbewußtsein und Zielstrebigkeit sich mit Freude und Ideenreichtum zu echter Kreativität verbinden.

Mit der Geburt des Selbst verschwindet diese Dualität von Arbeit und Spiel allmählich. Das beginnt mit der Einsicht, daß wir alles, was wir für andere tun, auch für uns selbst tun. Wie einfach und schön ist jetzt plötzlich alles, wenn die Prestigewünsche und materiellen Ängste des Ego uns nicht mehr zwingen, ständig irgend etwas erreichen zu wollen – jetzt erst kann unser Handeln frei und ein Vergnügen sein. Und die solchermaßen befreite schöpferische und produktive Natur des Lebens ist nun überall, ob wir Geschirr abwaschen oder eine Sinfonie schreiben, sie ist in allem Tun und gänzlich unabhängig davon, ob es etwas einbringt oder nicht.

Es ist nämlich die Natur des Selbst, zu arbeiten, schöpferisch zu sein und die Arbeit zugleich als Spiel zu erleben; als etwas, das sich nicht erst in einem zu erreichenden Ziel erfüllt, sondern schon unterwegs in jeder einzelnen Phase von erfüllter und beglückender Ganzheit ist. Nur in der beschränkten Sicht des Ego, das von der ewigen Fülle des Selbst nichts wissen will und sich zudem als eine gesonderte Einheit versteht, die sich gegen den Widerstand aller anderen ein Stück vom großen Kuchen ergattern muß, sind Arbeit und Spiel, Produktivität und Vergnügen zweierlei. Dieses Konkurrenzdenken, zusammen mit dem Gefühl, Erfüllung sei durch andere Menschen oder durch Dinge zu gewinnen, beraubt uns dessen, was eigentlich das Wesentliche am Spiel ist – des Gefühls schöpferischer Gemeinschaft mit dem anderen, sei es ein Mensch, ein Ding oder die Erde selbst.

Doch die Geburt des Selbst eröffnet zunächst nur den Zugang zu dieser tieferen Einheit von Arbeit und Spiel. Bevor es möglich wird, diese Einheit Tag für Tag zu leben, muß die irrige Vorstellung des Ego, es sei etwas Gesondertes und daher Besonderes, geopfert werden. Dem widersetzt sich das Ego.

Aus Furcht vor Armut und dem Urteil anderer klammern wir uns an solche Hirngespinste, wie für Geld oder Ansehen zu arbeiten – anstatt einfach aus Freude am schöpferischen Tun. So laut sind diese angstvollen Stimmen in uns, daß es kaum möglich ist, die Stimme des Selbst zu hören, die da sagt, daß wir für uns arbeiten, indem wir für andere arbeiten, daß das Wohl der anderen unser eigenes Wohl ist, daß materielle Dürftigkeit bei dieser Art von Arbeit nichts wiegt gegen die Freude, die sie mit sich bringt.

Aber wenn wir den Gesichtspunkt des schöpferischen Dienens über den der materiellen Sicherheit stellen, dann heißt das natürlich nicht, daß wir ein spartanisches oder asketisches Leben führen sollen – denn auch damit würde den materiellen Belangen wieder viel zuviel Gewicht beigemessen. Das Selbst ist Körper und Geist gleichermaßen. Die Bedürfnisse des Körpers verleugnen hieße einen Aspekt des Selbst verleugnen. Im übrigen ist es ja so, daß erst die Erfahrung des Getrennt- und Gesondertseins die Sehnsucht nach der Verwirklichung des Selbst weckt; wenn wir das Selbst finden wollen, muß zuerst unser Individualitätsgefühl weit genug entfaltet sein, und dazu gehört, daß wir der materiellen Seite des Lebens ihren Stellenwert einräumen und uns für sie verantwortlich fühlen, daß wir uns also um Arbeit, Unterkunft und materielle Versorgung kümmern. Ist die Getrenntheit aber einmal überwunden, so daß wir Zugang gefunden haben zu einer Sicherheit, die nicht mehr von äußeren Dingen abhängt, dann sind wir durch das Selbst aufgerufen, alle ego-orientierten Ziele fahren zu lassen. Erst dann kann das Selbst frei in uns und durch uns hindurch strömen, ohne daß ihm unterscheidende Gedanken im Wege stünden. So sagte auch Jesus Christus:

> Niemand kann zwei Herren dienen: Entweder er wird den einen hassen und den anderen lieben, oder er wird dem einen anhangen und den anderen verachten. Ihr könnt nicht Gott dienen und dem Mammon.
> Darum sage ich euch: Sorget nicht für euer Leben, was ihr essen und trinken werdet, auch nicht für euren Leib, was ihr anziehen werdet. Ist nicht das Leben mehr denn die Speise? Und der Leib mehr denn die Kleidung?

Sehet die Vögel unter dem Himmel an: Sie säen nicht, sie ernten nicht, sie sammeln nicht in die Scheunen; und euer himmlischer Vater nährt sie doch. Seid ihr denn nicht viel mehr denn sie?...
Und warum sorget ihr für die Kleidung? Schauet die Lilien auf dem Felde, wie sie wachsen: Sie arbeiten nicht, auch spinnen sie nicht. Ich sage euch, daß auch Salomo in aller seiner Herrlichkeit nicht bekleidet gewesen ist wie derselben eine (Matth. 6,24–29).

Die Geburt des Selbst gewährt uns Zugang zum Ort vollkommener Erfüllung und gibt uns damit die Möglichkeit, dienend zu arbeiten und nicht zur Befriedigung des Ego. Wer wissen will, wie weit er schon von der Perspektive des Ego zu der des Selbst übergewechselt ist, der könnte sich zum Beispiel fragen: «Würde ich meine Arbeit auch weiterhin tun, wenn sie weniger Geld und Ansehen einbrächte?» Oder: «Befriedigt diese Arbeit mein Bedürfnis, schöpferisch zu sein und zu geben?»

Der vom Ego geknüpften Verbindung zwischen Arbeit und materieller Sicherheit liegt die richtige Einsicht zugrunde, daß unser Wohlergehen davon abhängt, daß wir arbeiten; nur wurde diese Einsicht falsch verstanden, nämlich dahingehend, daß eine direkte Beziehung bestehen müsse zwischen Arbeit und Geld. Solange wir diese Ego-Perspektive beibehalten, glauben wir, daß unser materielles Überleben allein von dem abhängt, was wir unternehmen. Wenn das Bewußtsein jedoch vom Ego ins Selbst umzieht, läßt es von den Identifikationen mit dem Persönlichen und Vergänglichen und gewinnt eine neue Perspektive. Das Geben erscheint nun in einem ganz neuen Licht: Einem anderen zu geben oder in seinem Interesse zu arbeiten, wird nicht mehr als selbstlose Tat empfunden, sondern ist gar nicht mehr zu unterscheiden von dem Wirken für die eigene Persönlichkeit. Ebenso erscheint das Empfangen in einem ganz neuen Licht: Wie der Organismus in seiner

Gesamtheit darauf angelegt ist, jede einzelne seiner Zellen zu ernähren, so sorgt auch das Selbst – ohne bewußtes Zutun – für jeden einzelnen, sobald er damit aufhört, sich durch Bilder, Ideen und Gefühle des Gesondertseins aus einer Fülle auszuschließen. Deshalb heißt es auch an der zitierten Stelle aus der Bergpredigt weiter:

> Darum sollt ihr nicht sorgen und sagen: Was werden wir essen, was werden wir trinken, womit werden wir uns kleiden?
> Trachtet am ersten nach dem Reich Gottes und nach seiner Gerechtigkeit, so wird euch solches alles zufallen (Matth. 6,31–33).

Wenn wir so weit gekommen sind, daß die alte Ego-Beziehung zur Arbeit geopfert werden muß, steht uns leider nicht immer auch schon die Erfahrung dieses größeren Gebens und Empfangens zur Verfügung. Mit der Fähigkeit zu glauben sind nicht viele gesegnet. Man spürt, daß etwas Neues entstehen will, und da ist so ein bohrendes Gefühl, daß man die alte Art zu arbeiten nicht beibehalten kann, ohne dieses neu Entstehende zu verraten. Wir spüren, daß wir aufgefordert sind, etwas zu opfern, damit sich unser Sein ein wenig mehr aus den Fesseln des Ego loswinden kann und mehr vom Selbst in unsere Tage einfließt. Wir sind aufgerufen, die Bürde der Befriedigung unserer materiellen und seelischen Bedürfnisse von unseren eigenen Schultern zu nehmen und dem Selbst anzuvertrauen.

Die Periode des Übergangs von der Perspektive des Ego zu der des Selbst kann sehr schwer sein, denn wir müssen unsere alte Haltung und Lebensweise hinter uns lassen, bevor wir von einer neuen getragen werden oder auch nur sehen können, worin sie besteht. Manchmal haben wir in solchen Zeiten als Wegweiser und Stütze nichts anderes als eine vage Sehnsucht, dem leisen Aufruf von innen folgen zu können.

Sally begegnete manchen der Schwierigkeiten dieses Übergangs in ihrer beruflichen Arbeit. Sie hatte angefangen, als Psychotherapeutin zu arbeiten, und verlangte für ihre Sitzungen einen festen Honorarsatz, der ihr ein bescheidenes Auskommen sichern sollte. Das schien ihr die sinnvollste Regelung, denn erstens war es für sie wichtig, daß sie ihre eigenen physischen und psychischen Bedürfnisse kannte und achtete, und zweitens bot sie ihren Klienten so das Bild eines Menschen, dem das Irdische nicht fremd war, während er sich zugleich um die Belange der Seele kümmerte. Konnte jemand das nötige Geld nicht aufbringen, so setzte sie das Honorar unter bestimmten Umständen herunter, doch nur so weit, daß ihre gewohnte Lebensweise nicht in Frage gestellt war. So konnte sie ihre Hauptmotivation, das anteilnehmende Interesse an anderen Menschen, mit der Befriedigung ihrer materiellen Bedürfnisse verbinden.

Doch einmal, gerade in einer Zeit, wo wieder Fragen nach der Beziehung zwischen Arbeit und Geld auftauchten, kam eine neue Klientin, die als alleinstehende Mutter dreier Kinder hart arbeiten mußte und Sallys Forderung nicht erfüllen konnte, nicht einmal die reduzierte. Während Sally darüber nachsann, ob sie bereit sei, für noch weniger oder gar kein Entgelt mit dieser Frau zu arbeiten, fiel das, was sie als Einheit von Arbeit und Verdienst angesehen hatte, plötzlich ganz von selbst auseinander. Ihr war klar, daß sie Geld brauchte, um leben zu können, aber vielleicht mußte sie dieses Geld ja nicht unbedingt als direkte Bezahlung für ihre therapeutischen Dienste verdienen. Zu der Zeit konnte sie sich zwar noch nicht vorstellen, woher es sonst kommen sollte, doch sie wagte den Versuch und bot der Frau an, zu geben, was sie aufzubringen in der Lage sei, und selbst wenn sie nichts geben könne, werde sie weiter mit ihr arbeiten.

Ein Jahr lang verliefen die Sitzungen recht gut. Manchmal gab die Frau nichts, manchmal einen symbolischen Betrag, und Sally hatte immer noch das Gefühl, daß dies so in Ordnung sei. Die anderen Klienten zahlten ihre üblichen Honorare, und so hatte sie keine Engpässe zu befürchten. Allmählich gewann die Frau durch die Therapie neues Selbstvertrauen, und das schlug sich bald in einer Beförderung nieder, die mit einer beträchtlichen Gehaltsaufbesserung verbunden war. Zum ersten Mal blieb etwas Geld übrig, das sie für sich selbst ausgeben konnte.

Zu den Sitzungen erschien sie nun mal mit diesem, mal mit jenem neuen Kleidungsstück. Anfangs freute Sally sich für sie, doch als die Garderobe immer aufwendiger wurde, bemerkte sie eine leise, aber doch nicht zu überhörende Stimme in sich, die sagte, es sei wohl nicht ganz in Ordnung, daß diese Frau immer noch symbolische Honorare zahlte, dafür aber mehr Kleider kaufte, als Sally sich leisten konnte, und in Restaurants aß, die für Sally zu teuer waren. Sie fühlte sich ausgenutzt, begann, bei jedem neuen Kleidungsstück einen leisen Ärger zu empfinden – zumal ihre eigene finanzielle Situation gerade in dieser Zeit aufgrund verschiedener scheinbar nicht miteinander zusammenhängender Umstände immer mehr zu wünschen übrig ließ.

Zunächst dachte Sally über den unbewußten Schatten der Frau nach, also jenen Teil ihrer Persönlichkeit, der so viel wie möglich für sich behalten und nur dann geben wollte, wenn es denn gar nicht mehr anders ging. Sie dachte an die seelische Verarmung und den inneren Hunger, an die Projektion innerer Werte und innerer Erfüllung in die Außenwelt – an all das, was schließlich zu einem solchen Verhältnis zum Geld führt. Diese Überlegungen förderten nun zwar Sallys Verständnis und Mitgefühl für diese Frau, doch sie vermochten nichts gegen den leisen Groll. Eine Zeitlang spielte sie mit dem Gedanken, der Frau ein neues finanzielles Arrangement vorzuschlagen, das deren gebesserten finanziellen Umständen Rechnung trug. Doch diese Überlegung brachte ihr keinen Frieden. Diese Lösung stimmte einfach nicht; sie paßte nicht zu ihrem wachsenden Verdacht, daß Geld und Arbeit nicht unbedingt direkt zusammenhängen müssen.

An einem regnerischen Nachmittag, nach einer Sitzung, zu der die Frau wieder mal in einem neuen Rock erschienen war, verabschiedete Sally sich von ihr und setzte sich dann mit ihrer Verärgerung hin, entschlossen, sich ganz auf sie einzulassen und sich von ihr den Weg zu einer Lösung und Heilung weisen zu lassen. Bald merkte sie, daß hinter diesem Gefühl, mißbraucht zu werden, noch etwas anderes lag: Sie fühlte sich ausgeraubt. Diese Frau, indem sie nichts gab, nahm ihr etwas, entriß ihr etwas, das sie zum Leben brauchte. Das war von einer bildhaften Vorstellung begleitet, so als würde ihr die Haut von der Brust gerissen, Schicht für Schicht, Gratissitzung für Gratissitzung. Sie fühlte, wie ihr Atemluft und Lebenskraft abgesaugt wurden von dieser Frau, die so viel nahm und so wenig gab. Sie fühlte sich ausgelaugt, so als hätte sie nichts mehr zu geben – leer.

Sie legte sich hin, erst zu gekränkt, dann zu deprimiert, um irgend etwas anderes zu tun, als in den nassen, grauen Himmel zu starren. Wie sollte sie nun weitermachen? Das alte Verfahren, Dienste gegen Geld zu liefern, würde nicht mehr funktionieren, es war tot; und ohne jede Gegenleistung zu geben, das war unmöglich. Wie sollte sie geben, ohne sich selbst dabei zu verbrauchen, wenn nichts zurückkam?

Dann strömte still und sanft die grenzenlose Freude und Lebendigkeit des Selbst in diese Leere ein. Der drängende Wunsch, mit dieser Frau über ein neues finanzielles Arrangement zu sprechen, löste sich auf und an seine Stelle trat die Gewißheit, daß sie ihr irgendwann, wenn die Zeit reif war, würde helfen können, ihre Geld-Projektionen zu erkennen.

Feste Honorarsätze zu verlangen hat natürlich noch andere psychologische Implikationen für den Klienten und den Therapeuten. Geld symbolisiert Wert, und das Honorar, das der Klient zahlt, kann ihm dazu verhelfen, daß er die rechte Wertschätzung für diese Arbeit entwickelt. Auch Menschen, denen es schwerfällt, die praktischen Realitäten und Grenzen des irdischen Lebens anzunehmen, ist durch die Notwendigkeit der

Bezahlung gedient, denn hier müssen sie bewußt die Verantwortung für die ordinäre materielle Seite des Lebens übernehmen. In einer guten therapeutischen Beziehung freilich kommen diese Dinge ohnehin zur Sprache, ganz unabhängig von finanziellen Vereinbarungen.

Und nicht nur die materielle Sicherheit, sondern alles, worin wir Stütze und Rückhalt suchen, wird nach und nach und vielfach unter Schmerzen dem Feuer des Selbst geopfert – Beziehungen, Umstände, Dinge, von denen wir unser Wohl und Wehe abhängig machen. Das Selbst kann sich in uns nur entfalten, wenn wir uns ihm mit rückhaltloser Aufmerksamkeit und Loyalität zuwenden:

> Nach dieser Geschichte versuchte Gott Abraham und sprach zu ihm: Abraham! Und er antwortete: Hier bin ich. Und er sprach: Nimm Isaak, deinen einzigen Sohn, den du liebhast, und gehe hin in das Land Morija und opfere ihn daselbst zum Brandopfer auf dem Berge, den ich dir sagen werde.
>
> Da stand Abraham des Morgens früh auf und gürtete seinen Esel und nahm mit sich zwei Knechte und seinen Sohn Isaak und spaltete Holz zum Brandopfer, machte sich auf und ging hin an den Ort, davon ihm Gott gesagt hatte.
>
> Am dritten Tage hob Abraham seine Augen auf und sah die Stätte von ferne…
>
> Und Abraham nahm das Holz zum Brandopfer und legte es auf seinen Sohn Isaak; er aber nahm das Feuer und Messer in seine Hand, und so gingen die beiden miteinander.
>
> Da sprach Isaak zu seinem Vater Abraham: Mein Vater! Abraham antwortete: Hier bin ich, mein Sohn. Und er sprach: Siehe, hier ist Feuer und Holz; wo ist aber das Schaf zum Brandopfer?
>
> Abraham antwortete: Mein Sohn, Gott wird sich ersehen ein Schaf zum Brandopfer. Und so gingen die beiden miteinander.

Und als sie kamen an die Stätte, die ihm Gott gesagt hatte, baute Abraham daselbst einen Altar und legte das Holz darauf und band seinen Sohn Isaak, legte ihn auf den Altar oben auf das Holz.
Und reckte seine Hand aus und faßte das Messer, daß er seinen Sohn schlachtete.
Da rief ihn der Engel des Herrn vom Himmel und sprach: Abraham! Abraham! Er antwortete: Hier bin ich.
Er sprach: Lege deine Hand nicht an den Knaben und tu ihm nichts; denn nun weiß ich, daß du Gott fürchtest und hast deines einzigen Sohnes nicht verschont um meinetwillen.
Da hob Abraham seine Augen auf und sah einen Widder hinter sich in der Hecke mit seinen Hörnern hangen und ging hin und nahm den Widder und opferte ihn zum Brandopfer an seines Sohnes Statt (1. Mose 22,1–13).

Zum Akt des Opferns, Grundbestandteil aller religiösen und esoterischen Lehren, gehört der Tod, die Preisgabe einer vergänglichen Seinsweise, einer zeitweiligen oder personalen Manifestation der göttlichen Energie, um des Ewigen und Transzendenten willen. Wie Abrahams Erfahrung zeigt, kommt es Gott – als dem jedem Menschen innewohnenden göttlichen Selbst – nicht darauf an, uns die wegzunehmen, die wir lieben; er will uns nur aus dem Verhaftetsein an diese Menschen befreien, damit die in solchen Abhängigkeitsbeziehungen fixierte psychische Energie frei wird und einfließen kann in das Werden der bedingungslosen Liebe des Selbst, jener Liebe, die nichts wünscht und will als das Wohl und die Erfüllung des anderen, sein Einswerden mit dem Quell des ewigen Lebens.

Und siehe, einer trat zu ihm und sprach: Guter Meister, was soll ich Gutes tun, daß ich das ewige Leben möge haben?
Er aber sprach zu ihm: Was heißest du mich gut? Niemand

ist gut denn der einige Gott. Willst du aber zum Leben eingehen, so halte die Gebote...

Da sprach der Jüngling zu ihm: Das habe ich alles gehalten von meiner Jugend auf; was fehlt mir noch?

Jesus sprach zu ihm: Willst du vollkommen sein, so gehe hin, verkaufe, was du hast, und gib's den Armen, so wirst du einen Schatz im Himmel haben; und komm und folge mir nach!

Da der Jüngling das Wort hörte, ging er betrübt von ihm; denn er hatte viele Güter.

Jesus aber sprach zu seinen Jüngern: Wahrlich, ich sage euch: Ein Reicher wird schwer ins Himmelreich kommen.

Und weiter sage ich euch: Es ist leichter, daß ein Kamel durch ein Nadelöhr gehe, denn daß ein Reicher ins Reich Gottes komme.

Da das seine Jünger hörten, entsetzten sie sich sehr und sprachen: Ja, wer kann denn selig werden?

Jesus aber sah sie an und sprach zu ihnen: Bei den Menschen ist's unmöglich; aber bei Gott sind alle Dinge möglich.

Da antwortete Petrus und sprach zu ihm: Siehe, wir haben alles verlassen und sind dir nachgefolgt; was wird uns dafür?

Jesus aber sprach zu ihnen: Wahrlich, ich sage euch: Ihr, die ihr mir seid nachgefolgt, werdet in der Wiedergeburt, da des Menschen Sohn wird sitzen auf dem Stuhl seiner Herrlichkeit, auch sitzen auf zwölf Stühlen und richten die zwölf Geschlechter Israels.

Und wer verläßt Häuser oder Brüder oder Schwestern oder Vater oder Mutter oder Weib oder Kinder um meines Namens willen, der wird's hundertfältig nehmen und das ewige Leben ererben.

Aber viele, die da sind die Ersten, werden die Letzten, und die Letzten werden die Ersten sein (Matth. 19,16–30).

Es kommt weniger darauf an, sich äußerer Dinge zu enteignen und als Eremit zu leben, als vielmehr auf das Loslassen von psychischem Besitz. Es kann natürlich für manchen in bestimmten Phasen seiner Entwicklung vorteilhaft sein, greifbaren Besitz aufzugeben, doch letztlich müssen wir so ganz und gar frei von allem Besitz werden, daß es überhaupt keine Rolle spielt, ob wir nun in einer Hütte mit einer einzigen Eßschale und einer dünnen Matte leben oder in einer Villa mit drei Autos und Swimmingpool, einem Mann, vier Kindern, Hund und Goldfisch. Denn unabhängig von allen äußeren Umständen sind wir im Augenblick unseres Werdens einzig und allein dem Selbst «verhaftet», das nicht in uns, sondern *als* ein jeder von uns und *als* die Erde lebt.

Wenn wir die Befriedigung unserer psychischen Bedürfnisse bei anderen suchen, wenden wir uns von der Quelle aller Befriedigung und Erfüllung ab, und so fragt das Selbst uns, ob wir bereit sind, all unser Verlangen dem Verlangen nach ihm unterzuordnen und ganz und gar sein Geschöpf und Ausdruck zu werden. Denn da das Selbst universal und ewig ist, kann es sich nur mit einer Seele vereinigen, die selbst diese Universalität verwirklicht hat – die ein leeres Gefäß geworden ist, frei vom Verhaftetsein an Persönliches und Vergängliches.

Vor der Geburt des Selbst muß das Bewußtsein in die Tiefen des Unbewußten hinabsteigen – muß die Seiten der Seele, die bisher mit Körper, Materie und Emotion identifiziert waren, entdecken, freudig erleben, durchleiden und integrieren, muß positive und negative Projektionen auf andere und auf Dinge zurücknehmen. Nach der Geburt muß das Bewußtsein nicht nur diese Arbeit fortsetzen, sondern das neugeborene Selbst auch ernähren, durch regelmäßiges Meditieren und auch sonst in jedem Augenblick des Tages, der sich dafür anbietet.

Dies bringt nun einige Veränderungen, eine neue Ausrichtung, bei unserer psychologischen Arbeit mit sich. Sooft neue Energien integriert, Projektionen zurückgenommen werden, müssen wir über unsere persönliche Beziehung zu dieser Energie hinausgehen und das Gefühl persönlicher Bereicherung den Flammen des Selbst opfern, anstatt daran festzuhalten. Ein attraktiver Mann könnte zum Beispiel bei einer Frau ein bisher unbewußtes Verlangen nach einer bestimmten Art von männlicher Schönheit wecken, so daß sie sich möglicherweise auch nach der Geburt des Selbst Hals über Kopf in ihn verliebt. Jetzt aber muß sie diese neue Projektion nicht nur ebenso zurücknehmen wie die früheren – indem sie sich das Bild dieser Schönheit intensiv vergegenwärtigt und es in ihre Seele einsickern läßt, bis sie es dort, gänzlich unabhängig von dem äußeren Mann, als ihre eigene lebendige Wirklichkeit wiederfindet –, sondern muß auch jedem persönlichen Besitz an dieser Energie entsagen und sie dem Selbst geben. Die Ausdehnung unseres individuellen Seins, die uns zum Selbst erweckte, darf an dieser Stelle nicht zum Stillstand kommen, sondern muß schließlich das Universum umfassen, ohne daß der Bezug zum konkreten und einzigartigen Weg des Individuums auf dieser Erde verlorengeht. Im Körper vollzieht sich dieses Stadium des Prozesses als Übergang vom Herz-Chakra zum Scheitel-Chakra: Wurde das Selbst bisher als individueller Funke des Göttlichen empfunden, so geschieht jetzt die Vereinigung mit dem Ursprung des Lichts.

Diese beiden Phasen im Prozeß des Werdens – vor und nach der Geburt des Selbst – sind auf verschiedene Weisen des Opferns zurückzuführen. Um die Seele und ihren Ursprung und Grund, das Selbst, aufzufinden, müssen Identifikationen mit Körper und Materie geopfert werden, müssen physische und psychische Energien differenziert werden, damit wir als unser eigen annehmen können, was uns bisher in Dingen und Menschen «von außen» entgegentrat: So kann die Seele sich entfalten, und Materie erweist sich als nichts weiter denn eine Ebene unseres Seins. Nach der Geburt des Selbst kommt es darauf an, jede persönliche Identifikation mit der neu gefundenen und integrierten Energie des Denkens und Fühlens zu opfern, denn sie muß mit dem sich entfaltenden Selbst verschmelzen und ihm als Nahrung dienen.

Solche Opfer sind natürlich nur möglich und sinnvoll, wenn wir den Heilungsweg in die Emotionen, den Körper und die Instinkte weit genug gegangen sind, unser wahres Verlangen erkannt haben und in den Ursprung aller Fülle, das Selbst, eingetreten sind. Davor ist jede Aufopferung eines Bedürfnisses nur durch Verleugnung und Unterdrückung möglich, das heißt auf Kosten unserer Ganzheit und unseres Werdens und damit auch auf Kosten unserer Fähigkeit, das Werden anderer zu verstehen, zu lieben und zu fördern.

Wenn das Selbst sich entfaltet und wir das Gelobte Land gesehen und vorsichtig mal mit einem Zeh hineingetastet haben, werden wir nicht gleich dort bleiben können und uns zu Hause fühlen, sondern immer wieder für Stunden, Tage und Wochen ins Gewohnte zurückgleiten. Wir vergessen die Wärme und Glückseligkeit dieses Gartens Eden nur allzu leicht, wenn die ganze Verlassenheit und Hilflosigkeit des Übergangs vom Ego zum Selbst über uns hereinbricht.

Sally hatte die Kälte dieses Übergangs in ihrer ersten Zeit in Amerika auf mancherlei Weise zu erdulden. Ein Erlebnis machte ihr besonders gründlich klar, was für ein Opfer zu erbringen war, wenn sie zur Fülle des Selbst zurückfinden wollte.

Der Aufbruch aus England lag schon über ein Jahr zurück. Rachael hatte in ihrer Schule schon ein paar Freundschaften geschlossen, doch Sally war noch ganz allein. Sie war wohl Menschen begegnet, die sie mochte, aber die waren so sehr mit Arbeit, Familie und ihren alten Freunden beschäftigt, daß sie für Sally nur gelegentlich mal ein wenig Zeit übrig hatten. In dieser Situation merkte Sally, wie sie manchmal regelrecht den Nachmittag herbeisehnte; um vier Uhr kam Rachael nach Hause und erzählte, was es in der Schule gegeben hatte, und es war einfach gut, daß jemand da war. Die nächsten Stunden waren dann herrlich: plaudern, kochen, essen, Geschichten lesen. Aber um acht mußte Rachael ins Bett, und dann war das Haus wieder still. Sally zog es dann zu ihrer Daunendecke und Wärmflasche hin, und sie las oder dachte über ihre Arbeit nach. Aber ähnliches hatte sie ja schon den ganzen Tag getan, und es fesselte sie einfach nicht genug, um sie vor der Einsamkeit solcher Abende bewahren zu können. Wie eine feuchte Wolke schien diese Einsamkeit mit ihr unter die Decke zu kriechen und kalte Höhlungen in ihr Herz zu saugen. Anfangs blieb sie immer nur kurz, doch im Laufe der Monate nistete sie sich regelrecht ein. Sally schwelgte manchmal in Vorstellungen von ihrem alten Zuhause, von Menschen, die ihr lieb waren, von Freunden, ja selbst von entfernten Bekannten, die sie einst wenig beachtet hatte, jetzt aber mit Wonne besuchen würde.

Manchmal wurde die Kälte so dicht, daß selbst die Daunendecke und die Wärmflasche davon zu erstarren schienen. Und so war der Anruf von Caroline, dem einzigen Menschen seit ihrer Ankunft, bei dem sie die Möglichkeit einer wirklichen Freundschaft spürte, eine freudige Überraschung. Sie hatte schon verschiedentlich versucht, den Kontakt zu ihr zu knüpfen, doch Caroline schien wenig interessiert. An diesem Abend aber sprach sie ganz ungezwungen über Schwierigkeiten bei der Arbeit und mit ihrem Mann, ja, sie schlug sogar vor, man solle sich mal treffen und in aller Ruhe miteinander reden. Sie machten eine Zeit aus, und als Sally auflegte, wurde ihr mit einem Schlag bewußt, wieviel Wärme doch von so einem kurzen Anruf ausgehen kann.

Zwei Tage später kam Caroline. Sallys Freude war mindestens so groß, wenn nicht größer als die Vorfreude. Eine Zeitlang spann Caroline den Faden des Telephongesprächs weiter, und Sally lauschte und genoß die Anwesenheit eines anderen Erwachsenen in ihrem Wohnzimmer. Und dann begann auch sie zu sprechen – von der Einsamkeit, die der Neuanfang in einem anderen Land mit sich brachte, von den Schwierigkeiten einer Mutter, die sich nicht auf den praktischen und moralischen Rückhalt von Freunden und Verwandten stützen kann. Carolines Anteilnahme linderte den Schmerz, und Sally taute buchstäblich auf, sank behaglich in ihren Sessel zurück, innerlich lächelnd: Diese aufkeimende Freundschaft würde nun endlich die Einsamkeit vertreiben.

«Ich hatte mit unserer Verabredung noch etwas anderes im Sinn», sagte Caroline. «Ich wollte Sie nämlich fragen, ob Sie meine Therapeutin sein wollen.» Sally erstarrte. Bei jeder anderen Gelegenheit wäre sie glücklich gewesen, eine neue Klientin zu bekommen, vor allem, wenn sie wie hier die Möglichkeit des unmittelbaren Zugangs spürte. Jetzt aber sah sie nur, wie diese Hoffnung auf eine Freundschaft ihr entrissen wurde, und empfand nichts als jähen, heftigen Schmerz.

Zum Glück wurde in diesem Augenblick das Gespräch unterbrochen, weil Rachael von der Schule nach Hause kam. Während Caroline mit Rachael sprach, konnte Sally in ihren Schmerz hineinhorchen. Sie spürte, daß ein Teil von ihr «Nein» sagen wollte zu Carolines Wunsch; am liebsten hätte sie ihr gesagt, daß sie keine neue Klientin wollte, sondern eine Freundin. Aber da war auch die vertraute leise Stimme des Selbst, die ihr nahelegte, sich zu fügen. Sie sagte zu Caroline, sie würde sich die Sache gern ein paar Tage überlegen.

Doch sie brauchte nur einen Tag dazu. Als sie am nächsten Morgen aufwachte, war die ganze Einsamkeit von der Wärme des Selbst aufgesogen. Sie rief Caroline an und sagte: «Ja.»

Wenn die Wasser des Selbst frei fließen sollen, damit unsere Seele stets von ihrer Kraft, Weisheit und Liebe durchströmt ist, muß unser Bewußtsein leer, still und empfänglich sein. Indem wir nach emotionalen Stützen greifen, wenden wir uns von der Wärme und dem Rückhalt ab, die nur das Selbst bietet. Emotionen, seien sie angenehm oder schmerzhaft, behindern durch ihr bloßes Vorhandensein das freie Fließen des Selbst.

Carolines Wunsch, gerade zu diesem Zeitpunkt, machte Sally klar, wie sehr ihr Wunsch nach Freundschaft eigentlich ein Wunsch nach Rückhalt gewesen war: von außen die Wärme zu erhalten, die im Grunde innen zu haben ist. Zugleich wurde auch deutlich, daß dieser aus emotionaler Bedürftigkeit geborene Wunsch ihrer Beziehung zum Selbst widersprach und sie daher nicht gleich zum Geben bereit war.

Unser Leben kommt dem Bemühen, alles zu opfern, was unsere fließende Verbundenheit mit dem Selbst behindert, mit erstaunlichem Timing zu Hilfe und nimmt uns, stets genau zur rechten Zeit, die Dinge und Menschen weg, an denen wir haften – Freunde, Geliebte, berufliche Sicherheit, ideologische Stützen, Geld, ja sogar die Lehrer oder Therapeuten, deren Weisheit und Liebe uns ermöglichten, den Weg bis hierher zu gehen.

Nicht lange nach Beginn ihrer Arbeit mit Caroline träumte Sally, sie stehe kurz vor ihrem Abschlußexamen als Jungsche Analytikerin. Neun Monate später träumte sie, daß sie dieses Examen gerade bestanden habe und nun in Zürich sei, um dort von der International Association for Analytical Psychology ihr Diplom zu erhalten.

In der Zeit zwischen diesen beiden Träumen bemerkte sie an sich eine wachsende Unlust, sich mit den psychologischen Theorien und Begriffssystemen anderer zu beschäftigen, selbst wenn es sich um Autoren handelte, vor denen sie große Hochachtung empfand und denen sie vieles verdankte. Und es lag nicht so sehr daran, daß ihr die Anschauungen dieser Leute fragwürdig erschienen, wenngleich auch das vorkam; es kam ihr vielmehr so vor, als führte das Studium solcher Einsichten sie einen sehr umständlichen und gewundenen Weg zur Wahrheit, wo ihr doch ein viel direkterer zur Verfügung stand.

Also widmete sie sich einfach immer entschlossener diesem direkten Weg, machte ihre Erfahrung von Geist, Seele und Erde zu ihrem einzigen Buch, das sie studierte, wie es sich von

Augenblick zu Augenblick und Seite für Seite vor ihr aufblätterte: in den Sonnenlichtsprenkeln, die das Herbstblätterdach vor dem Fenster durchließ, in einem Traum, im ärgerlichen Knurren eines Busfahrers, in den Steinreliefs am Portal der Kathedrale von Chartres, die Christus mit den heiligen Tieren zeigen. Erleichtert legte sie die Bücher weg, die sie nicht mehr interessierten, machte sich vom Ballast geborgter Begriffe frei, von all den Linsen, mit deren Hilfe sie ihre Wirklichkeit nicht nur erfaßt, sondern im Grunde erschaffen hatte – und hieß all die Fragen willkommen, die an ihre Stelle traten.

In unmittelbarem Zusammenhang mit dieser Erfahrung stand das Gefühl, daß es an der Zeit sei, die Arbeit mit ihrem Analytiker zu beenden. Nicht weil sie ihre Therapie für abgeschlossen hielt, sondern weil sie ihrem inneren Therapeuten nahe genug gekommen war, um die Reise ins Dunkel ohne die Begleitung eines äußeren Therapeuten fortsetzen zu können.

Als sie ihrem Therapeuten diese Dinge vortrug, nahm er sich der Fragen zunächst in der gewohnten verständnisvollen und klarsichtigen Weise an. Doch in ihrer letzten gemeinsamen Stunde änderte sich seine Haltung. Er wies sie kühl darauf hin, daß sie nicht nur ihn, sondern die Tiefenpsychologie überhaupt verlasse.

Bis zu diesem Tag hatte sie sich immer von ihm unterstützt gefühlt, wohin ihr Weg auch führen mochte. Jetzt schien er ihren Weg nicht mehr gutheißen zu wollen, ja sprach ihr geradezu die Fähigkeit ab, den Strom ihres Werdens erkennen und ihm folgen zu können. Tränen traten ihr in die Augen. Ihre Entscheidung, die vertrauten und anerkannten Wege zu verlassen, brachte schon Einsamkeit genug, und nun zweifelte sogar ihr eigener Therapeut an ihren Beweggründen.

Eine Zeitlang überließ sie sich den Zweifeln, ließ sie den Kern von Wärme aushöhlen, der all ihre einsamen Schritte begleitet hatte, und ließ sie das stille Zutrauen untergraben, das ihr aus den Träumen erwachsen war. Die Arbeit mit ihm und ihren beiden früheren Analytikerinnen hatte sie gelehrt, innere Weisungen wahrzunehmen und zu achten und entsprechend zu handeln. Da sie es immer entschiedener tat, hatte sie sich längst an die Skepsis und Kritik ihrer Freunde und Bekannten, aber auch sehr nahestehender Menschen gewöhnt. Daß selbst ihr Analytiker ihren Weg grundsätzlich in Frage stellte, hatte sie noch nicht erlebt. Hier gewann das Alleinsein eine ganz neue Dimension.

Sie saß eine Weile schweigend da, während ihr die Tränen übers Gesicht liefen. Sie wußte nichts zu tun und nichts zu sagen. Und mitten in diesem Gefühl, verraten worden zu sein, war plötzlich das Zutrauen zu ihrem Weg da, der Mut, ihn gänzlich unabhängig von Zustimmung oder Ablehnung zu gehen. Sie stand auf, gab ihm die Hand, sagte danke und ging.

Erst auf der Heimfahrt im nachmittäglichen Verkehrsgewühl wurde ihr klar, daß sie ihm nicht nur für ihre gemeinsame Arbeit, sondern auch für seine Zweifel am Schluß gedankt hatte. Denn indem er sein Vertrauen von ihr abzog, ließ er sie das eigene Vertrauen finden, ein Vertrauen, das niemand ihr mehr nehmen konnte.

Unwissentlich hatte er für sie einen wertvollen Übergangsritus geschaffen.

In unserer industriellen Welt sind Übergangsriten rar geworden. Andere Traditionen, etwa die der Indianer, sind da vielleicht besser dran:

> Ich war an jenem Morgen etwas aufgeregt zu Eagle Man gegangen, um von meinem letzten Auftrag zu berichten, bei dem interessante Dinge geschehen waren, von denen er gern hören würde...
> Er lächelte nicht. Er sah mich nicht an. Sein Gesicht war verkniffen und finster, das Gesicht eines feindseligen Fremden. Als er sprach, war seine Stimme hart und laut.
> «Was ich sage, wird dir nicht gefallen. Ich werde dir auf die Füße treten. Gib mir deine Pfeife. Du hast sie mißbraucht.»

Hätte er mich mit einem Speer durchbohrt, der Schock wäre nicht größer gewesen. Ein scharfer Schmerz zuckte durch meinen Solarplexus. Ich war nicht gewappnet gegen eine seelische Verwundung – hier und von diesem Mann. Es wäre mir nie in den Sinn gekommen, daß ich Eagle Man gegenüber eines Schutzes bedürfte. Ich starrte ihn benommen an.
Er schrie: «Gib mir deine Pfeife.»
Ich fragte: «Weshalb?»
Er erwiderte: «Frag nicht lange rum. Du hast sie mißbraucht. Du hast angegeben.»
Zorn stieg in mir hoch, dann Wut. Ich vergaß, daß man einen Medizinmann weder unterbricht noch ihm widerspricht. Mit bebender Stimme protestierte ich: «Das ist nicht wahr!»
«Keine Widerworte», sagte er, «gib mir einfach die Pfeife.» ...
Er kam auf mich zu, drohende Stärke. Alle Sicherheit, alles Wohlgefühl war von diesem vertrauten Ort verschwunden. Es war ein Abgrund von Gewalt und Entsetzen, in den ich stürzen würde, wenn ich ganz ausgeblutet war... Es fiel mir nicht ein, mich um Hilfe an die Großväter zu wenden. Mir fiel überhaupt nichts ein. Doch von irgendwoher weit weg stieg ein Funke Kraft in mir auf und ließ mich sagen: «Nein, ich gebe dir meine Pfeife nicht... Ich kann dir meine Pfeife nicht geben. Es steht mir nicht zu, sie wegzugeben. Sie gehört dem Großen Geist.»
Sein Gesicht veränderte sich. Etwas kehrte zurück von dorther, wohin es verschwunden war. Seine Augen waren fast wieder die Augen, die ich kannte. Zu ihnen sprach ich mit zitterndem Atem...
«Da hast meine Pfeife gemacht, und ich werde dafür immer dankbar sein, aber du hast sie mir nicht gegeben. Power Man hat sie mir gegeben. Er hat sie in seiner Schwitzhütte gesegnet.»

Das brachte ihn offenbar wieder in Wut.

«Ist mir egal, was Power Man gemacht hat! Gib mir deine Pfeife!»

«Ich kann nicht», sagte ich flehentlich, so als müßte er das einfach verstehen. «Es steht mir nicht zu, sie wegzugeben.» ...

Ich zwang mich, ihn anzuschauen, und so standen wir einander forschend gegenüber. Etwas veränderte sich im Zimmer. Ich sah, daß er mir glaubte. Etwas sanfter sagte er: «Geh die Pfeife holen.»

Ich nahm die Pfeife aus ihrem Beutel und reichte sie ihm «auf heilige Weise» dar.

Er nahm sie rituell entgegen. Er wischte mit einem langen Salbeizweig, den er auf einem Tisch neben sich bereitgelegt hatte, über sie hin. Dann beräucherte er sie mit glimmendem Süßgras. Er gab sie mir zurück und machte eine Handbewegung zum Beutel hin. Auch ihn beräucherte er; dann nahm er die Pfeife, schob sie hinein und band die Enden des Beutelzuges auf jene besondere symmetrische Weise zusammen, die mir nie recht gelingen wollte.

Dann richtete er sich auf und lächelte.

«So», sagte er, «du hast deinen Teil getan.»

Doch mit dem Verstehen kam auch die Traurigkeit. Mit dieser Segnung der Pfeife hatte er die Bänder zwischen uns durchschnitten. Etwas war unwiderruflich zu Ende. Meine Pfeife war nun nicht länger «unter Eagle Mans Pfeife». Hiermit war ich bestätigt, hatte erreicht, worum ich so lange gerungen hatte – eine harte und einsame Errungenschaft (Eaton, *I Send a Voice*).

Der bloße Akt des Opferns genügt noch nicht als Vorbereitung auf die Vereinigung mit dem Selbst. Er muß begleitet sein von der bewußten Entscheidung, die Verluste nicht zu verhindern, sondern zu erdulden, alte Stützen und Sicherheiten loszulassen und vor allem: das Wünschen und Begehren selbst aufzugeben. Unsere Beziehungen zur Welt müssen ihren emotionalen Charakter verlieren, und in dieser psychischen Leere haben wir dann entschlossen zu stehen.

Erfahrungsgemäß hat jeder Mensch *eine* große Verhaftung, *ein* Verlangen, neben dem alle anderen sich relativ bedeutungslos ausnehmen und das zu opfern ihm schier unmöglich ist. Für Abraham war das sein Sohn Isaak. Für Sally war es ihr physisches Leben.

Immer wieder kamen Träume, die ihren Tod ankündigten. Und mit jedem Traum wurde es Sally schwerer, sich einzureden, daß hier lediglich ein psychischer Tod gemeint sei. Sie achtete immer angespannter auf jedes kleine Zwicken im Körper. Ihr Puls, durch jahrelangen unaufhörlichen Streß ohnehin leicht beschleunigt, war jetzt selten unter 100, meist darüber.

Die Nächte waren besonders unangenehm. Sie wußte, daß ihr Körper Schlaf brauchte, wenn er dieser chronischen Angst standhalten sollte; und gerade weil sie das wußte, fand sie natürlich keinen Schlaf, kämpfte sich durch die endlos langen Stunden der Nacht, voller Sorgen um den Schlaf, den sie mit diesen Sorgen vertrieb. Zwischen ein Uhr und vier Uhr war es am schlimmsten. Kein Laut im ganzen Haus, und sie allein mit ihrer Todesangst, die sie dem wirklichen Tod mit jeder Minute näher zu bringen schien.

Als dieser Zustand immer schlimmer wurde, begann sie, Schlaftabletten zu nehmen. So fand sie jede Nacht ein wenig Bewußtlosigkeit, und obwohl die Nachwirkungen der Tabletten noch am folgenden Tag zu spüren waren, war sie doch froh, ein bißchen Kraft für das Allernotwendigste zu haben. Doch bald vermochten auch die Schlafmittel nichts mehr gegen ihr Grauen auszurichten. Mit Drogen vollgepumpt, lag sie dann wach im Bett und konnte nur noch denken, daß nun alle Mittel erschöpft waren: Nichts konnte sie mehr vor dem Tod durch Erschöpfung bewahren. Wenn sie nach solchen Nächten am Morgen aufstand, sah sie nur schaudernd einem weiteren grauenhaften Tag entgegen, an dem sie jeden Handgriff nur mit äußerster Anstrengung zuwege bringen würde, während ihr Körper nach der Ruhe schrie, die ihr Grauen ihm versagte.

Mit einem Rest Galgenhumor stellte sie fest, daß sie wohl eher an ihrer Angst als an irgendwelchen Krankheiten oder Schicksalsschlägen sterben würde. Aber sie wußte nicht, was sie anderes tun sollte, als weiterzukämpfen und sich mit jedem Funken Kraft an ihr Leben zu klammern. Die aus ihrer Verhaftung ans Leben geborene Furcht hatte sie ganz und gar ergriffen.

Manchmal nutzte sie die schlaflosen Stunden, um über die Psychologie ihres Grauens nachzudenken, und erlebte die verschiedenen Tode, die ihre Phantasie beherrschten. Die Furcht vor dem Tod hatte sie schon immer begleitet, so weit sie sich zurückerinnern konnte. Als kleines Mädchen hatte die Vorstellung, lebendig begraben zu werden, sie verfolgt – in einem geschlossenen Sarg mit zwei Meter Friedhofserde über sich zu ersticken. Viele Stunden hatte sie damit zugebracht, Anweisungen an ihre Verwandten zu entwerfen, nach denen, bevor man sie einsargte, auf jede nur erdenkliche Weise zu überprüfen war, ob sie auch wirklich tot sei. Aber als sie sich dieses Bild nun ins Gedächtnis rief, sah sie, daß es seine Kraft verloren hatte. Ihre Furcht hatte offenbar nicht mehr viel mit der Todesart oder mit dem Sterben oder mit dem Totsein zu tun. Sie wollte vielmehr ganz einfach das Leben nicht aufgeben: Sie wollte nicht aufhören zu leben.

Sie war einigermaßen überrascht, denn ihr Leben war ja nicht gerade einfach gewesen, eher eine recht stattliche Sammlung von Schwierigkeiten und Schmerzen. Weshalb also, fragte sie sich, bin ich so versessen aufs Leben, daß dieser Wunsch selbst mich jetzt schier umbringt? Ein offensichtlicher Grund war Rachael. Was ihre Tochter erdulden müßte, wenn sie nicht mehr da wäre – das war die schlimmste Vorstellung. Sie brauchte sich nur das verstörte Gesicht vorzustellen, das Rachael bei der Nachricht von ihrem Tod machen würde, um gleich wieder bereit zu sein, den Kampf für eine weitere Runde fortzusetzen. Doch sie wußte auch um ihre eigene tiefe Verbundenheit mit diesem Leben, mit seinen Möglichkeiten, zu lieben und zu lernen.

Nach sechs Monaten dieser fast beständigen Angst und Schlaflosigkeit war sie so schwach, daß sie kaum noch die Kraft besaß, Wäsche zu waschen oder für Rachael und sich zu kochen. Autofahren war zu gefährlich geworden, da sie manchmal von Schwächeanfällen überrascht wurde, bei denen sie dann nicht einmal mehr einen Arm heben konnte.

In ihrer Hilflosigkeit nahm sie eines Abends vier Schlaftabletten, um wenigstens für eine Nacht mal ein wenig Schlaf zu finden. Die einzige Wirkung bestand darin, daß sie sich elend und vergiftet fühlte. Hellwach quälte sie sich durch die Stunden, mal in dem Bemühen, sich zu entspannen und den Gegenstand ihrer Angst deutlicher zu sehen, mal mit der immer wiederkehrenden Frage beschäftigt, weshalb all das ihr geschah.

Gegen Morgen schlief sie endlich ein. Unmittelbar darauf fand sie sich über dem Bett schwebend wieder und bewegte sich dann durchs Zimmer, um irgendein Licht anzuschalten. Keiner der Schalter reagierte auf ihre Berührung. Stromausfall, dachte sie. Und mit diesem Gedanken empfand sie einen plötzlichen Ruck, ein Zurückschnellen, und lag wieder im Bett, die Hand zum Schalter der Nachttischlampe ausgestreckt. Diesmal ging das Licht an. Sie mußte unwillkürlich lächeln. Sie hatte sich schon immer für Out-of-body-Experiences interessiert und alle Berichte verschlungen, die es darüber gab. Nun hatte sie also selbst eine solche Erfahrung gemacht. Und worum ging es dabei? Licht zu machen und die Dunkelheit zu vertreiben, die ihre Todesangst umgab!

Interessant fand sie auch, daß sie in ihrem Schwebezustand fast so gut sehen konnte, als wäre sie in ihrem Körper gewesen. Doch auf der physischen Ebene etwas zu bewirken, das war offenbar nicht möglich. Sie konnte den Lichtschalter zwar sehen, aber nicht betätigen.

Nun hatte sie eine gewisse Vorstellung vom unmittelbaren Nachtod-Zustand und verstand die Bestürzung, von der in den vielen Berichten von Nah-Todeserfahrungen immer wieder die Rede war: Verwandte und Freunde zu sehen und weinen zu hören und doch auf keine Art und Weise in Kontakt mit ihnen treten zu können.

Diese erste Astralerfahrung überzeugte Sally nicht nur von der Wirklichkeit des Lebens nach dem Tode. Sie sagte ihr auch ganz klar, daß es für ihr Grauen keine äußere Lösung gab. Sie stand auf, wusch sich kurz und spülte ihre restlichen Schlaftabletten in der Toilette hinunter. Dann machte sie sich heiße Milch mit Honig und stieg wieder ins Bett. Halb aufgerichtet, mit lauter Kissen im Rücken, lag sie da und wartete auf Rachael, die immer für eine kurze Umarmung hereinkam, bevor sie zur Schule ging.

Als Rachael fort war, blieb Sally noch im Bett liegen, wie sie es jetzt immer tat, weil sie für alles andere zu schwach war. Auch an diesem Morgen war ihr Körper erschöpft, doch innerlich fühlte sie sich stärker. Sie wußte jetzt, daß sie ihrem Tod nur ganz allein entgegentreten konnte und auf jede Hilfe durch toxische Mittel oder sonst irgend etwas verzichten mußte.

Der Tag verlief recht ruhig. Als die Nacht kam, löschte Sally das Licht und wartete, wartete in der Hoffnung, daß der Körper, wenn sie ihn nicht mit Tabletten traktierte, schließlich aus schierer Erschöpfung einschlafen würde. Er tat es nicht. Ihr Entsetzen war tiefer und stärker als das Schlafbedürfnis des Körpers. In dieser ersten Nacht fand sie keinen Schlaf, nicht einmal für Minuten. Die zweite und dritte Nacht vergingen ebenso. Am vierten Tag war Sally so schwach, daß sie kaum noch sprechen konnte.

Die folgende Nacht brachte die Wende. Immer noch ohne Schlaf, war an diesem fünften Morgen ihr Wille, gegen den Tod anzukämpfen, gebrochen. «Also gut, Herr, oder wer auch immer, was auch immer da ist», sagte sie. «Einverstanden, Autor meiner Träume. Ich werde sterben, wenn es das ist, was du willst. Ich hab genug von diesem Kampf.»

Dann wandte sie sich zum erstenmal ihrem Tod zu und nahm ihn an. Sie lag im Bett und ließ einfach all die entsetzlichen Bilder zu, die vor ihr aufstiegen, und nahm jedes einzelne an. Sie nahm hin, daß sie die Erde nie wiedersehen würde, die Erde im Frühling. Sie sah Rachael von der Schule heimkommen und sie tot auffinden. Sie empfand diese Traurigkeit. Und sie sagte adieu. Adieu zu allem, woran sie gehangen hatte in diesem Leben, zu jedem Grund, den sie gehabt hatte, weiterhin hier sein zu wollen.

Als sie von allem Abschied genommen hatte und alle Traurigkeit verströmt war, lag sie still da und erwartete den Tod. Sie fühlte sich so vollkommen gelöst wie noch nie in ihrem Leben. Und dann schlief sie ein.

Im Laufe der nächsten Tage und Wochen stellte sich allmählich ein Schlafrhythmus ein. Manchmal wollte die alte Angst wieder aufsteigen. Aber wenn sie ihre eisige Gegenwart spürte, wußte sie sie stets als Anzeichen eines Verhaftetseins zu erkennen – ließ los und fand Frieden. Dann wachte sie einmal am Morgen auf mit dem Gefühl, nun sei der Alptraum durchgestanden. In der folgenden Nacht sprach wieder die leise und inzwischen wohlvertraute wissende Stimme zur ihr:

«Deine Prüfungen haben gerade erst angefangen. Deine Zukunft wird ein Leben des Opferns sein: Du hast alles zu opfern, was du besitzt, alles, was du hast, alles, was du wünschst.»

Das Selbst ist ein Mahlstrom. Einmal ins Bewußtsein geboren, saugt es langsam, aber unaufhaltsam alle an der Peripherie unseres Seins verstreuten Energien in sich zurück – zurück in unsere Mitte und unseren Ursprung. Wir können an diesem Ego-Tod, der das Werden des Selbst ist, mitwirken oder ihn fliehen. In beiden Fällen werden unser Verhaftetsein und unsere persönlichen Identifikationen am Ende zerstört, aufgelöst von einer größeren Kraft der Seele, die nichts anderes will, als sich des Selbsts zu erinnern und mit ihm zu verschmelzen.

Wir stiegen tiefer hinunter, und ich sah mit schauderndem Staunen die aufwirbelnden Schaumflocken; und Hölzer, die zunächst in Ufernähe dahintrieben, dann aber in den Sog des Strudels gerieten, hineingezogen wurden und verschwanden.
«Von da kommen wir», sagte Zoila mir ins Ohr. Sie zeigte mit ihrem Stab in die Mitte des Strudels. «Und in dieses Geheimnis versuchen wir zurückzukehren.»
Meine Augen hielten es nicht lange aus, in den Strudel zu schauen. Ich lehnte mich, Halt suchend, ein wenig an Zoila, empfand mich als ungeschickt und plump. Sie bewegte sich mit solcher Anmut. Wir waren beide tropfnaß von der Hitze und dem ständigen leichten Sprühnebel. Große Tropfen rannen an Zoilas Gesicht herunter.
Sie wandte sich mir zu und sagte: «Schau dir den Punkt des Verschwindens da in der Mitte an. Das ist die Leere. Die kleinen Wellen, die wie Spiralen von der Mitte ausgehen, bilden den Weg. Du bist aus der Leere geboren, und der Trichter ist gleichsam das Außerhalbsein der Dinge. Das ist wie unser Weg auf der Erde. In unserer Jugend und Unwissenheit gehen wir immer weiter von der Mitte weg, bis wir von unserer ursprünglichen Natur sehr weit entfernt sind. So ist nun mal das Leben. Diesem Muster folgt es. Die meisten von uns leben weit draußen, da, wo die Spirale ausläuft. Dann, an irgendeinem Punkt des Lebens, widerfährt dir etwas Außergewöhnliches – eine Einsicht, ein Tod –, und du wirst dir selbst ein Rätsel und fängst an, Fragen zu stellen. ‹Was hat dieses Leben zu bedeuten? Woher komme ich?› War das bei dir nicht auch so?»
«Ja.»
«Und hast du dich nicht gefragt, weshalb es so schwer ist, dein wahres Wesen zu finden?»

«Ja, ich hab versucht, den Weg nach Hause zu finden.»
«Geh zurück zum Ursprung. Schau dir den Strudel an. Aus solchen Kräften ging das Universum hervor. Die Kräfte des Universums sind in dir. Sieh, wie alles ins Zentrum eingesaugt wird. So ist es bestimmt worden: Alles muß hineingezogen werden. Das Universum wird in sich selbst zurückmünden, und alle Wesen, große und kleine, werden frei sein» (Andrews, *Jaguar Woman*).

Viele Jahre vor dem Erscheinen von *Jaguar Woman* hatte Sally Zoilas Weisheit in ihren eigenen Bildern geträumt:

Sie ging eine Straße entlang, die spiralförmig auf ein Zentrum zuführte, den Krater eines Vulkans. Als sie dieses Zentrum erreichte, verschmolz sie mit der Hitze und dem Licht, wurde eins mit dem Ursprung und der Wärme des Lebens. In dieser Mitte neu geboren, war sie jetzt ein strahlendes androgynes Wesen, das auf einem Esel in die Welt zurückkehrte.

7 Mehr als *ein* Leben?

Eine Tochter kam zu einem Predigerkloster und verlangte nach Meister Eckehart.
Der Pförtner sagte: «Wen soll ich ihm melden?»
Sie sprach: «Ich weiß es nicht.»
Er sagte: «Warum wißt Ihr das nicht?»
Sie sprach: «Weil ich weder ein Mädchen bin noch ein Weib, noch ein Mann, noch eine Frau, noch eine Witwe, noch eine Jungfrau, noch ein Herr, noch eine Magd, noch ein Knecht.»
Der Pförtner ging zu Meister Eckehart (und sprach): «Kommt heraus zu der wunderlichsten Kreatur, von der ich je hörte, und laßt mich mit Euch gehen und steckt Euern Kopf hinaus und sprecht: ‹Wer verlangt nach mir?›»
Er tat so. Sie sprach zu ihm, wie sie zum Pförtner gesprochen hatte.
Er sprach: «Liebes Kind, deine Worte sind wahr und schlagfertig: erkläre mir genauer, wie du es meinst.»
Sie sprach: «Wäre ich ein Mädchen, so stünde ich (noch) in meiner ersten Unschuld; wäre ich ein Weib, so würde ich das ewige Wort ohne Unterlaß in meiner Seele gebären; wäre ich ein Mann, so böte ich allen Sünden kräftigen Widerstand; wäre ich eine Frau, so hielte ich meinem lieben, einzigen Gemahl die Treue; wäre ich eine Witwe, so hätte ich ein ständiges Sehnen nach meinem einzigen Geliebten; wäre ich eine Jungfrau, so stünde ich in ehrfürchtigem Dienst; wäre ich ein Herr, so hätte ich Macht über alle

> göttlichen Tugenden; wäre ich eine Magd, so hielte ich mich Gott und allen Kreaturen demütig unterworfen; und wäre ich ein Knecht, so stünde ich in schwerem Wirken und diente meinem Herrn mit meinem ganzen Willen und ohne Widerrede. Von alledem miteinander bin ich keines und bin ein Ding wie ein ander Ding und laufe so dahin.» Der Meister ging hin und sagte zu seinen Brüdern: «Ich habe den allerlautersten Menschen vernommen, den ich je gefunden habe, wie mich dünkt» (Meister Eckehart, *Deutsche Predigten und Traktate*).

Wenn wir es aufgeben, an Menschen, Dingen, sozialen Zusammenhängen, ja am Leben selbst zu haften und uns mit ihnen zu identifizieren, und wenn die in solchen Abhängigkeiten gebundene Energie im Feuer des Selbst geopfert wird, befreit sich unser Bewußtsein aus überlebten und unbrauchbaren Definitionen seiner selbst. Die Opferung aller Identifikationen mit irgend etwas anderem als dem universalen und ewigen Selbst macht uns fähig zu wirklichen Beziehungen. An die Stelle von Obsessionen tritt wahre Wertschätzung, Liebe an die Stelle von Begierde, Wahrnehmen und Verstehen an die Stelle von Projektionen, und das macht uns nicht etwa unfähig, Ehemann, Ehefrau, Bankier oder Dichter zu sein – ganz im Gegenteil. Denn anstatt zu denken «Ich bin ein Dichter» oder «Ich bin ein Psychotherapeut», betrachten wir uns als «ein Ding wie ein ander Ding» – einfach als Menschen, die eine bestimmte Arbeit tun und eine bestimmte Rolle spielen und es gern tun, mit stiller Beharrlichkeit und Freude, solange es sich notwendig und richtig anfühlt. Doch wenn die Umstände sich ändern und die Rolle nicht mehr angemessen ist oder uns genommen wird, dann lassen wir ohne weiteres von ihr ab, da unser Wohl und unsere Identität nicht von ihr abhängen.

Die Unabhängigkeit der Seele von äußeren Formen dieser Art läßt uns Körper und Erde als das erkennen, was sie sind;

damit gewinnen wir eine intelligentere und einfühlsamere Beziehung zu ihnen, anstatt wie bisher die Befriedigung unserer Bedürfnisse in ihnen zu suchen. Doch diese Unabhängigkeit reicht noch tiefer und eröffnet uns Dimensionen des Seins, die über Geburt und Tod hinausgreifen.

C. G. Jung hatte nach einem Herzinfarkt, der ihn dem Tode nahe brachte, eine Vision, in der er sich einem in den Fels gehauenen Tempel näherte:

> Ich hatte das Gefühl, als ob alles Bisherige von mir abgestreift würde. Alles, was ich meinte, was ich wünschte oder dachte, die ganze Phantasmagorie irdischen Daseins fiel von mir ab oder wurde mir geraubt – ein äußerst schmerzlicher Prozeß. Aber etwas blieb; denn es war, als ob ich alles, was ich je gelebt oder getan hatte, alles, was um mich geschehen war, nun bei mir hätte. Ich könnte auch sagen: es war bei mir, und das war Ich. Ich bestand sozusagen daraus. Ich bestand aus meiner Geschichte und hatte durchaus das Gefühl, das sei nun Ich. «Ich bin dieses Bündel von Vollbrachtem und Gewesenem.» – Dieses Erlebnis brachte mir das Gefühl äußerster Armut, aber zugleich großer Befriedigung. Es gab nichts mehr, das ich verlangte oder wünschte; sondern ich bestand sozusagen objektiv: ich war das, was ich gelebt hatte. Zuerst herrschte zwar das Gefühl der Vernichtung, des Beraubtseins oder Geplündertseins vor, aber plötzlich wurde auch dies hinfällig. Alles schien vergangen, es blieb ein Fait accompli, ohne irgendwelche Rückbeziehung auf das Frühere. Es gab kein Bedauern mehr, daß etwas weggefallen oder fortgenommen war. Im Gegenteil, ich hatte alles, was ich war, und ich hatte nur das.
>
> Noch etwas anderes beschäftigte mich: ich hatte, während ich mich dem Tempel näherte, die Gewißheit, daß ich in einen erhellten Raum kommen und alle diejenigen Menschen antreffen würde, zu denen ich in Wirklichkeit gehö-

re. Dort würde ich – auch das war Gewißheit – endlich verstehen, in was für einen geschichtlichen Zusammenhang ich oder mein Leben gehörten. Ich würde wissen, was vor mir war, warum ich geworden bin und wohin mein Leben weiterfließen würde. Mein gelebtes Leben war mir oft wie eine Geschichte vorgekommen, die keinen Anfang und kein Ende hat. Ich hatte das Gefühl, eine geschichtliche Perikope zu sein, ein Ausschnitt, zu dem der vorausgehende und nachfolgende Text fehlten. Wie mit der Schere schien mein Leben aus einer langen Kette herausgeschnitten, und viele Fragen waren unbeantwortet geblieben.

Jung berichtet weiter, daß er an dieser Stelle in seinen Körper zurückgerufen wurde, und damit endete die Vision. Viele andere sind jedoch des größeren Zusammenhangs gewahr geworden, der den Fragmenten eines einzelnen Lebens Sinn gibt.

Ob Jung wirklich an Reinkarnation glaubte, ist übrigens nicht mit Sicherheit zu sagen. Evlo van Waveren, ein Therapeut der Jung-Schule, ist der Ansicht, daß er es tat. «Ich sprach einmal mit Professor Jung über dieses Thema, und später kam seine Frau zu mir und sagte: ‹Reden Sie mit niemandem darüber, die Zeit ist noch nicht reif dafür.› Also schwieg ich, denn die Welt, der Professor Jung zu beweisen versuchte, daß es so etwas wie die Psyche gibt, hätte ihm die Reinkarnationsidee sicher nicht abgenommen» (Cott, *The Search for Omm Seti*).

Für Sally begann alles mit einer Serie von Träumen über Ägypten zur Zeit der großen Dynastien. Die erschreckendsten und schmerzhaftesten Erinnerungen wurden jedoch durch einen Hollywood-Film über Tut-ench-Amun ausgelöst.

Sie saß in ihrer Lieblingshaltung, mit untergeschlagenen Beinen, auf dem breiten, weichen Sofa und Chris, ihr amerikanischer Freund, im Sessel. Sie hatten gerade mit Genuß zu Abend gegessen und ruhten nun beide in der stillen Freude ihres Zusammenseins. Der Film war nicht gerade ein Meisterwerk, brachte aber gute Aufnahmen aus dem Tal der Könige, von dem Sally fasziniert war, seit sie begonnen hatte, vom alten Ägypten zu träumen.

Mitten in einer dieser Szenen wandte sie sich Chris zu, um zu sehen, ob er ihr Interesse teilte – und erschrak heftig über seinen Gesichtsausdruck. Seine sonst so starken und freundlichen Züge wirkten wie von unmenschlicher Grausamkeit verzerrt. Entsetzt wandte Sally sich wieder dem Fernseher zu. Aber sie konnte das Geschehen nicht mehr verfolgen. Das ganze Hollywood-Ägypten verschwand hinter dem Bild von Chris' Gesicht. Verstohlen, in der Hoffnung, dieser Ausdruck werde inzwischen verschwunden sein, schaute sie noch einmal zu ihm hin. Doch im Gegenteil, seine Züge waren jetzt so vollkommen verändert, daß sie ihn kaum noch erkennen konnte.

Sprachlos und wie gelähmt starrte Sally ihn an. Und da entstanden Bilder in dem Raum zwischen ihnen, ein zweiter Film, realistischer und intensiver als der Fernsehfilm. Ein Film, in dem sie und Chris die Hauptdarsteller waren.

Sie sah und empfand sich als den mumifizierten Körper einer ägyptischen Frau, in einem Sarg in einer dunklen Grabkammer. Der Sarg war offen, und Sally hatte das eigenartige Gefühl, zugleich in ihrem Körper und außerhalb zu sein. Sie empfand sich als eingesargt und mumifiziert, schwebte jedoch gleichzeitig etwa zwei Meter über dem Sarg und schaute auf ihren Körper hinunter.

Dann drang plötzlich ein Mann – derselbe, so schien es, wenn auch in einem anderen Körper, wie der, welcher ihr jetzt dort im Sessel gegenübersaß – in die Grabkammer ein, zückte einen Dolch und stach ihr mehrmals in die Kehle. Da Sally sich immer noch gleichzeitig als die daliegende Frau und die schwebende Seele fühlte, erlebte sie den schleichenden

Schmerz des Sterbens und war zugleich eine interessierte, aber nicht unmittelbar betroffene Zuschauerin. Dann verblaßten die Bilder des Mordes, aber sie saß immer noch stumm und völlig erstarrt da, vollkommen absorbiert von der Erinnerung an diese Stiche.

In ihrem Gesicht stand wohl einiges davon geschrieben, denn Chris stand auf und kam auf sie zu und fragte sanft, was denn los sei. Sie schreckte heftig zurück, und er machte große, erstaunte Augen, aber da sie immer noch wie betäubt war von dem Schock, konnte sie nichts tun, um die Sache aufzuklären.

Allmählich aber ließen die Bilder sie wieder los. Chris' Gesicht gewann den vertrauten Ausdruck zurück, und Sallys Angst legte sich so weit, daß sie wieder sprechen konnte.

Schon zu Beginn ihrer Beziehung hatte Sally gelegentlich eine scheinbar völlig irrationale Angst vor Chris an sich bemerkt, die als Reaktion auf bestimmte Gesten oder Verhaltensweisen auftrat, und diese Angst provozierte bei ihr Reaktionen, die in keinem Verhältnis zum Anlaß standen. Zunächst versuchte sie, diese Angstphantasien als Projektionen ihrer eigenen unbewußten Grausamkeit aufzufassen. Aber nachdem sie lange daran gearbeitet hatte, sich diese dunklen Seiten ihrer Seele bewußtzumachen, war die Angst immer noch da. Die furchtbare Vision seines Mordes an ihr in einem anderen Leben ließ nun zwar immer noch manche Fragen offen – etwa das Mordmotiv, oder weshalb sie den Mord aus zwei verschiedenen Perspektiven erlebte –, aber sie konnte nun diese scheinbar unbegründeten Angstanfälle besser verstehen und lernte zu unterscheiden, was ihrer Beziehung in diesem Leben angehörte und was aus ihrer unglücklichen Vergangenheit stammte.

Doch die Erinnerung an dieses frühere Leben kam nicht nur ihrer Beziehung zu Chris zugute. Es folgte eine Sequenz von Träumen, die Aspekte dieses früheren Lebens aufzeigten und ihr einen vergessenen psychischen und spirituellen Reichtum neu erschlossen.

Im ersten Traum stand sie in einem Tal in Ägypten, eine edle Kristallvase in der Hand, vor einem hoch aufragenden Sandsteinfelsen, auf dessen Gipfel sich ein Pantheon ägyptischer Götter und Göttinnen befand, darunter auch einige Könige. Sie sah, daß es sich um Steinfiguren handelte, wußte aber zugleich, daß sie lebendig waren.

Während sie diese Figuren betrachtete, von ihrer Kraft und Vertrautheit ergriffen, wurde sie von einer Stimme aufgefordert, die Gottheit auszusuchen, zu der sie die größte Nähe empfand. Ohne recht zu wissen, weshalb, wählte sie ein Paar unter diesen «lebenden» Statuen aus, die «wunderbaren Zwillinge», die auf telepathische Weise miteinander in Verbindung standen.

Nun wurde sie aufgefordert, zu den Gottheiten hinaufzusteigen, und nahm einen schmalen, steilen Pfad, der sich den Sandsteinfelsen hinaufschlängelte. Zwei Freunde begleiteten sie: ein Mann, der ihr in vielen einsamen und schwierigen Perioden ihres Lebens beigestanden hatte, und ihre frühere Schwägerin. Sie gingen hintereinander, denn anders war es auf dem schmalen Pfad gar nicht möglich. Sally ging sehr vorsichtig, die Hand immer am kniehohen gläsernen Geländer – das einzige, was sie von dem fast lotrechten Absturz zur Linken trennte.

Als sie eine ganze Weile so gestiegen war, erreichte sie eine Felsplatte, und hier wurde ihr gesagt, sie müsse sich umziehen und von ihren Begleitern verabschieden. Sie zog Rock und Bluse aus, beide aus dem 20. Jahrhundert, und schlüpfte in das cremefarbene Gewand einer ägyptischen Priesterin, das dort für sie bereitlag. Dieses Umkleiden war ein Ritual, bei dem Körper und Seele alle überflüssigen Hüllen abstreiften. Unterdessen kam eine Frau auf einem Pferd hinter ihr den Pfad herauf, gefolgt von einer Gruppe von Leuten. Sally sah verwundert, mit wieviel Sicherheit und Leichtigkeit die Frau sich auf dem Pfad bewegte; sie mußte diesen Weg schon oft zurückgelegt haben. Als die Leute den Umkleideplatz erreichten, tauschten sie ihre Reitkleidung gegen ganz normale westliche Kleidung und folgten dann weiter dem Pfad, der zu einem Kloster führte. Sally hörte noch, wie die Führerin zur Gruppe sagte, manche der Häuser im Dorf der Götter seien von bösen Geistern bewohnt, doch das sei kein Grund zur Besorgnis, denn das Kloster habe eine ganz wunderbare Atmosphäre. Sally prägte sich diese Warnung ein, denn ihr Ziel war ja das Dorf der Götter und nicht das Kloster.

Dieser Traum sagte Sally unter anderem, daß sie nur dann ins Dorf der Götter und zu den «wunderbaren Zwillingen» gelangen konnte, wenn sie sich alles Persönlichen und Besonderen entkleidete, ihres Alters, ihrer Herkunft und Geschichte. Sie mußte also bereit sein, die Priesterin zu werden, ein Mensch, dessen Seele so weit von allen persönlichen Verhaftungen und Beziehungen frei ist, daß er Mittler sein kann zwischen Himmel und Erde. Der Traum machte auch klar, wo dieses Umkleiden und die Reise zum Geist beginnt – auf dem Talgrund, wo wir mit einer Kristallvase in der Hand stehen. Solange wir nicht ins Tal unseres Seins abgestiegen sind, die tiefe Schlucht des Körpers und der Instinkte erkundet und die Kristallvase gefunden haben – die reine Empfänglichkeit der Seele für die Blumen des Selbst –, können wir nicht mit dem Aufstieg ins Reich des Überpersönlichen oder Transpersonalen beginnen. Wenn wir aber unsere individuelle Beziehung zum Selbst einmal entdeckt haben, Zugang zu der Kraft und Reinheit finden, die uns erlauben, die Spannung unserer Polaritäten zu halten, damit das Selbst sich entfalten kann, wird es Zeit, über die persönliche Beziehung zum Selbst hinauszugehen. Diese letzte Dualität von Ich und Du muß in transzendente Vereinigung münden, in die Untrennbarkeit von Gott und Seele, eine Kommunion mit dem Dorf der Götter.

Manche Tiefenpsychologen gründen ihre Traumdeutung auf Übereinstimmungen zwischen den verschiedenen Kulturen; sie betrachten etwa die großen Muttergottheiten der Antike – Griechenland, Rom, Indien, Ägypten – als archetypische Bilder von ungefähr gleichem Energieniveau. Diese horizontale Sicht läßt uns zwar die vielen Gesichter eines einzelnen Archetypus und daher auch seine energetische Beschaffenheit erkennen, aber sie verwischt die Unterschiede zwischen den Bewußtseinsebenen, auf denen die Muttergottheit lebt und erfahren wird. Und diese Erfahrungsebenen sind so geschichtet, wie die Schöpfung selbst aufgebaut ist, vom Körperlichen hin zum Geist, so daß die Muttergottheit sich ebenso in der Mutter manifestiert, die ihre Kinder an der Brust nährt, wie etwa – auf einer mittleren Ebene – in der wilden vitalen Instinktenergie einer primitiven Erdgöttin und schließlich in der aufs höchste verfeinerten, leuchtenden Spiritualität der Jungfrau Maria.

Aus dieser vertikalen Perspektive betrachtet, besteht ein psychologischer Unterschied zwischen den Bildern des alten Ägypten und denen Griechenlands oder Indiens. Ein Traum über religiöse Praktiken des alten Ägypten führt den Träumer in eine Ebene psychischer und spiritueller Energie ein, die nur den Bildern dieser Kultur eigen ist.

Man kann sich die verschiedenen energetischen Ebenen, auf denen ein Archetypus sich manifestiert, durch die Betrachtung der Bildwerke verschiedener Kulturen erfahrbar machen. Viele große Museen bieten dazu einen geeigneten Ausgangspunkt, da sie uns erlauben, zwischen den Kunstwerken verschiedener Kulturen und Epochen zwanglos hin und her zu wechseln. Wir können uns etwa in griechische Statuen versenken, ihre Form und Eigenart einatmen, und diese Erfahrung, zum Beispiel ein David, eine Aphrodite zu sein, vergleichen mit der Erfahrung, ein Pharao oder eine ägyptische Gottheit zu sein. Nach einiger Übung werden die energetischen Unterschiede geradezu physisch spürbar. Es wird sogar möglich, die Resonanzen dieser Energieschwingungen mit unseren verschiedenen Energiezentren, den Chakras, zu fühlen.

Sallys Traum war Ausdruck eines inneren Impulses, ihre Heimat auf dem Talgrund zusammen mit ihrer an Körper und Persönlichkeit gebundenen Weltsicht aufzugeben, und zu den transpersonalen Chakras aufzusteigen. Die weiteren Träume bestätigten dies und erhellten die Natur des Prozesses weiter.

> Sie träumte, sie sei in einem ägyptischen Mysterientempel, wo geheime Initiationsrituale an ihr vollzogen wurden. Es schien um den Vorgang der Mumifizierung zu gehen. Sie fühlte, wie ihr ausgeweideter Körper von einer Art Flüssigkeit durchspült wurde und dann etwas Mineralisches in die Körperöffnungen gelangte. Während dies geschah, wußte sie, daß ähnliche Rituale in der Epoche von Atlantis stattgefunden hatten.

Zur Zeit dieses Traums wußte Sally noch nichts von ägyptischen Mumifizierungstechniken. Aber sie informierte sich dann, und es kamen interessante Parallelen zwischen den Praktiken dieser alten Kultur und ihren Traumbildern zutage. Nach den Beschreibungen des griechischen Historikers Herodot wurden bei der Mumifizierung zunächst die inneren Organe entfernt, bis auf das Herz, das als Sitz der Intelligenz galt. Die Organe wurden dann sorgfältig behandelt und in speziellen Gefäßen – Kanopen – bestattet. Das einzige Organ, das nicht als erhaltenswert galt, war das Gehirn; man kratzte den von der Nase her geöffneten Schädel einfach aus. Die Körperhöhlungen wurden dann mit Palmwein und Gewürzen sorgfältig ausgewaschen und mit Myrrhe und Kassia gefüllt. Die Oberfläche wurde mit Natron eingerieben, und die Körperöffnungen wurden damit gefüllt. Das Natron sollte den Körper austrocknen und härten. Nach vielen Tagen wurde es abgewaschen und der Körper mit Wacholderöl gesalbt und mit Myrrhe und Zimt eingerieben. Danach bandagierte man ihn und legte ihn in seinen Sarg.

Das Ganze dauerte sechzig bis siebzig Tage. Wenn der Sarg

versiegelt war, begann das Ritual der Öffnung von Mund, Ohren und Augen. Damit sollte dem Toten der Gebrauch seiner Sinne zurückgegeben werden, damit er auf die Fragen antworten konnte, die ihm in der nächsten Welt gestellt werden würden, vor allem von den zweiundvierzig Gottheiten in der Halle des Gerichts. Dieses Ritual der Öffnung wurde auch an den Statuen verstorbener Könige ausgeführt, damit sie eine von irdischen Begrenzungen freie Kraft und Weisheit erlangen konnten.

Diese Informationen erklärten Sally die «Lebendigkeit» der Statuen in ihrem ersten Traum, ihre Einheit von Stein und Geist, Erde und Himmel. Sie erkannte jetzt auch die Traumbilder der Mumifizierung als Teil eines Initiationsprozesses, der der Seele ermöglicht, über die Grenzen von Raum und Zeit hinauszugreifen und alle Identifikationen mit Persönlichem und Körpergebundenem aufzugeben, damit die transzendente Wirklichkeit erfahren werden kann – gleichzeitig aber den Bezug zu Körper und Erde zu halten. Denn der Körper wurde nicht verbrannt oder dem Zerfall überlassen, sondern gereinigt und geläutert und unsterblich gemacht.

Diese Träume erschlossen Sally ganz neue Energien, und wie immer fiel es ihr anfangs schwer, diesen Energien standzuhalten. Ihre Kraft machte ihr angst, und diese Angst setzte sich wiederum in Traumbilder um.

> Ein großer schwarzer Käfer krabbelte über ihr Bett. Er kam auf sie zu und wuchs beängstigend, bis er schließlich die Größe eines kleinen Hundes hatte. Entsetzt versuchte sie ihn aus dem Zimmer zu scheuchen, und schließlich schaffte sie es auch und schloß hastig die Tür. Doch der Käfer, von dieser unfreundlichen Behandlung wenig beeindruckt, versuchte unter der Tür hindurch zurückzukommen. Sally stopfte irgendwelches altes Zeug in die Ritze, und während sie das tat, merkte sie auf einmal, daß ihre Hände mit Würmern bedeckt waren.

Für die alten Ägypter war der Käfer, der heilige Skarabäus, das Sinnbild der Selbsterschaffung. Sie glaubten, er erzeuge sich selbst parthenogenetisch aus dem Kotballen, den er zwischen den Vorderbeinen vor sich herrollt. Khepra genannt, «der aus der Erde hervorging», «der Werdende», wurde er seit der Frühzeit mit dem Schöpfergott Atum gleichgesetzt und stand in Beziehung zur Sonne. Im 85. Kapitel des *Ägyptischen Totenbuchs* sagt der Schöpfer: «Durch meine Khepra-Macht erschaff ich mein Wesen und auch das himmlische Leben.» Khepra wurde demnach aufgefaßt als die Manifestation Gottes am Beginn der Welt, die jeden Tag neu erscheint, wenn die Sonne über den Horizont aufsteigt. In Sallys Traum wurde deutlich, daß sie sich ihrer eigenen Verwandlung mit äußerster Kraft widersetzte. Sie erkannte es beschämt, gewann aber auch neuen Mut für den weiteren Aufstieg zum Dorf der Götter.

In einem weiteren Traum wurde sie über Sinn und Aufbau der Pyramiden examiniert, jener architektonischen Bilder des Übergangs vom Leben zum Tod. Im nächsten Traum schien nun die Begegnung mit den ägyptischen Göttern unmittelbar bevorzustehen. Thot, der Hüter des verborgenen Wissens, war zugegen. Ihr wurde der Ort des Da'at auf dem kabbalistischen Baum des Lebens gezeigt; sie erfuhr auch, der Prozeß, den sie durchlaufe, habe mit dem Säubern des Spiegels der Seele zu tun, damit sich ihr die Geheimnisse des Kosmos enthüllen konnten. Zuletzt wurde ihr aufgetragen, Schweigen zu bewahren.

Nach der kabbalistischen Lehre liegt der Ort des Da'at, auch Ort des Erkennens genannt, in der Welt des Geistes, am Kreuzungspunkt des Seelischen und des Göttlichen. Dieser Ort wird auch als der dunkle Spiegel bezeichnet, der Ort des Heiligen Geistes. Die Kabbala lehrt, solange der Spiegel blind sei, bleibe die Sicht des einzelnen auf seine persönliche Welt durch Körper und Psyche beschränkt. Erst wenn der Spiegel sich durch den Opfertod des Persönlichen klärt, wird es uns möglich, die Welt des Geistes zu erkennen und zu erfahren. Damit sich aber die dazu erforderliche Energie in uns ansammeln kann, müssen wir Schweigen bewahren und diese Erfahrungen für uns behalten, damit ihre Kraft nicht nutzlos zerrinnt.

Einige Nächte darauf träumte Sally, Thot lebe an der Schwelle der Initiation. Sie stand im Zentrum einer Acht, Symbol für den Ort der Initiation, und das Horus-Auge war die Pforte dazu.

Also mußte Sally nun den Mythos von Horus und Seth studieren. Nach der antiken ägyptischen Kosmologie von Heliopolis war am Anfang, bevor Himmel und Erde getrennt wurden, der Schöpfergott Atum. Er kopulierte mit sich selbst und erzeugte so das erste göttliche Zwillingspaar: Schu, die Luft, und Tefnut, die Feuchtigkeit. Die Hand, die Atum benutzte, um mit sich selbst zu kopulieren, wurde als das dem Schöpfer innewohnende weibliche Prinzip personifiziert. Schu und Tefnut erzeugten das zweite Zwillingspaar: Geb, die Erde, und Nut, den Himmel. Die wiederum erzeugten zwei weitere Paare: Osiris und Isis sowie Seth und Nephys. Geb ernannte seinen Sohn Osiris zum Herrn der Erde und weckte damit den Neid von Seth, der sich auch gleich daranmachte, einen Plan zur Beseitigung seines Bruders zu schmieden.

Eines Nachts überredete er Osiris, in einen Sarg zu steigen, und den warf er dann in den Nil. Der Sarg schwamm hinaus aufs Meer und wurde in Byblos an Land gespült, wo Isis ihn schließlich fand. Sie brachte den Körper ihres Bruder-Gemahls zurück nach Ägypten, wo Seth sich abermals seiner bemächtigte und ihn zerstückelte. Isis suchte das ganze Land nach den Teilen seines Körpers ab und fand auch schließlich alle bis auf den Phallus. Sie fügte die Teile zusammen und empfing einen Sohn, Horus, durch Osiris' Geist.

Horus war der erste der ägyptischen Götter, der als Kind geboren wurde. Seine Mutter beschützte ihn jahrelang vor den Gefahren der Erde und der Rachsucht ihres Bruders Seth. Wie ein Mensch wuchs er langsam heran, und wie Menschen gewann er seine Reife durch traurige Erfahrungen. Als Horus erwachsen wurde, begannen seine Kämpfe mit Seth, und dies waren für ihn die Übergangsriten, die ihn zur Verwirklichung seiner Göttlichkeit und Ganzheit führten.

Diese Kämpfe zwischen Horus und Seth sind in verschiedenen Fassungen überliefert, doch es lassen sich durchgehende Grundmotive erkennen. Als ein Fabelwesen dargestellt, galt Seth als der Gott des Chaos, der Verwirrung, der Trunkenheit, der Abtreibung, des Todes, der Zerstörung, der Sexualität und Leidenschaft. Er war es, der die göttliche Ordnung störte und der trennte, was eins war. Die Seth-Hieroglyphe fungierte als Determinativum für Wörter, die auf eine Abweichung von der üblichen Ordnung hindeuteten, während der Falke des Horus das Zeichen der göttlichen Wirklichkeit war.

Die Urzeit, vor Seth und Horus, wurde als das Zeitalter ohne Streit bezeichnet. In einem der Pyramidentexte wird das Loblied dieser Epoche gesungen als einer Zeit,

> in der noch kein Zorn entstanden war
> in der noch kein Streit entstanden war
> in der noch keine Wirren entstanden waren
> in der das Auge des Horus nicht gelb geworden war
> in der die Hoden des Seth noch nicht unfruchtbar gemacht worden waren.

Psychologisch gesehen, repräsentiert dieses Zeitalter des göttlichen Friedens den vorbewußten Zustand der Menschheit; dem Mythos zufolge endete es mit Seths Mord an seinem Bruder Osiris. Bis dahin hatte Osiris als Herr des ewigen Werdens auf der Erde gelebt. Jetzt mußte er in die Unterwelt, den Bereich des Unbewußten, hinabsteigen, während Seth, dem Gott der Leidenschaft und des Chaos, die Erde und das Bewußtsein als Herrschaftsbereich blieben. So war der Gegensatz von Leben und Tod, Bewußtem und Unbewußtem, durch Seths Handeln entstanden. Die vorbewußte Einheit war gesprengt.

Die Beziehung zwischen Seth und Horus durchlief drei Stadien: Homosexualität, Kampf und Versöhnung. Während der von Seth initiierten homosexuellen Phase wird Horus' linkes Auge, Symbol der Sehfähigkeit und Bewußtheit, von Seth zerstört, und er selbst wird durch Horus seiner Zeugungskraft beraubt. Inmitten dieser sexuellen Verwicklungen empfängt Seth jedoch unwissentlich durch Horus' Samen, den Isis ihm in den täglichen Salat mischt.

Eine Überlieferung berichtet, daß es Thot, dem Gott der Weisheit, des Friedens und der Urteilskraft, schließlich gelingt, Seth und Horus zu trennen und Seth den Samen des Horus zu entlocken. Er erscheint als goldene Scheibe, als ein Auge, auf Seths Stirn, und Thot nimmt sich diese Scheibe als Krone. Dadurch wird er zum Gott; seine göttliche Weisheit geht aus der Vermählung von Seth und Horus, von Leidenschaft und Licht, hervor. Nach einer anderen Version findet Thot die verstreuten Teile von Horus' Auge, das ihm durch Seths sexuelle Übergriffe entrissen wurden, und fügt sie so zusammen, daß das Auge, der Geist des Horus, ein neues Sein gewinnt – heil und heilig geworden durch die Vereinigung mit der Leidenschaft und Vitalität des Seth.

Dieses Auge, Symbol der Synthese von Bewußtem und Unbewußtem, Geist und Materie, wird nun von Horus seinem Vater Osiris dargebracht, und der erlangt dadurch ein neues Leben. Einer alten (ca. 2250 v. Chr.) Sarkophaginschrift zufolge wurde das Horus-Auge als göttliche Wesenheit angesehen. In diesem Text wird kein Unterschied gemacht zwischen dem Horus-Auge und dem Auge des Ra. In einem der Pyramidentexte (Inschriften an den Wänden der inneren Grabkammern von Pharaonen und Königinnen der Sechsten Dynastie) heißt es, Ra, der Schöpfer und Sonnengott, höre die Worte der Götter mit dem Horus-Auge. Mit diesem Auge also kann der Gott offenbar seiner eigenen Schöpfung gewahr werden und zu ihr in Beziehung treten, den Kosmos als Manifestation seiner selbst erkennen. Der ägyptische König, als lebende Gottheit betrachtet, wurde als Repräsentant des Horus verehrt und wird in einem der Pyramidentexte Horus-Seth genannt.

Isha Schwaller de Lubicz gibt in seinem Buch *Her-Bak, Egyptian Initiate* ein Gespräch zwischen dem Weisen und seinem Schüler wieder, in dem Horus als das Wort Gottes bezeichnet wird,

> «... der dem Menschen, in welchem er den menschlichen Horus webt, Bewußtsein und Besitz nimmt. So inkarniert er sich im Menschen und bringt denen vollkommenes Erwachen, die dafür bereit sind.»
> «Horus hat viele Namen ...»
> «So viele, wie es Übergangsstadien gibt zwischen seiner Eigenschaft als universalem Lebenerwecker und seiner Verwirklichung in jenem Menschen, der vervollkommnet wurde durch das, was er im Laufe seines Daseins erlangte. Als das Horus-Prinzip im Werden wird er Hor der Entrückte genannt. Als «aus den Gliedmaßen des Menschen hervorgehend», wird er Hor *remett* genannt, und als dieser kämpft er mit dem Feind, der Seth-Persönlichkeit.»
> «Darf ich aber fragen, wo Horus in mir selbst ist?» ...
> «... Unsere Texte sagen, daß er ‹aus den Wirbeln ersteht›, das heißt aus dem zweifachen Feuer in ihnen. Daß ‹er dein spirituelles Herz zum Leben erweckt und deinen Mund und deine Augen dem Wirklichen öffnet›. Wenn er ‹in dir realisiert ist und dich schließlich aller deiner vergänglichen Namen entkleidet und dich von dem Menschlichen, das in deinen Gliedmaßen ist, befreit hat›, wird er ‹dein wahres Gesicht hervortreten lassen›, dein Maāt[universale Weisheit und Ordnung]-Gesicht, und dich zu einem der Ka [Essenzen] des universalen Horus machen›.»

Indem wir das Horus-Auge finden, entdecken wir unsere wahre Identität als das ewige Auge und Ich Gottes, der sich durch alle unsere Inkarnationen, durch all die Tore von Geburt und Tod ungehindert fortspinnt. Das Wesen des Horus-Auges ist das Wesen des Universums, in dem alles einst in vorbewußter Harmonie lebte; alles ging daraus hervor, und alles ist nun bestrebt, mit Bewußtsein in diese Harmonie zurückzukehren.

Von ihren Träumen inspiriert, flog Sally nach Ägypten. An vielen Orten – Abu Simbel, Luxor, Dendera, Abydos – hatte sie das Gefühl, Altvertrautes wiederzusehen, in eine Kindheits-Heimat zurückzukehren. In Dendera empfand sie eine längst vergessene Freude, Luxor war von einer Atmosphäre friedvollen Dienens erfüllt, und bei einem der Gräber im Tal der Könige fühlte sie sich traurig. Diese antiken Stätten wurden für sie auf zweierlei Weise lebendig: als uralte Stätten des Geistes und als halb erinnerte Episoden ihrer eigenen Geschichte.

Im einzigen Zimmer einer kleinen Hütte mit verrostetem Blechdach lernte sie Omm Seti, früher Dorothy Eady, kennen, eine alte Engländerin, die in ihrem jetzigen Leben ein anderes vollenden wollte, das sie vor dreitausend Jahren durch Selbstmord unterbrochen hatte. Seit vierundzwanzig Jahren lebte sie in dieser Hütte und kümmerte sich um den Seti-Tempel in Abydos, wo sie einst, so glaubte sie, als jungfräuliche Isis-Priesterin das religiöse Gesetz durch eine Liebschaft mit dem Pharao Seti I. (1306–1290 v. Chr.) verletzt hatte. Die Erinnerung an diese Zeit gab ihr nun nicht nur die Möglichkeit, jenes Leben zu Ende zu führen, sondern förderte auch einige für die Ägyptologie interessante Dinge zutage.

Auf ihrem Eisenbett in dieser schlichten Behausung neben dem Tempel liegend, erzählte sie Sally einiges über ihr Leben:

Ich bin in England, in Maidstone, geboren, mein Vater war Arzt. Mit sechs Jahren bin ich einmal die Treppe hinuntergefallen und war bewußtlos. Als der Arzt kam, erklärte er mich für tot und ging, um den Totenschein auszustellen. Als er zurückkam, spielte ich bereits wieder in meinem Zimmer. Damals fingen die Träume an – Träume von meinem Zuhause im Sand. Ich erzählte meinen Eltern davon und fragte sie, ob ich nicht nach Hause dürfte. Natürlich wußten sie nicht, wovon ich überhaupt redete.
Dann sah ich mal ein Bild vom Seti-Tempel in Abydos in einer der Zeitschriften meines Vaters. Als ich einige zerstörte Teile sah, schrie ich: «Wer hat mein Zuhause kaputtgemacht?» Und dann entdeckte ich den Sand um den Tempel und fragte: «Wo ist der Garten geblieben?» [Damals hatten die Archäologen den Tempelgarten noch nicht entdeckt. 1956 wurde er dann genau da gefunden, wo er nach Omm Setis Angaben sein mußte, wie Jonathan Cott berichtet.]
Von da an hatte ich während meiner Mädchenjahre immer wieder Träume von Abydos. Es waren meist glückliche Bilder vom Tempel als meinem Zuhause, und ich wäre so gern aus meinem englischen Exil dorthin zurückgekehrt. Einer dieser Träume war jedoch ein Alptraum. Ich lag in einem rückwärtigen Raum des Tempels auf dem Boden. Ich sah nichts weiter als die Füße der Priester und die Säume ihrer Gewänder, während sie mich mit einer Rute schlugen.
Als ich Anfang Zwanzig war, heiratete ich einen Ägypter und zog mit ihm nach Kairo. Fünfzehn Jahre blieb diese Stadt alles, was ich von Ägypten kennenlernte. 1952 gab ich meiner Sehnsucht nach Abydos dann endlich nach. Damals waren die Schilder an Straßen und auf Bahnhöfen nur arabisch beschriftet, und das konnte ich nicht lesen, aber als der Zug in Abydos hielt, erkannte ich sofort die Landschaft, stieg aus und ging schnurstracks zum Tempel, ohne mich auch nur einmal nach dem Weg zu erkundigen. Als ich ihn sah, war mir, als käme ich nach Hause.

Bald hatte ich den kleinen Raum im rückwärtigen Teil des Tempels gefunden und erkannte ihn als den Schauplatz meines Alptraums. Vielleicht war das der Augenblick, wo mir klar wurde, daß ich hierbleiben mußte, um die Arbeit zu Ende zu bringen, die ich in einem früheren Leben liegengelassen hatte. Nach dieser Entscheidung kam der Alptraum nie wieder.

Auf der holprigen Fahrt zurück nach Luxor dachte Sally über Omm Setis Geschichte nach und verglich die Erinnerungen dieser neunzigjährigen Frau vom alten Ägypten mit ihren eigenen. Das Wissen, einmal dort gelebt zu haben in jener Zeit, die Freude des Wiedersehens, das Gefühl der Vertrautheit mit bestimmten Orten – das war bei ihnen beiden gleich. Aber während Omm Seti sich durch die Erinnerungen an Abydos und ihre Liebe zu Seti I. aufgefordert fühlte, in Ägypten zu bleiben und dieses vor dreitausend Jahren abgebrochene Leben so weit wie möglich fortzuführen, fühlte Sally sich durch ihre Erinnerungen getrieben, diese frühere Heimat zu verlassen, die Essenz der Pharaonenzeit und ihres esoterischen Wissens mitzunehmen, damit es ihr Bewußtsein über die Grenzen des Persönlichen und Vergänglichen hinaustrug.

Es mag an dieser Stelle angebracht sein, ein paar allgemeine Bemerkungen zum Thema Wiedergeburt, Reinkarnation oder Seelenwanderung zu machen. Was ist das eigentlich, was sich da immer aufs neue inkarniert? Im Buddhismus – und nicht nur dort – gilt die Vorstellung eines individuellen, gesonderten Ich und damit auch einer individuellen Seele als pure Illusion. Mithin kann es auch keine Wiedergeburt individueller Seelen geben. Was aber bestehenbleibt, so könnte man vielleicht sagen, sind bestimmte Persönlichkeits- oder besser Bewußtseinszüge, die während einer Lebensspanne nicht mit dem Einen Universalen Sein – dem Selbst – eins geworden sind.

Neben der Idee aufeinanderfolgender Leben gewinnt die

Vorstellung von parallelen Inkarnationen in jüngster Zeit immer mehr Interesse: Verschiedene Aspekte unserer selbst inkarnieren sich gleichzeitig in verschiedenen Körpern, machen verschiedene Erfahrungen, wodurch unterschiedliche Entwicklungschancen erschlossen werden.

Doch wie die Wahrheit über Reinkarnation im einzelnen auch aussehen mag, klar scheint jedenfalls zu sein, daß ein einziges Leben nicht genügend Erfahrung bieten kann für all die psychischen und physischen Wandlungen, die notwendig sind, um unser Einssein mit dem Selbst zu realisieren. Freilich, das einzige was uns von der Wirklichkeit früherer Leben tatsächlich überzeugen kann, ist die Erfahrung eines solchen Lebens. Wenn wir eine solche Erfahrung gemacht haben, können andere Erklärungen uns nicht mehr überzeugen oder befriedigen – etwa daß es ein bloß symbolisches Geschehen sei, bildhafter Ausdruck nichtintegrierter Aspekte unserer Seele, oder daß wir irgendwie in die Schwingungsfrequenz eines anderen Abschnitts der Menschheitsgeschichte hineingeraten seien.

Wenn wir ein Leben als Ausschnitt aus einem komplexen Geflecht von Inkarnationen begreifen, sind wir eher geneigt, uns für das Ganze und die Einzelheiten eines Lebens selbst verantwortlich zu fühlen. Denn anstatt unangenehme und schwierige Lebensumstände einfach als unbegreifliches und unverdientes Pech aufzufassen oder andere als die Urheber unserer Probleme zu sehen, können wir uns dann klarmachen, daß unsere persönliche Veranlagung und die Ereignisse unseres Lebens Folge und Abbild unseres Handelns und Seins in einem früheren Leben sind und damit eine Entwicklungs- und Heilungschance in diesem Leben – die Chance zu lernen, anstatt zu lamentieren.

Andererseits kann der Reinkarnationsgedanke unserem Werden aber auch im Wege stehen. Mit einer solchen Idee bewaffnet, neigt manch einer dazu, den Balken in seinem Auge nicht mehr zu bemerken oder für nichtexistent zu erklären.

Eine persönliche Antipathie beispielsweise ist dann einfach «karmisch», Ausdruck unliebsamer Vorfälle zwischen mir und dieser Person in einem früheren Leben; man erspart sich damit die schwierige und unangenehme Aufgabe, in sich selbst nachzuforschen, ob diese Antipathie vielleicht Ausdruck einer negativen Projektion ist, also ein Aspekt der eigenen Häßlichkeit, der vom anderen nur reflektiert wird.

Zum Glück hat die psychische Entwicklung ihre ganz eigene Gangart, die uns vor solchen Entgleisungen in gewissem Maße bewahren kann. Denn solange man die Erforschung früherer Leben nicht gewaltsam oder übereilt vorantreibt – etwa durch Hypnose oder Drogen oder allzu intensives bewußtes Forschen –, stellen sich solche Erfahrungen in der Regel erst dann ein, wenn uns die dunklen Seiten unserer Seele bewußt genug geworden sind und wir genügend Projektionen zurückgenommen haben, um hellhörig für die Gefahren dieses Terrains zu werden. Natürlich kann auch eine Reinkarnationstherapie, durchgeführt mit dem nötigen Verständnis für die kathartischen Möglichkeiten, die im Erinnern erlittener oder zugefügter Verletzungen in früheren Leben liegen, das Auffinden und Heilen unseres vergrabenen Schmerzes fördern.

Auf jeden Fall wird uns erst, wenn wir genug von unserem Sein zusammengetragen haben, um seine zeitlose Wirklichkeit zu erkennen, und sich dann Erinnerungen an andere Leben spontan einstellen, mehr als bloßes Wissen um unsere Geschichte zuteil. Es fließt uns darüber hinaus eine psychische Energie zu, die in demselben Maße, wie wir sie ins Bewußtsein integrieren, unsere Erfahrung der Seele, der Welt und dieses Erdenlebens erweitert und wandelt. Solches Er-innern führt dazu, daß wir der Dinge deutlicher innewerden.

Fast jeder Tag dieser Woche in Ägypten rief in Sally bruchstückhafte Erinnerungen an ein früheres Leben wach, und immer weitere Facetten fügten sich in das Gesamtbild. Doch erst in den letzten Stunden vor ihrer Heimreise erkannte sie den psychologischen Wert der Wiederanknüpfung an ein früheres Leben. Sie saß auf der Kante eines hohen, harten Bettes in einem der etwas heruntergekommenen Zimmer eines alten Kolonialhotels in Kairo. Sie hatte ihre Taschen für den Rückflug gepackt und dachte über die inneren Ereignisse der letzten Wochen nach. Unter den vielen Erinnerungsbildern war eines, das von besonderer Kraft zu sein schien. Das war ein Augenblick im Tempel von Luxor, der ihr nicht nur Einblick in eine Episode ihrer Vergangenheit verschafft, sondern ihre Erfahrung der Gegenwart vollkommen verwandelt hatte.

Sie war an jenem Morgen unter den ersten Touristen vor den Tempeltoren gewesen. Die Sonne war gerade erst aufgegangen und hatte noch nicht die Kraft, den kalten Dunst zu vertreiben, der zwischen den alten Mauern und Säulen hing. Als sie da draußen stand vor diesen massigen Steintoren, traten ihr Tränen in die Augen, und sie wußte nicht gleich, wieso. Es waren keine traurigen Tränen, sondern eher Tränen des Erinnerns. Sally fühlte sich wie in eine uralte Heimat zurückgekehrt, an einen lange vergessenen Ort, der viele schöne und zarte Erinnerungen barg.

Das Betreten des äußeren Hofs war wie ein Heimkehren nach endlos langer, einsamer Verbannung. Doch erst im inneren Heiligtum, einem kleinen Raum im Zentrum des Tempels, kamen die Bilder des Erinnerns. Allein in diesem Halbdunkel, von feuchtkalten Steinen und Reliefs umgeben, fühlte sie die Priesterin in sich erwachen – eine aus einer Gruppe von Priestern und Priesterinnen, die sich der Vermittlung zwischen Geist und Erde geweiht hatten und diesem Ziel mit vereinten Kräften dienten. Es waren Männer und Frauen, die alles Persönliche geopfert hatten, um dem göttlichen Geist dienen zu können und sich nicht nur selbst von ihm an Körper und Seele läutern zu lassen, sondern ihn auch an jene weiterzugeben, die außerhalb des Tempels waren.

Doch das Gefühl, zwischen der Welt der Götter und der

Welt von Materie und Form zu vermitteln, bewegte sie nicht so sehr wie das Bewußtsein, Mitglied einer Gruppe Gleichgesinnter zu sein, die sich alle diesem Ziel geweiht hatten. Ersteres war nicht grundsätzlich verschieden von der Arbeit, die sie nun im 20. Jahrhundert tat. Der zweite Aspekt dieser Erinnerung jedoch, Angehörige einer Tempelpriesterschaft gewesen zu sein, berührte einen ihrer wundesten Punkte.

Schon als kleines Mädchen hatte Sally sich allein gefühlt mit ihren Interessen und den Dingen, die sie bewegten, manchmal unerträglich allein und irgendwie abgeschnitten von dem, was die Menschen in ihrer Umgebung wichtig nahmen und erstrebten. In den Jahren der Tiefenanalyse hatte sie unterscheiden gelernt zwischen der Grund-Einsamkeit des Daseins und jenem neurotischen Einsamkeitsgefühl, das aus der Abwehrhaltung gegenüber möglichen Schmerzen und Verwundungen entsteht und letztlich nichts anderes ist als eine Entfremdung von der eigenen Seele. Von dieser neurotischen Einsamkeit, der Isolation hinter dicken Schutzschilden, hatte die Analyse sie weitgehend befreit. Aber da war noch eine dritte Art von Einsamkeit, und die war bisher unberührt geblieben: Sie war verbunden mit dem Gefühl, daß sie die Aufgaben dieses Lebens im wesentlichen allein zu bewältigen habe, ohne Rückhalt durch die physische Gegenwart Gleichgesinnter.

Die Erinnerung an eine Zeit, ein Leben, wo sie eingebettet gewesen war in eine Gemeinschaft von Menschen, ähnlichen Aufgaben gewidmet wie denen, die sie jetzt allein zu bewältigen hatte, gab ihr neuen Mut und neues Zutrauen, neue Kraft, diese Arbeit immer weiter zu vertiefen. Das Wissen, einmal die Geborgenheit der Gemeinschaft erlebt zu haben, die ihr jetzt mangelte, linderte und löste die Einsamkeit dieses Lebens. Diese lebendige Gemeinschaft, der sie einmal angehört hatte, empfand sie nicht einfach als einen Teil ihrer Geschichte, sondern als immer noch vorhanden und verfügbar. Sie spürte die lebendige Präsenz dieser Menschen, obgleich sie nicht wußte, ob sie jetzt gerade irgendwo inkarniert waren oder auf anderen Ebenen existierten. Und spielte das überhaupt eine Rolle? Nein, es kam nur auf die Erfahrung der unauflösbaren Verbindung zwischen diesen Menschen an, die ihr Leben der Wiederverknüpfung von Erde und Geist widmeten.

Es war eine ganz andere Sally, die an jenem Abend auf dem Flughafen von Kairo an Bord ging. Bei der Ankunft hatte sie sich ungefähr so alt gefühlt, wie ihr Körper war – einunddreißig. Jetzt fühlte sie sich wie eine Viertausendjährige in einem einunddreißigjährigen Körper. Die um ein Vielfaches gedehnte Zeitachse ihres Lebens veränderte die Proportionen so mancher Gefühle und Ereignisse ihrer jetzigen Inkarnation; was einst groß und dräuend dagestanden hatte, wirkte klein im Angesicht der Jahrtausende. Nicht, daß die Dinge an Bedeutung verloren hätten; sie besaßen nur nicht mehr die Macht, sie zu bedrohen. In diesem Augenblick im Tempel hatte ihr Bewußtsein eine solche Erweiterung erfahren, daß ihr die großen Gezeitenschwünge ihres Lebens jetzt als kleine Wellenkräusel erschienen.

Veränderungen des Wahrnehmungsmaßstabs sind eines der Barometer unserer Entwicklung. Die Zeit scheint in demselben Maß zu schrumpfen, wie unsere Seele an Weite und Tiefe gewinnt. Ein Kind kann vielleicht eine Stunde auf etwas warten, ein Erwachsener ein Jahr; wer den Atem früherer Leben gespürt hat, dem macht es möglicherweise nichts mehr aus, ein ganzes Leben lang zu warten.

Und so schwindet auch der Raum. Einst erlebten die Menschen den Dorfbrunnen als die Mitte ihres Universums und wagten sich nicht weit davon weg. Allmählich wuchs ihr Universum, und schließlich entstand ein Nationalbewußtsein. Heute tritt allmählich – und vielleicht zu langsam – ein Weltbewußtsein an die Stelle des Nationalbewußtseins, ein Wissen um die Gemeinschaft der einzelnen und der Nationen und um die Abhängigkeitsbeziehungen zwischen ihnen und der Erde.

Und dabei bleibt es nicht, denn mit dem Erinnern früherer Leben geht auch das Gefühl einher, daß das Weltbewußtsein noch nicht die Grenze darstellt: ein Gefühl von galaktischer, ja mitunter sogar von intergalaktischer Gemeinschaft. Wir erkennen, daß es viele Dimensionen des Seins gibt, andere Welten als die Erde, in denen wir leben und werden können. Sie alle sind untrennbar miteinander verbunden, und für die Bewohner einer jeden Welt kommt es letztlich darauf an, in Harmonie mit allen anderen zu denken, zu fühlen und zu handeln.

8 Es führt kein Weg zurück

Orpheus war ein so begnadeter Sänger, daß die ganze Natur wie verzaubert lauschte, wenn er sang und die Leier schlug. Alle Kreaturen folgten ihm dann, und selbst Bäume, Pflanzen und Steine fühlten sich von der Schönheit seiner Musik angezogen.
Er verliebte sich in die Nymphe Eurydike und heiratete sie. Eines Tages, als sie sich der Werbung des Aristaeus entziehen wollte, trat sie auf eine Schlange, wurde von dieser ins Bein gebissen und starb.
Von Schmerz überwältigt, hörte Orpheus auf, zu singen und zu spielen, und verbrachte seine Tage traurig und stumm. Schließlich machte er sich auf die Suche nach Eurydike. Am Tor zur Unterwelt konnte er den Wachhund Cerberus mit seinem Leierspiel betören und wurde eingelassen. Die Bewohner der Unterwelt waren von seiner Musik ebenso verzaubert wie die der Oberwelt. Hades und Persephone erfüllten ihm seinen Wunsch, Eurydike mit sich zurück in die Oberwelt zu nehmen – unter der Bedingung, daß er voranging und sich nicht nach Eurydike umschaute, bis sie das Tor passiert hatten.
Da machten sie sich gemeinsam auf den Weg, Orpheus voran und Eurydike hinterdrein. Lange Zeit widerstand Orpheus der Versuchung, sich nach seiner geliebten Frau umzuschauen. Doch als er das erste Licht der Oberwelt erblickte, war seine Widerstandskraft gebrochen, er wandte

sich um und schaute ihr ins Gesicht. Augenblicklich verwandelte sie sich in eine Nebelgestalt und verschwand in der Unterwelt.

Nach dem Tod – nach der Opferung von allen Verhaftungen und Identifikationen, von allem Besitz und aller Sicherheit, von jedem Ding oder Wesen, auf das wir etwas projiziert hatten und von dem wir dadurch abhängig waren – beginnen lange, leere Tage der Trauer und Traurigkeit.

Emotionen wie Leidenschaft, Begierde, Zorn und Haß verfliegen von selbst, wenn wir bereit und fähig sind, die Projektionen, die ihnen Leben gaben, zurückzunehmen, wenn wir die Wunden und Schmerzen erkennen, vor denen wir uns mit solchen Emotionen zu schützen versuchen. Aber die tiefe Niedergeschlagenheit, die auf die Opferung von Ego-Verhaftungen folgt, kann uns endlos erscheinen. Sie überzieht die Tage und Nächte mit tiefhängenden, dunklen, unbewegten Wolken, aus denen kein Regen fällt und durch die keine Sonne dringt. Aller Halt an der Welt ist uns entzogen: gesellschaftliche und berufliche Verpflichtungen, die einst Stütze und Sicherheit waren; Freunde, mit denen man Freud und Leid teilen konnte; eine Liebesbeziehung mit ihrer tiefen Vertrautheit und Geborgenheit; Heim und Familie. Sinn und Zweck dieses Lebens, wir finden sie nicht mehr, und an ihrer Stelle ist nichts als ein lastendes Nichtwissen, dunkle Heimatlosigkeit.

Und wie die Opfer und Verluste die Seele entleeren, so entkräften sie auch den Körper, nehmen ihm seine Vitalität und seine Spannkraft, untergraben seine Widerstandsfähigkeit. Denn Körper und Seele sind, wie gesagt, nicht unabhängig voneinander, sondern zwei Manifestationen ein und desselben Seins. Ist die Seele leer, so wird es bald auch der Körper sein.

Diese Zeit des Trauerns, mag sie auch wichtig, ja unvermeidlich sein, ist also eine nicht ganz ungefährliche Etappe unserer Reise, ein Schwellenstadium, in dem alte Energiequellen – Verhaftungen an Dinge, Menschen und Situationen – versiegen und neue dem Bewußtsein noch nicht erschlossen wurden. In dieser Finsternis sind wir versucht, zurückzuschauen und nach den Dingen zu greifen, die uns früher Halt gaben. Doch die Entfaltung der Seele ist ein Fluß, dessen Lauf man nicht umkehren kann. Etwas ganz anderes sind die Augenblicke auf dem Weg des Werdens, wo das Bewußtsein sich zurückwenden muß, um ungeheilte Wunden und vergrabene Züge der Seele zu er-innern. Das ist mehr ein Anlaufnehmen, ein «reculer pour mieux sauter», wie Jung es nannte. Grundsätzlich aber kennt der Strom nur eine Richtung.

An etwas festzuhalten, dessen Zeit um ist, auf einer Bewußtseinsebene zu verharren, der wir entwachsen sind, bedeutet, daß wir den Strom unseres Werdens verlassen. Zunächst mag sich das ganz gut anfühlen, eine Wohltat, ein kleiner Urlaub von all der Qual und Traurigkeit. Doch Behagen und Sicherheit verlieren bald alles Friedvolle und werden zu Gitterstäben. Wenn ein Kind laufen gelernt hat, und sich dennoch immer wieder an die Mutter klammert, wird man bald Zeichen einer wachsenden Unzufriedenheit und Verärgerung an ihm bemerken. Einem Erwachsenen geht es nicht anders, wenn er auf der Flucht vor den Schmerzen und Ängsten einer neuen Entwicklungsphase auf abgelebte Muster zurückgreift. Wir fühlen uns dann eingesperrt und erdrückt, abgeschnitten von dem Leben, das die nächste Phase unserer Entfaltung verspricht – und wir grollen denen, die bei unserer Regression mitgespielt haben.

Warum empfinden wir jeden Rückschritt am Ende als Freiheitsverlust und werden höchst unzufrieden? Weil bei jedem Schritt unserer Entwicklung etwas unwiederbringlich stirbt. Entwicklungsschritte sind überhaupt nur aufgrund dieses Sterbens möglich. Der Tod einer alten Struktur setzt die in ihr gefangene Energie frei, und diese Energie geht nie wieder von selbst in die gleiche Form ein. Eine durchtrennte Nabelschnur ist endgültig durchtrennt; sie ließe sich allenfalls vorübergehend durch künstliche Mittel ersetzen. Das gilt nicht nur bei Neugeborenen, sondern für jede «Abnabelung» in unserem Leben. Selbst wenn nur ein kleiner Teil, eine Vorhut unseres Seins, den Tod auf sich nimmt, der eine neue Geburt möglich macht, werden die Verbindungen zur alten Ordnung durchtrennt, und weder Angst noch Wehmut kann diese alte Ordnung auf organische und befriedigende Weise wiederherstellen. Es gibt nach einem solchen Tod nur eine einzige schöpferische Alternative: Wir müssen dem Rest unseres Seins die Möglichkeit geben, unsere Vorhut einzuholen.

Nach dem großen Tod – dem endgültigen Aufgeben jedes Versuchs, in vergänglichen Dingen und Umständen Erfüllung und Sicherheit zu finden – sind Körper und Seele durch die verwandelnde Berührung des Selbst so weit sensibilisiert, daß jeder Rückschritt eine ernsthafte Gefährdung darstellt. Die psychischen Energien, die wir früher in Emotionen wie Zorn, Haß und Begierde entladen konnten, ohne daß dem Körper dadurch allzusehr geschadet wurde, schädigen, ja zerstören den Körper, wenn er durch die Feuer des Selbst sensibilisiert und verfeinert worden ist.

Das Prinzip der Nicht-Umkehr gilt auch in den glücklicherweise seltenen Fällen, wo nicht Wehmut oder Angst uns zum Rückschritt bewegen, sondern die bewußte oder unbewußte Ahnung, daß wir in unserer Entwicklung etwas übersprungen haben, das wir nun erst nachholen müssen, bevor es einen Sinn hat weiterzugehen. Solche Versäumnisse, die später zu großen Behinderungen werden können, kommen manchmal vor, wenn unsere spirituelle Entwicklung nicht von wirklich klarsichtigen und erfahrenen Lehrern begleitet wird.

Wenn sich etwa jemand mit großer Entschlossenheit und Disziplin einer meditativen Praxis widmet, werden bestimmte Bereiche seiner Seele mit der Zeit empfänglicher für spirituelle Energien, und diese Veränderungen setzen sich dann um in eine radikale Verwandlung des Körpers. Wenn dieser Mensch nun aber bei seinem redlichen und zielstrebigen Bemühen um spirituelle Entwicklung die gröberen Anteile seiner Seele übersah oder nicht zur Kenntnis nahm, wird der empfindlicher gewordene Körper vielleicht später nicht mehr in der Lage sein, diese verleugneten, jedenfalls unaufgearbeiteten Aspekte, die irgendwann zum Hindernis werden, noch zu integrieren. Mit anderen Worten: Wenn die Feuer des Geistes zu stark geschürt werden, bevor wir in die Tiefen unseres Seins abgestiegen sind und unsere irdische Natur erfahren und integriert haben, ist der Körper nach etlichen Jahren vielleicht nicht mehr fähig zu solch einer Reise des Er-innerns, zu sehr verfeinert, zu empfindlich, als daß er den gröberen Energien, die im Unbewußten eingeschlossen blieben, noch standhalten könnte – zu einseitig entwickelt, als daß er in diesem Leben noch seine Ganzheit realisieren könnte.

Elisabeth Haich erzählt in ihrem autobiographischen Bericht *Einweihung* von einer solchen Tragödie, die sich im alten Ägypten ereignete:

> Der Fremde verbeugt sich tief, aber ich sehe, daß er es ohne Überzeugung tut. Hier im Lande betet mich das Volk an. Sie wissen, daß ich eine eingeweihte Priesterin – die Dienerin Gottes – bin. Der Fremde weiß auch, daß ich Priesterin im Tempel bin, aber er weiß nicht, was «Einweihung» bedeutet. Er weiß nicht, daß unser Wissen kein auf menschlichen Vorstellungen begründetes «Für-wahr-Halten», kein «Glauben», sondern das Erkennen der Wahrheit, des göttlichen Allwissens, bedeutet! Ich werde aber seine Augen öffnen, ihn in das Geheimnis des Menschen und des Weltalls, in das Geheimnis der ganzen Schöpfung, einführen.
> «Wenn du wahres Wissen erlangen willst», sage ich ihm, «mußt du zuallererst dich selbst kennenlernen. Du mußt wissen, was du selbst bist. Denn wenn du dich selbst kennenlernst, wirst du entdecken, daß alle Wahrheiten in deinem eigenen Wesen verborgen liegen, folglich lernst du mit der Selbsterkenntnis gleichzeitig alle Geheimnisse der Welt

kennen. Löse also zuerst das große Geheimnis, das große Rätsel unserer Sphinx: den Menschen selbst! Du mußt erkennen, was du bist!»

Der Fremde schaut mich zuerst aufmerksam an, dann fängt er an zu lächeln.

«Ich soll kennenlernen, was ich bin? Das weiß ich aber schon längst! Wie wäre das ein großes Geheimnis? Es scheint aber, o Königin, daß du nicht weißt, was ich bin, und deshalb sage ich dir: ich bin ein Mann!» Und er lacht laut und herzlich, daß er alle seine großen weißen Zähne zeigt.

Ach! Er ist wie ein großes Kind. Er lacht so mitreißend, daß ich selbst auch lachen muß.

«Ich weiß sehr gut, daß du ein Mann bist...», sage ich, aber ich kann den Satz nicht beenden, weil der rote Riese mir ganz unartig ins Wort fällt: «Königin, es scheint mir, daß du nicht nur das nicht weißt, daß ich ein Mann bin, sondern daß du überhaupt nicht weißt, was ein Mann ist. Ich bin kein Priester und kann die Gedanken nicht lesen, wie ihr es könnt, aber ich kenne die Frauen, und ich sehe, daß du noch etwas überhaupt nicht weißt – oder hast du es vollkommen vergessen? –, und das ist: was du bist! Daß du eine Frau bist! Wie willst du mich die inneren Geheimnisse des Menschen und des Weltalls lehren, wenn du diese einfache Wahrheit, die ein jeder Mensch sieht, nicht weißt?»

«Ich weiß sehr gut, daß ich eine Frau bin», sage ich würdig; der Fremde lächelt frech, ich fahre aber ungestört fort, «aber die äußere Form ist nur die Hülle des inneren Wesens... Die Person, die körperliche, materielle Erscheinung, ist nur die eine Hälfte des wahren Wesens. Die andere Hälfte ist im Ungeoffenbarten, im Unbewußten, geblieben. Ob eine Erscheinung männlich oder weiblich ist, hängt davon ab, welche Hälfte sich verkörpert hat...»

«Königin», antwortet der Fremde, «aus deinen schönen Worten verstehe ich nur eines ganz klar..., daß meine kör-

perliche Erscheinung, wie du das so schön ausdrückst, nur die eine Hälfte einer Einheit ist... Ich bin ein Mann, und meine andere Hälfte kann nur eine Frau sein, die mir das vollkommene Glück gibt. Für eine solche Frau würde ich gerne auch mein Leben hingeben.»
Ich fühle einen warmen Blutstrom in meinem Körper strömen, der meinen Kopf erreicht...

«Schau», sage ich zitternd, «es hatte wirklich keinen Sinn, daß du hierhergekommen bist, um mich zu sehen, denn wir können einander überhaupt nicht begegnen. Ich will dich auf die geistige Ebene erheben, und du willst mich auf die Ebene des Körpers hinunterziehen. Es hat keinen Sinn gehabt, diesen Kampf zu führen. Gehe in Frieden in deine Heimat zurück, und wir werden uns nie mehr wiedersehen.»
Auf meine Worte steigt ihm das Blut in den Kopf, ich sehe, wie sein Gesicht, sein Hals, der ganze Mund dunkelrot wird...
Dann, ohne daß ich Zeit hätte, mich zu verteidigen, erfaßt er leidenschaftlich meinen Arm wie mit einer eisernen Zange, reißt mich an seine mächtige Brust, umarmt mich, drückt meinen Kopf nach hinten, preßt seinen Mund auf meine Lippen mit solcher Kraft, daß ich meinen Atem verliere...
Als ich sein wildes Gesicht sich mir nähern sah, überwältigte mich ein vernichtender Schreck. Ich wollte ihn wegstoßen und mich befreien, aber als er mich plötzlich in seine kräftigen Arme schloß und seinen brennend heißen Mund auf meine Lippen preßte, schlug sein Feuer auf mich über, ich verlor die Herrschaft über mich, und ohne Widerstand übergab ich mich der aus dem Schreck sich plötzlich in eine überwältigende Wonne verwandelnden vollkommenen Hingabe. Es wurde mir bewußt, daß ich ihn liebte, vom ersten Augenblick an liebte, mit Seele und Körper, mit meinem ganzen Wesen, unendlich, leidenschaftlich liebte.
Das Feuer überflutet mich unwiderstehlich wie aus einem

gigantischen Vulkan, lodernde Flammen verschlingen mich, ich fühle, wie mein Rückgrat zu einer aus prasselnder Glut gebauten Brücke wird, die aus sieben funkelnden Fackeln brennt, jetzt bin ich aber nicht mehr in der unbeweglichen Achse meines Rückgrates, nicht mehr im Mittelpunkt, von wo mein wahres Selbst das Feuer des Lebens ausstrahlt, sondern mein Bewußtsein ist gefallen in meinen brennenden Körper, und knisternde, prasselnde Blitze durchrasen meine Adern, mein ganzes Wesen. Alle meine Nerven glühen, alle meine Gedanken löschen, sie brennen mein Bewußtsein aus und vernichten mich... dann verschwindet alles...

Ich liege auf meinen Knien vor Ptah-hotep...
«Vater meiner Seele, rette mich! Nimm dieses Feuer aus meinem Körper, gib mir meine Freiheit zurück! So kann und will ich nicht mehr weiterleben...
Ich verlor mich selbst, ich bin vernichtet, ich habe keine Herrschaft mehr über mich, ich kann nicht mehr denken, was ich will, die Gedanken beherrschen mich und zerreißen meinen Kopf.
Hilf mir, Vater meiner Seele, hilf mir in die himmlische Höhe zurück, wo geistige Klarheit, Reinheit und Freiheit herrschen...»
Aber ich höre keine Antwort...

Sterben will ich – sterben!...
Aber ich kann nicht! Ich kann nicht sterben! Ich muß das Feuer, das mich verbrennt und meine Nerven zerstört, in mir tragen. Ich kann mir nicht entfliehen... Vor meinen geschlossenen Augen sehe ich blendendes Feuer, Glut und Flammen, rote lodernde Flammen wie die Haare des Fremden... wie die Haare der Löwen...
Die Löwen! – Ja, zu ihnen will ich...
Ich gehe zu meinen Löwen. Sie empfangen mich mit ge-

senktem Kopf und mit hochgezogenen Nasenflügeln. Sie riechen einen fremden Geruch an mir, sie fühlen, daß fremde Ausstrahlung an mir haftet. Ich gehe zu Shima und streichle ihm den Kopf. Shu-Ghar fängt laut an zu knurren, krümmt sich langsam zusammen und macht sich sprungbereit. Wut und Eifersucht funkeln in seinen Augen, und der Lebensinstinkt erwacht in mir. Ich schleudere meinen Willen gegen Shu-Ghar, so wie ich ihn bei den Wagenfahrten mit meinem Willen lenkte. Aber vor Entsetzen kalt werdend, spüre ich, daß ich meinen Willen nicht mehr schleudern kann! Mein Wille ist lahm und tot, und der Löwe springt...

Auf einmal zieht eine unnennbare Kraft mein Bewußtsein irgendwohin, und ich erwache. Ich liege auf einem Sarg und fühle meinen Körper nicht. Mein Bewußtsein ist verschwommen, ich weiß nur, daß ich aufstehen will, aber nicht kann... Ich bin in meinem geistigen Körper, den aber das magische Band noch immer an meinen materiellen Körper aus Knochen und Fleisch bindet. Der Körper liegt einbalsamiert im Sarg, und ich liege in derselben Stellung, in meinem geistigen Körper, auf ihm.

Wenn wir die flammende Kraft der Löwen in unserer Seele oder irgendeinen anderen unserer animalischen Instinkte fürchten oder verleugnen, werden sie unsere Feinde. Und nicht etwa, weil sie von Natur aus feindselig sind, sondern weil sie durch unsere Zurückweisung der Möglichkeit beraubt wurden, ihren Platz im gesamten Gefüge des Seins zu finden. Sie werden dann zu verwilderten Bestien, die man einsperrt oder herumstreunen läßt, die aber nicht Aufnahme finden in die Ganzheit unserer Seele.

Eine Zeitlang war Elisabeth Haich in ihrer ägyptischen Inkarnation durch ihre Unschuld vor der Wildheit der Löwen geschützt. Doch gerade in dieser ursprünglichen Unschuld blieb ihr der eigene Körper mit seinen Instinkten und seiner Sexualität fremd – es fehlte die Verbindung zur Erde. Ohne diese zweite Hälfte ihres Seins wäre sie nie dazu gekommen, ihre Ganzheit zu verwirklichen, die Einheit mit der Schöpfung. Der Absturz aus der reinen Luft des Geistes in den Abgrund der Leidenschaft war ebenso jäh wie katastrophal. Das muß nicht so sein, wenn wir uns bewußt unseren Instinkten und Leidenschaften zuwenden, ihr Vorhandensein akzeptieren und zulassen können.

Wenn wir die wilden Tiere unseres Inneren annehmen und ihnen einen Platz im Bewußtsein einräumen, anstatt sie in die Wildnis des Unbewußten zu verbannen, verwandelt sich die animalische Natur, und nicht nur in uns selbst. Jeder weiß, daß Tiere instinktiv auf die seelische Verfassung eines Menschen reagieren; wir kennen die Katze, die auf bestimmte Menschen spontan zugeht, das Pferd, das beißt oder auskeilt, wenn ein bestimmter Mann sich ihm nähert. Indem wir unsere eigenen inneren Tiere lieben lernen, schwindet nach und nach die Neigung, die unguten Beziehungen zu unseren Instinkten auf die Tiere der Erde zu projizieren, und diese werden uns dann auf andere Weise als bisher begegnen. Denn auch Tiere, ja alle Dinge dieser Erde, verlangt es nach ihrem Werden. Aber es mangeln ihnen die Bewußtseinsmöglichkeiten des Menschen, und so sind sie in gewisser Weise abhängig von uns. Wir allerdings bis zu einem gewissen Grade auch von ihnen, wenn wir Zugang zur Weisheit unserer Instinkte suchen.

9 Dem Schmerz entwachsen

Agnes drehte sich um. Ihr Gesicht leuchtete rotbraun vor dem hellen Grün dieses windklaren Tages.
«Lynn, woran glaubst du?»...
«Hm, ich glaube daran, ehrlich zu sein.»
Agnes lachte leise. Sie legte ein Steinchen vor mich auf die Erde. «Weiter, was noch?»...
Ich fuhr fort und schilderte ihr alle meine bedeutenden politischen und ethischen Werte. Als ich geendet hatte, lag ein ziemlich großer Steinhaufen vor mir.
«Was soll das bedeuten?» fragte ich und zeigte auf den Haufen.
«Diese Steine bezeichnen alle deine Überzeugungen. Es gibt den Ring der Welt und den Ring des Selbst. Deine Ringe sind wie Nester, die dich einhüllen – sehr tröstlich. Aber du mußt die Existenz solcher sicheren Nester erkennen. Du mußt sehen, daß du auf diesen Steinen hockst, als ob sie Eier wären – und du die Henne, die sie ausbrütet. Du mußt erkennen, daß du nicht frei bist, weil du dein Nest der Selbst-Verblendung nie verlassen wirst.» Agnes deutet auf die Steine. «Das ist dein Nest. Wenn du willst, kannst du den Rest deines Lebens damit verbringen, dies alles auszubrüten. Diese Eier werden die Grenzen deiner Erfahrung sein.»
Sie stieß ihren Mokassin gegen den Rand des Steinhaufens. «Aber da gibt es ein Ei – und du tätest gut daran, es auszu-

brüten –, das im Einklang mit dem Großen Geist steht. Es ist der heilige Stein im Zentrum des Ringes. Brüte den heiligen Stein aus, und du wirst die Königin der Vögel ausbrüten, die mit ihren Fängen alle Schranken der Wahrnehmung niederreißt. Ob du mir glaubst oder nicht – brüte die Vorstellung aus, daß der Ring des Selbst zugleich auch der Ring des Universums ist. Denn du selbst bist die Vogel-Königin, die sich in alle Ewigkeit aufschwingt, grenzenlos und ohne Schranken. Nur die Vogel-Königin baut ein wahres Nest ohne Trennung» (Andrews, *Die Medizinfrau*).

Durch immer weitere Verluste und Opfer wird die Depression immer tiefer. Und da es kein Zurück gibt, wenn wir nicht wie Lots Weib erstarren wollen, der Vitalität beraubt, die wir nur haben können, wenn wir mit unserem Strom fließen, müssen wir weiter. Aber wohin? In den dunklen Löchern der Depression ist es nicht leicht, die Antwort zu hören. Ringsumher Tod und Sterben, der Zerfall einer alten Ordnung des Seins – kaum Hinweise auf das Neue.

Aber die Seele wird allmählich leerer in dieser Verfassung, Verhaftungen an Vergängliches lösen sich; damit wird sie empfänglicher für den Ursprung von Licht und Liebe, das Selbst. Jetzt werden meditative Praktiken besonders wertvoll, denn sie lassen uns still werden, damit wir das Selbst einlassen und mit ihm verschmelzen können. Der Schleier, der das individuelle Bewußtsein vom Selbst trennt, hauchdünn geworden durch viele Schritte der seelischen Wandlung, steht nun vor seiner Auflösung.

Dies ist eine Zeit, in der etwa ein Gedicht wie T. S. Eliots «Ash Wednesday» uns in einem ganz neuen Licht erscheinen kann (s. S. 198/9). In dieser Zeit schwankt unser Bewußtsein manchmal ziemlich unberechenbar zwischen Leere und Fülle; mal trauern wir all dem nach, was wir preisgeben mußten, mal sind wir erfüllt von der heiteren Gelassenheit des Alls, des ICH BIN. Und das Alltagsleben wird immer schwieriger.

Da der Schleier zwischen Körper und Seele dünner wird, kann immer mehr spirituelle Energie in die Seele einströmen und sie läutern; ihre wachsende Sensibilität teilt sich auch dem Körper mit, aber er wird nicht nur empfänglicher, sondern auch empfindlicher. Der relativen psychischen Autonomie entkleidet, die in der Identifikation mit einer gesonderten Ego-Persönlichkeit bestanden hatte, aber noch ohne die neue Identität des Selbst, werden wir in dieser Zeit besonders verwundbar, weil wir wie ein Schwamm die Atmosphäre jeder Situation aufsaugen, in der wir uns gerade befinden. Ist es eine spirituelle Atmosphäre, so gewinnen wir; aber in den meisten Lebenszusammenhängen begegnen wir eher gröberen Energien, die uns entleeren und entkräften. Die emotionalen Energien unserer Zeit, das endlose Umwälzen von Lust und Schmerz, Mögen und Nichtmögen, das nicht nur viele Filme und Druckerzeugnisse, sondern auch unsere Gespräche füllt, setzt Körper und Seele in diesem gewandelten, aber ungeschützten Zustand Belastungen aus, denen sie in dieser Phase ihres Werdens nicht gewachsen sind.

Bevor das Feuer sein Werk an uns verrichtet hat, sind negative Emotionen, etwa Zorn eines anderen, zwar auch unangenehm, aber wir haben dann noch unseren eigenen Zorn und andere Abwehrmechanismen, mit denen wir emotionale Speere ablenken oder unschädlich machen können. Nachher aber, wenn wir unsere eigenen Wunden erfahren und erlitten haben und die Ego-Verhaftungen, aus denen spontan der Zorn aufquillt, ablegen, sind die alten Schutzhäute abgezogen, und wir finden uns relativ wehrlos.

Diese Zeit – nach dem Tod der einseitigen Ego-Ausrichtung und vor dem Einswerden mit der unverletzbaren Empfänglichkeit des Selbst – verlangt ein eher zurückgezogenes Leben, in dem wir uns wie eine Schmetterlingsraupe verpuppen müssen, damit unsere zarten Flügel sich, vor rauhen Winden geschützt, entwickeln können.

Die abendländische Kultur hat keinen Sinn mehr für das

Although I do not hope to turn again
Although I do not hope
Although I do not hope to turn

Wavering between the profit and the loss
In this brief transit where the dreams cross
The dreamcrossed twilight between birth and dying
(Bless me father) though I do not wish to wish these things
From the wide windows towards the granite shore
The white sails still fly seawards, seaward flying
Unbroken Wings.

And the lost heart stiffens and rejoices
In the lost lilac and the lost sea voices
And the weak spirit quickens to rebel
For the bent golden-rod and the lost sea smell
Quickens to recover
The cry of quail and the whirling plover
And the blind eye creates
The empty forms between the ivory gates
And smell renews the salt savour of the sandy earth

This is the time of tension between dying and birth
The place of solitude where the three dreams cross
Between blue rocks
But when the voices shaken from the yew-tree drift away
Let the other yew be shaken and reply.
Blessed sister, holy mother, spirit of the fountain, spirit of the garden,
Suffer us not to mock ourselves with falsehood
Teach us to care and not to care
Teach us to sit still
Even among these rocks,
Our peace in His will
And even among these rocks
Sister, mother
And spirit of the river, spirit of the sea
Suffer me not to be separated

And let my cry come unto Thee.

Wiewohl ich nimmer hoff, ich kehre nochmals um,
Wiewohl ich nimmer hoff,
Wiewohl ich nimmer hoff auf Kehr und Dauer,

Zweifelnd zwischen Weigrung und Gewähren
Im kurzen Durchlaß, den die Träume queren,
Im Traum-durchquerten Zwielicht, zwischen Tod und Leben,
(Hilf, Herr!) wiewohl ich nimmer ring, dem nachzuringen,
Noch fliehn, wo Fenster blicken zum Porphyr-Strand,
Die weißen Segel seewärts, seewärts streben
Ungebrochne Schwingen.

Und das verlorene Herz wird fest, spürt, froh wie eh,
Verlornen Flieders Hauch, verlornen Hall der See.
Und der schwache Geist erstarkt, daß er sich empöre
Mit der erschlafften Goldrute, mit verlornem Ruch vom Meere,
Erstarkend, als begreife er
Neu den Wachtelruf und den Regenpfeifer,
Und das blinde Auge erschafft
Schattenbilder, wo das Tor, das elfenbeinerne, klafft,
Und der Geruch erneut den salzigen Schmack der sandigen Erde.

S'ist die Zeit des Widerstreits zwischen Stirb und Werde,
Ort der Einsamkeit, Durchlaß zwischen blauen Riffen,
Den Träume drei durchschiffen.
Doch wenn die Stimmen, geschüttelt aus dem Eibenbaum, verwehn,
Laß den andern Eibenbaum, geschüttelt, Rede stehn.
Selige Schwester, heilige Mutter, Geist der Quelle, Geist des Gartens,
Laß uns nicht uns selber täuschen mit Selbstbetrug,
Lehr uns danach fragen und nichts danach fragen,
Sitzend in der Stille
Noch zwischen diesen Riffen
Unser Friede Sein Wille.
Und noch zwischen diesen Riffen,
Schwester, Mutter,
Und Geist der Ströme, Geist der See,
Laß nicht zu, daß ich getrennt werd

Und laß zu dir dringen mein Flehn.

Verpuppungsstadium, aber in anderen Kulturen finden wir so etwas durchaus noch. Die indische Tradition kennt die Notwendigkeit einer Zeit der inneren Einkehr nach der Erfüllung elterlicher Pflichten und Verantwortungen – eine Zeit, um «in den Wald» zu gehen und das Selbst zu suchen. In den Industriekulturen kommt es heute immer häufiger vor, daß die Leute vor dem Puppenstadium in den Wald gehen, damit aber das Selbst eher fliehen. Doch es gibt auch immer noch Menschen, die die rechte Zeit wissen und abwarten; zuerst nehmen sie ihre irdische Natur in Besitz, um sie in Freude und Schmerz zu erleben als ganz normaler Mensch unter Menschen, und wenn der Ruf dann kommt, können sie ihn vernehmen und sich aus der Welt in die Stille des Waldes zurückziehen.

Wer dem Puppenstadium sein Recht gibt, muß dies manchmal gegen die Mißbilligung, ja Verdammung durch seine Umgebung tun. Denn die vielen, die nicht wissen, daß diese Zeit für Menschen ebenso wichtig ist wie für Schmetterlinge, sehen in dem Rückzug eines, der bisher «ganz normal» schien, nur Verantwortungslosigkeit oder gar einen Verrat an der Gesellschaft, kurzum, reinen Egoismus. Es gibt keine Möglichkeit, ihnen zu beweisen, daß Einkehr und Klausur durchaus ihren Sinn haben. Und der Wunsch, es beweisen zu wollen, zeugt eher von dem noch unerlösten Kritiker und Zweifler in uns selbst, der nach wie vor, wenn auch nicht mehr so sehr, von Bestätigung abhängig ist, anstatt von dem Bestreben, anderen den Blick für das Verpuppungsstadium zu öffnen.

Bei Sally bildete das Puppenstadium keine zusammenhängende Einheit, sondern zog sich mit Unterbrechungen über etliche Jahre hin, in denen sie immer wieder das Bedürfnis nach kürzeren Zeiten der Stille verspürte, manchmal nur für einen Tag oder für drei bis vier Tage. Sie verließ dann die Stadt und ihre Arbeit und zog sich in eine einsame Blockhütte im nördlichen Maine zurück.

Bei einem dieser Aufenthalte saß sie einmal mit überkreuzten Beinen am Ufer eines kleinen Teichs, vor sich die Stille des Waldes und hinter sich die Hügel mit ihrer stummen Kraft, und inmitten dieses Friedens der Natur mit sich selbst, empfand sie die ganze Last ihres verarmten Lebens: Keine Freunde, die ihre Erfahrungen verstanden, keine Arme, die sie hielten, keine Tochter... Da mußte sie dann doch lächeln, denn Rachael fehlte ihr zwar, seit sie nun aufs College ging, aber sie wußte um die nach wie vor bestehende Kraft und Vitalität ihrer Beziehung, ihre Aufrichtigkeit, und sie sah mit Freude, wie Rachael ihren eigenen Weg ging. Für kurze Zeit konnte sie sich an diesem Gedanken wärmen, doch die Niedergeschlagenheit kehrte zurück und mit ihr die vielen Hohlräume ihres Lebens.

So saß sie da in der kühlen Frühlingsluft, spürte die gerade erst aufgetaute, feuchte Erde unter den Stiefeln und fragte sich, ob sie vielleicht den falschen Weg eingeschlagen hatte. War diese ganze Analyse ein Fehler? Hatte sie die Zeichen falsch gedeutet und den Strom ihres Flusses verloren? Sie hätte zu gern ihre Analytikerin in London angerufen, diese gütige Frau, deren Weisheit ihr schon in manchen Krisen geholfen hatte. Aber es war weit bis zum nächsten Telephon und nach London noch so viel weiter. Sie blieb still sitzen und hielt die fröhliche Geschäftigkeit der Vögel gegen ihre eigene Leere.

Ganz in der Nähe hörte sie einen Frosch quarren. Und noch ein Stückchen weiter, im Wasser, das gerade erst vom Eis freigeworden war, vergnügten sich zwei weitere Frösche miteinander. Vor einer Stunde, als Sally kam, hatten sie auch schon dort herumgetobt, dann aber erschrocken innegehalten. Jetzt nahmen sie ihr Spiel wieder auf und kümmerten sich nicht weiter um Sally. Sie schaute dem Treiben zu und überlegte, ob das wohl ein Paarungsritual sei oder einfach irgendein Spiel. Jedenfalls waren die beiden völlig davon absorbiert.

Dann war sie in diesen Kapriolen schlagenden Körpern, empfand ihre glitschige Froschigkeit, dehnte sich weiter aus in das stille, kalte Wasser, in die Weite und Tiefe; dann in die Erde hinunter, eins werdend mit ihrer dunklen Schwere, empfand sie ihren Körper als nicht mehr denn eine Zelle des großen Erdkörpers. Tief sog sie den einen Atem ein, den Mutter und Kind zugleich atmen. Sie spürte die Antwort der Erde auf ihr stilles Erwachen und fühlte sich aufgenommen. All ihre Unachtsamkeiten gegenüber dieser Erdgöttin wurden ihr schmerzhaft bewußt – die scharfen Wasch- und Putzmittel, die diesem großen und so geduldigen Wesen schaden, all die Giftmischerei, die sie unterstützte, wenn sie unorganische Nahrungsmittel oder synthetische Kleidung kaufte. Sie legte sich mit dem Gesicht nach unten ins Gras, atmete die Düfte der Erde ein, entschuldigte sich und bat, sie möge hören lernen, wessen die Erde bedurfte, um heilen und werden zu können.

Die Sonne wärmte ihr den Rücken, wie um sie aufzufordern, auch sie zu grüßen. Sally setzte sich hin, fühlte ihre Grenzen in dieser Wärme abschmelzen wie die letzten Überreste des Winters vom Waldboden – bis nichts mehr wegzuschmelzen war, und sie die Sonne und den Waldboden gleichermaßen als Ausdruck ihres Selbst empfand. In diesem Glück der Rückkehr in die Einheit des Universums erinnerte sie sich an die Schlußsätze von Jungs Autobiographie, die Sätze jenes Traums vor vielen Jahren, der den Beginn ihrer inneren Reise angekündigt hatte: «Es kommt mir vor, als ob jene Fremdheit, die mich von der Welt solange getrennt hatte, in meine Innenwelt übergesiedelt wäre und mir eine unerwartete Unbekanntheit mit mir selbst offenbart hätte.» Sie bemerkte jetzt, daß diese «Unbekanntheit mit mir selbst» sich für sie darin manifestierte, daß ihr Ich allmählich seine Identifikation mit der vergänglichen Sally aufgab und sich weitete und eins wurde mit dem Ursprung der Schöpfung, mit dem Sein von Leben und Liebe.

Ohne die Beziehung zu ihrem Körper und der Einzigartigkeit ihres Weges zu verlieren, trat sie in diesem Augenblick in jene Ostererfahrung von vor sieben Jahren ein, in der sie zum erstenmal den Wechsel ihrer Identität von Sally zum ICH BIN erlebt hatte. Diesmal aber spürte sie, daß dieser Wechsel endgültig war: Sie mochte ihre Einheit mit dem Selbst in der Zukunft wohl noch oft aus den Augen verlieren, aber sie war ihr neues Zuhause geworden, in das sie immer wieder zurückkehren würde. Sie konnte jederzeit die Perspektive wechseln und sich mit Körper, Persönlichkeit oder ihrer individuellen Seele identifizieren, aber sie wußte, daß das nur die von ihr gewählten Fahrzeuge waren, in denen sie weiterreiste zu tieferer Erfahrung und tieferem Verstehen des Selbst, das beides zugleich ist – individuell und universal, Erde und Geist. In diesem Erkennen dachte sie einen Augenblick über Sally nach und lächelte angesichts der Vorstellung, von wieviel Freude nun ihre künftigen Abenteuer begleitet sein würden.

Am Spätnachmittag, als die Sonne sank, strich ein kühler Wind als Vorbote der Nacht durch den Wald. Sally stand auf und ging den Hügel hinauf zur Hütte zurück. Unterwegs fiel ihr der Traum ein, der diese Zeit des Sterbens eingeleitet hatte, jene Frau, die ungehindert von der Erde zu den anderen Planeten wechseln konnte und sich, so schien es, frei zwischen den verschiedenen Bewußtseinsebenen bewegte, mal verkörpert, mal nicht-verkörpert.

In der Hütte hing noch schwach der Geruch vom verbrannten Frühstückstoast, und da merkte sie, daß ihr Körper Hunger hatte. Genußvoll wusch und schnitt sie verschiedene Gemüse und kochte mit viel Liebe einen ordentlichen Topf Suppe. Sie aß die Suppe zusammen mit Toast und Sesambutter, voller Dankbarkeit gegenüber der Erde und ihrem Körper, die ihr diesen Weg aus dem Schmerz zur Einheit mit dem Kosmos ebneten. Nie hatte die Suppe so gut geschmeckt, und nie war sie so heilig gewesen.

Nachdem sie die Hütte in Ordnung gebracht hatte, merkte sie, daß es sie nach Hause zog. Die Zeit in dieser abgeschiedenen Schönheit schien sich vollendet zu haben, und es drängte sie, in die irdische Geschäftigkeit zurückzukehren.

Es war dunkel, als sie ihre kleine Wohnung in der Stadt erreichte, aber im Mondlicht erkannte sie schon vom Auto aus den Umschlag, der an ihrer Tür hing. Sie wußte, daß er von Chris war – Chris, den sie seit fast vier Monaten nicht mehr gesehen hatte, der gegangen war mit den Worten, es sei in seinem Leben kein Platz für ihre Beziehung. Er wolle sie sehen, las sie, und all die Liebe dieser fünf Jahre, die sie sich nun schon kannten, flammte wieder auf.

Sie war noch wie durchglüht davon, als er am nächsten Abend zur Tür hereinkam. Er sah anders aus, hatte ein wenig von seiner Schönheit verloren, tiefere Furchen auf der Stirn und ganz neue zwischen den Augen. Er wirkte müde und verbraucht. Nicht mehr der Mann, in den sie einst verliebt gewesen war, aber zweifellos der Mann, den sie liebte.

Er wirkte etwas gehemmt, verlegen, weil er damals einfach gegangen war. So standen sie einander in dem kleinen Flur gegenüber, für einen Augenblick bewegungslos vor Freude. Als sie sich in die Arme fielen, nahm sie bewußt wahr, wie sie ihn mit dem Körper umfing, die wohlige Kraft seiner Arme, so Brust an Brust gedrängt, aber auch mit ihrer Seele umarmte sie ihn und spürte, wie ihre Liebe in eins zusammenströmte. Sie war sich bewußt, daß ihre Körper getrennt waren und es auch während der nächsten Stunde bleiben würden, aber ihre Seelen konnten verschmelzen, ohne daß Sally ihr Einssein mit dem Universum, ihr ICH BIN, aufgeben mußte. Im Gegenteil, nach dieser Erfahrung des ICH BIN konnte sie ihn noch tiefer lieben als den, der er an diesem Abend war, und als eine weitere Manifestation des ICH BIN. Ihre Seelen gaben sich einander schon hin, während die Körper noch schwiegen, sie schmeckten und tranken einander, und die Töne von hüben und drüben waren zusammen ein Lied.

Später dann im Schlafzimmer auf Sallys Futon verflogen alle Erinnerungen an die Monate des Getrenntseins in der

Köstlichkeit dieses Augenblicks. Er küßte sie sanft und zärtlich, wie immer mit großem Feingefühl für die Sprache ihres Körpers und das Spiel der Kräfte und Impulse zwischen ihnen. Für einen Augenblick fragte sie sich, ob sie nach den Erfahrungen der letzten beiden Tage überhaupt erotisch reagieren konnte oder wollte. Aber unter seiner Zärtlichkeit merkte sie bald, daß ihr durch die Geburt in das ICH BIN nichts genommen war. Es war ihr dadurch nur eine neue Dimension der Freiheit zugewachsen. Sie konnte es genießen, ihn einfach mit der Seele zu lieben. Aber sie konnte ihn zugleich auch mit dem Körper lieben und freudig die einzigartigen Möglichkeiten der Lust und der Liebe annehmen, die der Körper bietet. An diesem Abend war ihr danach, sich ganz zu geben, und als ihr das bewußt wurde, erlebte sie ein wunderbares Schmelzen ganz in der Tiefe ihres Körpers. In dieser vollkommenen Bereitschaft empfing sie ihn, und ihre Augen und Herzen schlossen sich ineinander.

Später, als sie dann zusammen da lagen in der Wärme der Nacktheit, des Bettes und der Leidenschaft, als er sanft ihre Lippen küßte voller Dankbarkeit für diese neu erblühte Liebe, wurde ihr klar, daß sich in seinem Leben nichts verändert hatte. Die andere Bindung war da, und bald würde er ihr Bett verlassen, seine Socken anziehen, das Hemd sorgsam in die Hose stecken, das zerwühlte Haar mit den Händen notdürftig ordnen – und gehen. Und wieder würde sie den Wagen abfahren hören und wissen, daß er zu jener anderen zurückfuhr. Sie erinnerte sich an die vielen ähnlichen Augenblicke, als sie in ihn verliebt war, als sie im Miteinander dieses ICH-BIN-Hafte gefunden hatte, von dem sie nun wußte, daß sie selbst es war. Sie erinnerte sich an die Qual, an das Gefühl, daß ihr etwas gewaltsam entrissen wurde, wenn er fortging, und an die quälenden Bilder von ihm mit ihr.

Kurz blitzte der Gedanke auf, daß dieser selbe Schmerz auch jetzt wiederkehren könnte. Aber sie wußte, daß sie nicht mehr dieselbe war, daß ihre Liebe zu ihm nicht mehr mit dem

Verlangen nach ihrer eigenen Erfüllung durchmischt war, sondern frei, lebendig nicht mehr nur dann, wenn sie zusammen waren, sondern auch, wenn sie allein war, ja sogar dann, wenn sie ihn mit ihr sah.

Still dankte sie ihm dafür, daß er so in ihr Leben gekommen war, nicht ganz, nicht auf Dauer. So war er für sie das aufblitzende Licht eines Leuchtturms, das ihr den Weg wies zu einer Liebe, die sich selbst genügt.

Als er dann ein paar Augenblicke später seinen Körper von ihrem löste und nach seinen Kleidern griff, schaute sie ihm zu und war ganz erfüllt von dem Wunsch, das Leben, das er gewählt hatte, möge sein Weg zum Selbst sein.

Wenn wir nur auf die Worte hören, mit denen Menschen ihre Erfahrungen umschreiben, ist nicht leicht zu unterscheiden, was wirkliche Vereinigung mit dem Selbst und was bloß der spirituelle Hochmut eines maßlos geblähten Ego ist. Ein Mensch, der einen psychotischen Schub durchlebt, mag ebenso wie ein anderer, der zum ICH-BIN-Bewußtsein erwacht ist, sagen: «Ich bin Gott.» Ein Psychotiker bringt aber damit nur zum Ausdruck, daß er seinen Körper und seine Persönlichkeit für das Selbst hält. Er meint in Wirklichkeit: «Ich bin Gott, und du bist es nicht», und zugleich hat er das Gefühl, daß seine Göttlichkeit ihn von anderen isoliert. Wenn aber die Ego-Identität eines Menschen sich in der Vereinigung mit seinem Ursprung, dem Selbst, auflöst, so erlebt dieser Mensch seine Göttlichkeit als nicht geschieden von der Göttlichkeit jedes anderen Menschen. Eine solche Erfahrung erhebt ihn nicht über andere (außer in dem äußerlichen Sinne, daß er eben den Pfad des Menschen schon ein paar Schritte weiter gegangen ist als mancher andere), sondern macht ihm im Gegenteil seine wesenhafte Einheit mit allen Menschen deutlich. Der Tod des gesonderten Ego, der spontan eintritt, wenn alles der Liebe und dem Licht des Selbst anvertraut und von ihm gewandelt wird, erinnert an viele Schöpfungsmythen;

er ist gleichsam die Umkehr, aber auch die Entfaltung ihres Grundmusters:

> Am Anfang schuf Gott Himmel und Erde.
> Und die Erde war wüst und leer, und es war finster auf der Tiefe; und der Geist Gottes schwebte auf dem Wasser.
> Und Gott sprach: Es werde Licht! und es ward Licht.
> Und Gott sah, daß das Licht gut war. Da schied Gott das Licht von der Finsternis
> und nannte das Licht Tag und die Finsternis Nacht. Da ward aus Abend und Morgen der erste Tag (Gen. 1,1 ff.).

Manche Schöpfungsmythen beschreiben die Differenzierung des Einen, die Licht und Bewußtsein entstehen läßt, als die Zerstückelung eines Ur-Riesen (Harding, *Woman's Mysteries*):

> Aus dem Fleisch Ymirs wurde die Welt geformt,
> aus seinem Blut entstanden die Wogen des Meeres,
> die Hügel aus seinen Knochen, die Bäume aus seinem Haar.
> Aus seinen Brauen machten die gütigen Mächte
> Midgard für die Menschensöhne,
> und aus seinem Hirn wurden die zornigen Wolken
> in all ihren Gestaltungen am Himmel.

Solche Geschichten sprechen von Differenzierung: Licht und Bewußtsein entstehen durch Aufopferung der Ganzheit; Bewußtsein und Ganzheit sind Alternativen. Das Einschmelzen des Ego in den grenzenlosen Ozean des Selbst ist aber nicht die Auslöschung des Bewußtseins, sondern nur aufgrund des Bewußtseins möglich: Das Licht stirbt nicht, sondern wird größer und klarer und offenbart die Einheit aller Formen und Verschiedenheiten, ohne daß die Fähigkeit, Unterschiede zu erkennen und zu erfahren, dadurch gemindert würde. Der kosmische Riese, dessen Tod die Erde und das menschliche

Bewußtsein entstehen ließ, erwacht zu neuem Leben, wenn das Ego-Bewußtsein stirbt. Dieser Vorgang ist also nicht einfach eine Umkehrung und damit Aufhebung des Schöpfungsgeschehens, sondern eine Rückkehr, die zugleich eine neue Schöpfung ist, oder mit den Worten T. S. Eliots (aus *Little Gidding*), die keine Übersetzung adäquat wiederzugeben vermag:

We shall not cease from exploration
And the end of all our exploring
Will be to arrive where we started
And know the place for the first time.
Through the unknown, remembered gate
When the last of earth left to discover
Is that which was the beginning;
At the source of the longest river
The voice of the hidden waterfall
And the children in the apple-tree
Not known, because not looked for
But heared, half-heared, in the stillness
Beetween two waves of the sea.
Quick now, here, now, always –
A condition of complete simplicity
(Costing not less than everything)
And all shall be well and
All manner of thing shall be well
When the tongues of flame are in-folded
Into the crowned knot of fire
And the fire and the rose are one.

Wenn wir das Selbst werden, was «nicht weniger kostet als alles», kehren wir in das Nichts zurück, das der Keim von allem ist, und indem wir mit ihm identisch werden, befinden wir uns zum ersten Mal bewußt in ihm.

Während die Geburt des Selbst uns die Erfahrung des Selbst erschließt und eine tiefe ICH-DU-Beziehung einleitet, löst die Vereinigung mit dem Selbst auch die letzten Reste von Getrenntsein noch auf, und so erkennen und fühlen wir endlich, daß unser Sein eins ist mit dem kosmischen Sein. Das aber geschieht ohne den Verlust unseres Unterscheidungsvermögens, sondern einfach durch Vereinigung der Flamme unseres individuellen Selbst mit dem kosmischen Feuer, wobei ICH und DU einschmelzen in das ICH BIN. Doch dieses ICH BIN bedeutet nicht, daß wir alle Individualität verloren haben; wir wissen nun zwar, daß Individualität eine Illusion ist, und erfahren unsere Seele als die Eine Seele, doch unser Vermögen, diese Einheit widerzuspiegeln und zu erkennen, ist noch keimhaft, unendlich klein und schwach, wenn wir sie mit den reinen Verkörperungen des Einen, etwa Jesus Christus, vergleichen.

Wenn aus der Beziehung zum Selbst Identität mit dem Selbst wird, erfahren wir das als Verschiebung des Energie-Brennpunkts vom Herzen zum Scheitel. Liebe etwa strömt nicht mehr nur aus dem Herzen, sondern wird auch von den Augen und einem Punkt über dem Kopf ausgestrahlt. Doch in diesem Verwandlungsprozeß geht von der Herzliebe nichts verloren, sie wird nur auf eine höhere Stufe gehoben, vereinigt mit dem Licht der Weisheit. Wenn wir auf eine neue Bewußtseinsebene gelangen, werden wir von der früheren nicht getrennt; wir gewinnen vielmehr die Freiheit, uns in einem breiteren Bewußtseinsspektrum zu bewegen, das unsere Herz-Energien ebenso einschließt wie die der Sexualität, den Körper ebenso wie individuelle Gefühle, um immer wieder in unsere universale Heimat, das Selbst, zurückzukehren. Und wir können jetzt auch im Körper und der sich entfaltenden Seele wahrhaft heimisch werden, ohne ständig schmerzhaft an die Grenzen des Bewußtseins zu stoßen, ohne unsere Einheit mit dem Ursprung zu verlieren und in emotionales Leiden abzugleiten.

Die Verknüpfung von Schmerz und Bewußtsein, die dem Schöpfungsmythos zufolge dadurch zustande kam, daß Adam und Eva im Garten Eden die verbotenen Früchte vom Baum der Erkenntnis aßen, wiederholt sich in jedem individuellen Leben mit der Trennung von der vorbewußten Einheit und der Geburt des individuellen Bewußtseins; diese Verknüpfung wird gelöst, wenn wir erneut in den Garten Eden eintreten und ihn zum erstenmal erkennen.

Doch das Erwachen zum Paradies-Bewußtsein geschieht erst dann, wenn jede Identifikation mit dem Persönlichen aufgegeben, wenn alles geopfert wurde und wir erkannt haben, daß unser Sein zugleich das Sein jedes anderen Menschen und Wesens, aber auch der Erde und der Sterne ist. Deshalb wird es so lange ein Leidensbewußtsein geben, wie irgendein Mensch, irgendeine Blume, irgendein Tier leidet. Wenn wir jedoch die Vertriebenheit eines anderen aus dem Paradies spüren, seinen Schmerz angesichts dieses Mangels, so heißt das nicht, daß wir seinen Schmerz als den eigenen erfahren. Wir mögen dann Erbarmen oder einfach Mitgefühl empfinden – der heiteren Gelassenheit unseres Einsseins mit dem Selbst widerspricht das nicht.

Einfühlungsvermögen ist die Frucht unseres Bemühens, die eigenen Verwundungen zu erkennen und zu durchleiden. Wenn wir einen eigenen Schmerz verleugnen, werden wir eine ähnliche Verwundung auch bei anderen nicht zur Kenntnis nehmen wollen. Aber was wir an uns selbst erlitten haben, in das können wir uns auch bei anderen einfühlen. Einfühlungsvermögen, geboren aus der Vertrautheit mit unserem eigenen Leben und Sein, verschafft uns also Zugang zum Leben und Sein anderer. Sie fühlen sich in diesem Gesehenwerden weniger allein, weniger mißverstanden in ihrem Schmerz, und werden dadurch vielleicht bereit, ihn anzunehmen und zu erleiden.

Noch einen Schritt weiter als Mitgefühl und Einfühlungsvermögen geht das Erbarmen: Es heilt, denn es ist ein Atemzug des Selbst, geht unmittelbar aus dem Ursprung hervor. Erbarmen sieht und wärmt zugleich; es gibt dem anderen nicht nur die Möglichkeit, seinen Schmerz zu erkennen und anzunehmen, sondern trägt damit auch – absichtslos – zur Heilung bei, zur Verwandlung des Schmerzes in den Feuern von Liebe und Ganzheit. Im Mitgefühl stimmen wir uns auf das Leiden eines anderen ein, und das kann uns vorübergehend ein wenig unserer eigenen Vitalität kosten; Erbarmen jedoch ist nur insoweit möglich, als die Seele dem Strom des Selbst geöffnet ist, und daher nährt es den Gebenden ebenso wie den, der leidet.

Von der ICH-DU-Beziehung zum Selbst der Glückseligkeit des ICH BIN gelangen wir durch ein fortschreitendes Loslassen von allen physischen, psychischen und mentalen Spannungen, die die früher einmal notwendige Illusion unserer gesonderten Ego-Identität erzeugten. Sie ließen das individuelle Bewußtsein so weit ausreifen, daß es die Auflösung seiner Illusion von Gesondertsein aushalten konnte, ohne sich dabei selbst aufzulösen.

Jedes Festhalten an irgend etwas wirft uns augenblicklich zurück in die Dualität und damit in das Leiden. Das ICH BIN ist uns nur erreichbar, wenn wir alles preisgegeben und alle Kleider des Seele abgelegt haben und so nackt dastehen können wie Adam und Eva, bevor sie aus dem Paradies vertrieben wurden. Von jeder Emotion, die in diesem Stadium aufsteigt, sei es Angst, Begierde, Zorn oder auch Depressivität, müssen wir loslassen in dem Wissen, daß es unschöpferisch ist, an einer niederen Ebene des Seins und Fühlens festzuhalten, wenn uns eine höhere offensteht.

In den frühen Stadien dieses Übergangs von der Welt des emotionalen Leidens zur Welt dahinter wechselt das Bewußtsein manchmal ziemlich sprunghaft zwischen diesen beiden Ebenen hin und her. Daher lohnt es sich, den Unterschied von Auflösung und Verleugnung vor Augen zu behalten: Die Seele entfaltet sich nicht dadurch, daß sie sich selbst zurückweist, etwa durch Unterdrückung von unliebsamen Emotionen; sie muß zunächst alle ihre Züge auffinden und integrieren, also er-innern, und kann sie dann erst durch die Aufopferung transzendieren. Was wir verleugnen oder gar nicht zur Kenntnis nehmen, bleibt im Unbewußten eingekerkert, nicht nur unerreichbar für den Verwandlungsprozeß, sondern auch eine Bedrohung des Bewußtseins. Es erscheint uns in Träumen und Phantasien als Eindringling, als Vergewaltiger und Mörder, der in das Haus unseres Seins einbricht und sich gegen den Willen des Bewußtseins Zugang zum Allerinnersten verschafft.

Verleugnung macht die Seele nicht nur ärmer und hält sie auf einer Ebene des Seins gefangen, sondern sorgt auch dafür, daß die Feindschaft zwischen Bewußtem und Unbewußtem bestehenbleibt. Das Opfer dagegen bereichert und wandelt die Seele, denn wir können nur opfern, was wir bewußt als unser eigen angenommen haben, und in diesem Akt des Opferns neu gewonnener Energien in den Feuern des Selbst stirbt eine Seinsweise, damit eine neue und höhere sich entfalten kann.

Das vollkommene Einsinken in das Selbst, dieses Loslassen sogar der Emotionen, kann sich anfangs so anfühlen, als verrieten wir damit alles, was das Erwachen des Selbst im Bewußtsein überhaupt erst ermöglichte. Besonders schwierig ist das für Menschen, bei denen die Anfangsphase der psychologischen Arbeit hauptsächlich darin bestand, jahrelang unterdrückte und verleugnete Emotionen erst einmal wahrzunehmen, einzugestehen und zuzulassen. Gerade am Anfang der Reise zum Selbst sind Emotionen, wie wir gesehen haben, ein unersetzliches Fahrzeug unseres Werdens. Denn wo es bisher stets darum ging, wer wir zu sein oder sein zu müssen glaubten, zeigen unsere Emotionen uns jetzt, wer wir sind. Nun kann dieser Prozeß des Annehmens von Körper und Emotionen und des Integrierens der Projektionen, die in ihnen zum Ausdruck kommen, Jahre, Jahrzehnte, ja ein ganzes Leben dauern, und es ist nicht verwunderlich, wenn wir Emotionen dann mit Seele gleichsetzen, anstatt zu erkennen, daß sie nur eine von vielen Formen sind, in denen die Seele leben und zum Ausdruck kommen kann – eine Form, die für eine Stufe der Entwicklung wesentlich ist, auf der nächsten jedoch zum Hindernis würde.

Sexualität ist ein Barometer, an dem sich in diesem Übergangsstadium ablesen läßt, ob wir noch verleugnen oder schon zum Opfer bereit sind. Wenn sexuelle Energie unterdrückt wurde, wallt sie jetzt auf und widersetzt sich dem, was das Bewußtsein will. Wurden aber die instinktiven und erotischen Ausdrucksformen des Selbst durchlebt und erfahren, so kann die Sexualität geopfert werden. Ihre Energie wird frei und kann durch die verschiedenen Ebenen des Seins aufsteigen – sie wird zuerst Wärme, dann Liebe, dann das schöpferische Wort, bevor sie schließlich als liebende und erbarmende Weisheit zur Blüte kommt.

Die instinktiven, chthonischen Energien der Schlange waren es, die in Adam und Eva das Verlangen nach Bewußtsein weckten. Erkenntnis wurde um den Preis auch der Erkenntnis menschlicher Nacktheit und Erdgebundenheit erkauft, und das neugewonnene Bewußtsein war vor allem ein Bewußtsein des von allem anderen gesonderten Ego. Doch wie das Schlangenemblem auf der Krone der Pharaonen und die indische Kundalini-Lehre bezeugen, sind die Schlangenkräfte, die uns des vorbewußten Paradieses beraubten, nicht verschieden von denen, die uns dann, aufsteigend, in ein bewußtes Paradies tragen können. Das Wachwerden der Schlange in der Tiefe unseres Seins, ihr Aufsteigen durch verschiedene Stufen bis zur Vereinigung mit dem Geist, ist eine ekstatische Erfahrung, die alle Aspekte unseres Seins – alle Zellen, Gefühle, Bilder und Gedanken – erfaßt und verbindet.

Nach langen Jahren der psychologischen Erkundung und Integration kann die Schlange sich frei zwischen verschiedenen Ebenen des Seins, zwischen Körper und Geist, bewegen. Die Seele in ihrer Mittelstellung zwischen den beiden Polen des Selbst, Erde und Geist, ist, wie wir gesehen haben, zunächst eher ein Hindernis für den freien Strom der Energien, kann dann aber schließlich zu einer Brücke werden. Wenn das geschieht, wachsen uns neue Möglichkeiten zu.

Die Wahlmöglichkeiten, die wir erhalten, wenn unsere Energien frei fließen können, bringen radikale Veränderungen in unserem Leben mit sich. Sexuelle Erregung etwa muß nicht mehr unbedingt in einem Orgasmus Entladung finden; diese Energie kann ebensogut zum Herzen aufsteigen und dort als Liebe freigesetzt werden oder als heilendes Licht aus den Augen strahlen. Wenn die Schlange befreit ist, genügen wir uns selbst, und nicht etwa weil wir uns keine Bedürfnisse mehr zugestehen, sondern weil wir bereits alles haben. Freiheit tritt an die Stelle von zwanghaften Antrieben.

Durch das Einswerden mit dem Selbst gewinnt auch die Sprache allmählich eine neue Bedeutung. Anstelle von bedrucktem Papier werden nun Feld und Himmel unser Buch, in dem Blätter und Blüten, jede Hummel, jede zufällige Begegnung und jede Regung des Windes die Worte und Sätze sind. Dieses Buch lesen wir nicht nur mit den Augen, sondern mit allen Gliedmaßen und Sinnen der Seele, mit Imagination und Intuition, denkend und fühlend. Dieses Buch will in stiller Versunkenheit gelesen werden und zeigt uns auf jeder Seite, wie hilflos Wörter, die sich drucken lassen, angesichts der universalen, lebendigen Sprache der Natur sind.

Es braucht viele Jahre des Lauschens auf Körper, Seele und Geist, bevor die wortlose Sprache der Schöpfung auch allmählich in unsere gewohnte Sprache Eingang findet und wir durch den Gebrauch dieser universalen Sprache an der Schöpfung mitwirken können. Aber manchmal bekommen wir auch schon lange vorher flüchtige Eindrücke von diesen schöpferischen Möglichkeiten. Bei Sally geschah dies das erstemal in einem Traum:

> Sie war in Gesellschaft eines Mannes, den sie ein paarmal getroffen hatte. Als sie ihn anschaute, fielen seine Gestalt

und seine Züge von ihm ab und darunter kam ein fremder Mann zum Vorschein. Nach einigen Augenblicken löste sich auch dessen Erscheinungsbild wieder auf, und sie sah sich dem Ursprung dieser vergänglichen Formen gegenüber – einem strahlenden Wesen ohne Gestalt und Geschlecht, dem weder Raum noch Zeit Grenzen auferlegen konnten. «Komm!» sagte das Wesen in der wortlosen Sprache des Geistes. «Ich will dir etwas zeigen.»
Zusammen suchten sie die Wiege der Schöpfung auf, das Zentrum des Kosmos, wo das schwächere Licht des Seins sich mit dem großen Licht seines göttlichen Ursprungs vereinigte und den Ort der tiefen Geheimnisse erleuchtete. Da erfuhr sie die lebendige Sprache, die unsterblichen und unwandelbaren Schwingungen, die den universalen Geist aufrufen, sich als Körper und Erde zu manifestieren.
Am liebsten wäre sie an diesem transzendenten Ort, in dieser Heimat, geblieben. Doch das Wesen sagte, sie müsse zurück. Als sie die Grenze zwischen dem unwandelbaren Reich des Lichts und den flüchtigen Bildern und Formen der Erde erreichten, sprach das Wesen noch einmal: «Die den Weg und die Wahrheit des lebendigen Wortes erfahren haben, können anderen dazu verhelfen, seine Gegenwart zu fühlen und seinen Willen zu erkennen.»
Das Ewige hinter sich lassend, betrachtete sie die Myriaden seiner irdischen Erscheinungen. Die Kraft des Wortes schwang noch nach in ihr, und traurig empfand sie die Grobheit und Armut menschlicher Sprache. Aus der Einheit mit ihrem göttlichen Ursprung gelöst, waren irdische Worte ihr wie Hülsen im Mund, wie Asche auf der Zunge.

Die ersten Verse des Johannesevangeliums (1,1-5) erzählen von der schöpferischen Kraft des lebendigen Wortes:

> Im Anfang war das Wort, und das Wort war bei Gott und Gott war das Wort.

Dasselbe war im Anfang bei Gott.
Alle Dinge sind durch dasselbe gemacht, und ohne dasselbe ist nichts gemacht, was gemacht ist.
In ihm war das Leben, und das Leben war das Licht der Menschen.
Und das Licht scheint in der Finsternis, und die Finsternis hat's nicht begriffen.

Das lebendige Wort des Traums und des Evangeliums ist dem gesprochenen Wort so nah oder so fern wie das Selbst der individuellen Körper-Seele. Es zu hören bedeutet, daß man Zugang hat zum Ursprung und allen Geheimnissen der Schöpfung. Ein Schritt auf dieses Lauschen und Hören zu besteht darin, daß wir die ausschließliche Bindung an irdische Worte, seien es gesprochene oder geschriebene, aufgeben und uns nach anderen Möglichkeiten des Lernens umschauen. Dieser Schritt gibt uns die Möglichkeit, die lebendige Wahrheit in uns selbst zu hören, aber das ist in einer so schriftorientierten Kultur wie der unseren ein sehr schwieriger Schritt. Manche sind aus Einsicht in der Lage, ihn von sich aus zu tun. Andere, wie Sally, werden dazu gezwungen, und zwar Jahre bevor sie auch nur die Möglichkeit einer Vereinigung mit dem Selbst gesehen haben.

Sie hatte sich angewöhnt, immer eine kleine Auswahl von Büchern bei sich zu haben, wohin sie auch ging, und wenn sie nur im Garten sitzen wollte. Sie war so begierig, mehr zu verstehen, daß jede Minute, die sie nicht zum Lesen nutzte, ihr vergeudet erschien. Die Bücher vermittelten ihr so viele wertvolle Einsichten, und sie regten sie zudem an, mehr zu meditieren, mehr zu studieren, mehr zu fragen. Die Bücher stillten ihren Hunger nach Erkenntnis nicht, sie vergrößerten ihn.

Eines Morgens, Jahre, bevor sie mit der Analyse begann, wachte sie in ihrer Londoner Wohnung auf und konnte nicht mehr sehen. Ihre Augen waren wie mit einem trüben Schleier überzogen. Tief erschrocken rief sie sofort eine Freundin an und ließ sich von ihr zu einem Augenspezialisten fahren. Nachdem der Arzt sie eine Weile untersucht hatte, räumte er ein, daß ihr Zustand ihm ein Rätsel sei. Er gab ihr Augentropfen und riet ihr, sich auszuruhen.

Am nächsten Morgen war der Schleier so dünn geworden, daß sie wieder einigermaßen sehen konnte. Aber als sie zu lesen versuchte, röteten sich ihre Augen stark und fühlten sich an, als wäre feiner Sand hineingestreut worden. Also legte sie die Bücher weg und versuchte, sich auf die unfreiwillige Unterbrechung ihrer Studien einzustellen. Sie machte Urlaub in Südfrankreich, schwamm, schlief, ließ ihre Augen ausruhen und dachte, daß sie einfach überanstrengt gewesen seien und schon von selbst wieder heilen würden. Aber als sie nach drei Wochen heimfuhr und wieder zu lesen begann, stellte sich der schmerzhafte Zustand der Augen erneut ein.

Dann begann der lange Weg von einem Spezialisten zum nächsten. Manche waren ehrlich genug zu sagen, daß sie keine Erklärung für ihren Zustand hätten. Andere sprachen von Hornhautrissen und rieten zu mehr Ruhe.

An einem Nachmittag, an dem sie wieder einen neuen Spezialisten konsultiert hatte und mit seinem «Ich weiß nicht» entlassen worden war, saß Sally in ihrer Wohnung, schaute durch die Verandatür auf das Rosenbeet und fragte sich, ohne wirklich damit beschäftigt zu sein, wie Blumen überhaupt leben konnten in dieser Stadtluft, als ihr plötzlich der Gedanke kam, daß sie vielleicht nie wieder würde lesen können. Nach dem ersten Schreck versuchte sie, sich mit dieser Möglichkeit vertraut zu machen, und stellte erstaunt fest, daß die Vorstellung eines buchlosen Lebens sich zwar irgendwie fremd und etwas leer anfühlte, aber auch etwas Erlösendes hatte. Es hatte sogar etwas Aufregendes; vielleicht lagen ungeahnte Möglichkeiten in all den Stunden, die sie sonst mit Büchern gefüllt hätte.

Doch dieses Erwartungsgefühl legte sich bald wieder, denn

während ihre Freunde lasen und studierten und ganz in ihrer Wörterwelt aufgingen, saß sie da und hatte nichts zu tun und war sich nur im Weg. Sie schaute aus dem Fenster in den Winterhimmel und dachte an ihr früheres Leben. Manchmal ging sie spazieren. Aber oft saß sie einfach nur da und dachte eher an alles, was ihr verwehrt war, als an die Möglichkeiten, die ihr offenstanden. Sie versuchte Bücher durch Musik zu ersetzen und hörte stundenlang Bach und Mahler, doch das verlor schnell seinen Reiz – wie alles andere, womit sie die Stunden zu füllen versuchte.

Aber dann kam der Frühling, ein besonders milder und köstlicher Frühling ohne die schneidend kalten Winde und die Reste von Winterkälte. Sally fuhr aufs Land hinaus und streunte durch die Wälder, an frisch angesäten Feldern entlang. In diesen Stunden hatte sie zum erstenmal seit langem das Gefühl, daß sie ihre Zeit nicht mehr nur füllte. Sie ließ sich von einer Welt einfangen, von der die Seiten ihrer Bücher nichts wußten, einer Welt der Tiere und Pflanzen und Bäume, die alle, so schien es, nur darauf warteten, zu Wesen in Beziehung zu treten, die zu hören bereit waren. Und nach jedem dieser Ausflüge in die Natur spürte sie ein wachsendes Verlangen, in ganz andere Räume einzutreten – in das Reich ihrer Emotionen, Gefühle und Gedanken und in die Stille der Meditation.

Als der Frühling in den Sommer übergegangen war und der Sommer erste Anzeichen von Herbst zeigte, waren Sallys immer noch buchlose Stunden nicht mehr leer.

Wenn wir uns in dem Bemühen um Erkenntnis vom reinen Buchwissen abwenden und dafür einem inneren Lauschen, Beobachten und Reflektieren zuwenden, verliert der Intellekt seine Vormachtstellung und weicht einer neuen Form des Denkens, die weniger auf Zergliederung als vielmehr auf einer Art stiller Empfänglichkeit für die Welt des wortlosen Denkens beruht. Mit siebzehn, einige Jahre vor der buchlosen

Zeit, wurde Sally gezeigt, was das bedeutet; allerdings konnte sie damals noch nicht viel anfangen mit dieser Einsicht.

«Schreiben Sie mir einen Aufsatz über ‹Serendipity›», sagte ihr Tutor, als er am Ende der ersten Vorbereitungsstunde auf den Oberstufen-Abschluß in Englisch seine Sachen zusammenpackte. Sally war zu nervös, zu eingeschüchtert von diesem rotschopfigen Intellektuellen, als daß sie hätte zugeben können, daß «Serendipity» ein vollkommenes Fremdwort für sie war. Tatsächlich hatte sie es noch nie gehört und wußte natürlich nicht, wie sie nun auch noch einen Aufsatz darüber schreiben sollte. Sie nickte einfach nur und versuchte, die aufsteigende Panik zu unterdrücken.

Sobald sich die Wohnungstür hinter ihm geschlossen hatte und sie seine Schritte auf der Treppe hörte, nahm sie das Wörterbuch aus dem Regal und las: «*Serendipity.* Die Gabe, durch Zufall glückliche und unerwartete Entdeckungen zu machen.» Nun verstand sie das Wort zwar, doch das beseitigte ihren Bammel vor diesem Aufsatz noch keineswegs, denn ihre etwas unstrukturierte Schulbildung war nicht gerade die beste Grundlage für die Behandlung solch abstrakter Gegenstände.

Aber sie war nun mal entschlossen, in die Universität ihrer Wahl aufgenommen zu werden, und wollte auch vor ihrem Tutor nicht als Dummerchen dastehen, und so machte sie sich sofort ans Werk. Vor einem Stapel beängstigend weißen Papiers sitzend, dachte sie nach über Dinge, die durch Zufall geschehen könnten, über andere Möglichkeiten, wie etwas zustande kommt, über die Bedeutung von «Zufall» ... und immer so weiter, die halbe Nacht hindurch, bis ihr Gehirn unter der ungewohnten Anstrengung zu ächzen begann.

Schließlich ging es nicht mehr; sie lehnte sich zurück und legte den Stift hin, um einen Augenblick auszuruhen. Und plötzlich strömten die Ideen ihr nur so zu, Einsichten und unverhoffte Durchblicke, Antworten auf manche der vielen Fragen, die ihre grimmige Denkarbeit hervorgewühlt hatte. Schnell schrieb sie alles auf, und was sie da aufschrieb, bildete später das tragende Gerüst ihres Aufsatzes, während die Früchte des sorgsamen Analysierens kaum mehr Verwendung fanden.

Indem sie über «Serendipity» schrieb, war sie selbst «serendipitous» (ein Wort, welches das Wörterbuch nicht verzeichnet) gewesen: Durch glücklichen Zufall hatte sie entdeckt, daß wahres Verstehen nicht aus intellektueller Anstrengung erwächst. Das Denken kann das Bekannte erkunden, befragen und analysieren, doch seine größte Stärke besteht darin, daß es seine eigenen Grenzen aufzeigt, und damit weist es über sich selbst hinaus auf einen Raum der Stille, in dem unser Bewußtsein sich auf eine Welt wahren Wissens einstimmen kann.

Von welcher Art und Tiefe die Einsicht ist, die uns aus einer kontemplativen Haltung gegenüber Natur, Seele und Geist zuwächst, hängt davon ab, wie weit das Feuer uns schon umgewandelt hat. Es ist eine Einsicht, die leise und heimlich kommt, sich gleichsam von hinten anschleicht und wartet, bis wir uns umwenden oder nach innen wenden und gewahren, daß wir jetzt Dinge sehen und verstehen, die gestern noch im Dunkel lagen. Es ist, als würden Schleier fortgezogen, so daß wir empfänglicher werden für die feineren Frequenzen der Wahrheit. Ein Baum etwa steht plötzlich nicht mehr als Stamm und Äste da, sondern in seiner vollen Lebendigkeit, ein Mensch in seiner Aura.

Wenn das individuelle Bewußtsein in sein Selbst zurückkehrt – und das ist es ja, was unser Erkennen tiefer und subtiler macht –, scheinen die Konturen des Bewußtseins und Seins weich und dehnbar zu werden. Selbst so feste Dinge wie unser Körper oder die Erde atmen eine neue Lebendigkeit, werden fließend, aber sie verlieren dadurch nichts von ihrer Wirklichkeit, im Gegenteil; sie verlieren nur ihre statische Substantialität. Es kommt vor, daß uns beispielsweise eine Glasscheibe nicht mehr als etwas Statisches erscheint, sondern als sehr langsam fließender Sand.

Mit diesen sich wandelnden Formen und ihrem unwandelbaren Wesen verschmelzen, die Ganzheit unseres Seins, Wollens, Fühlens und Denkens zulassen und ihre Einheit mit der Welt und allen Dingen erkennen – das ist: in der Liebe sein. Nicht Liebe zu irgend jemand oder irgend etwas, sondern Liebe, die keine Richtung kennt: als Liebe in der Liebe zu stehen und ihre ewigen Wasser in uns aufsteigen zu fühlen, bis sie eins werden mit uns und uns zu einem Quell des Lebens machen, aus dem alle trinken können, ohne ihn je zu erschöpfen, einer Quelle, die durch äußere Dinge oder Ereignisse weder zu verunreinigen noch umzulenken ist.

> Der Mensch, der Brahman sieht, weilt im Brahman: Sein Verstand steht fest, seine Verblendung ist verschwunden. Kommt Lust, so bleibt er unbewegt, kommt Schmerz, so zittert er nicht.
>
> Er ist nicht gefesselt von äußeren Dingen, und innen findet er Fröhlichkeit. Seine Seele ist eins im Brahman, und er erlangt immerwährende Freude.
>
> Denn die Lust der Welt trägt kommenden Kummer in sich. Sie kommt und geht, sie ist vergänglich: nicht in ihr findet der Weise Freude.
>
> Doch wer auf dieser Erde, vor seinem Hinscheiden, den Stürmen der Begierde und des Zorns standhält, dieser Mann ist ein Yogi, dieser Mann hat Freude.
>
> Er hat innere Freude, er hat innere Fröhlichkeit, und er hat inneres Licht gefunden. Dieser Yogi erlangt das Nirvana des Brahman: Er ist eins mit Gott und geht zu Gott.
> (*Bhagavad-Gītā* 5,20–24)

Wenn diese gelassene Heiterkeit sich einstellt, mündet die Phase unserer psychologischen und spirituellen Bemühungen, in der wir lernten, die Erfordernisse unseres Werdens zu erkennen und ihnen zu folgen, in etwas Neues ein. Der Fluß unserer Seele erreicht sein Ziel und verströmt sich still ins Meer.

Doch trotz unseres Gefühls der Erlösung und Ganzheit ist dieses Einswerden mit dem Meer kein absoluter Endpunkt, sondern ein Wendepunkt, hinter dem abermals das Unbekannte und neue Fragen warten. Wieder wird es notwendig, alte Seins- und Arbeitsweisen für die nächste Runde des Werdens abzulegen und den Tod anzunehmen, der der nächsten Geburt vorausgeht. Worin aber das Sterben diesmal besteht, ist gar nicht so ohne weiteres zu erkennen. Nach dem anfänglichen Abwehrkampf, in dem das Ego endlich erkennen mußte, daß da ein Wille ist, der größer ist als sein eigener, der Wille der Seele, gewöhnte das «Ich» sich allmählich daran, dessen Fluß zu folgen und sich in den manchmal trügerischen Wassern von Tod und Wiedergeburt zurechtzufinden. Und mochte dieser Weg mitunter auch schmerzhaft und angstvoll sein, so war es doch gut, wenigstens einen Fluß zu haben, dessen Lauf man folgen konnte. Jetzt aber verströmen sich seine Wasser ins Meer, und wir sind ohne die vertraute Führung irgendwo in einem Reich scheinbar unbegrenzter Möglichkeiten.

Sally brauchte einige Wochen, bis ihr Natur und Bedeutung dieser Veränderung aufgingen. Zunächst hatte sie nach der langen Reise nur Ausruhen im Sinn, war froh, nicht mehr unterwegs sein zu müssen, genoß den Frieden, den sie gefunden hatte. Eines Morgens dann, genug der Ruhe, wachte sie auf mit dem Wunsch, diesen neuen Raum der Seele zu erkunden.

Sie lag im Bett, lauschte dem ständigen Sausen des Highway – dichter Verkehr, wie immer zu dieser Stunde. Dazwischen manchmal das Geräusch eines Wagens auf der Straße vor ihrem Haus. Sie kuschelte sich wohlig in ihre Daunendecke und beobachtete eine ziemlich große Ameise, die gerade unter der

Schlafzimmertür hervorkam. Würde die nun das auf dem Boden liegende Futon aufsuchen und zu ihr unter die Decke kriechen? Doch diese Frage wurde bald von einer anderen überlagert, nämlich was sie heute morgen gern tun würde und morgen früh und übermorgen früh. Jetzt, wo Schmerz und Kummer, jahrzehntelang ihre verläßlichen Begleiter, verschwunden waren und Liebe und Frieden ihren Platz eingenommen hatten, stand eigentlich keine weitere psychologische Arbeit an. Nichts zu tun, so schien es, bis dann irgendwann der erste Klient auftauchen würde. Auch Ruhe brauchte sie eigentlich keine mehr, denn in ihre vom Schmerz befreiten Nächte war nun wieder der Schlaf eingekehrt.

Doch sie überließ diese Fragen für ein Weilchen sich selbst und sank noch einmal in die weiche Daunenwärme ein, in die heitere Friedlichkeit dieses Morgens. Sie dachte an die Träume dieser Nacht und wunderte sich einmal mehr, daß ihre Träume ihr offenbar keine Hinweise mehr geben wollten, wohin sie sich zu wenden hatte. Sie waren erstaunlich zurückhaltend in letzter Zeit, kaum mehr als die Spiegelungen kleiner Unsicherheiten des Tages, wenn sie für Augenblicke schwankte zwischen dem Alten und dem Neuen. Im Grunde wußte sie aber jederzeit, daß die alte Lebensweise wirklich überwunden war, seit die ICH-DU-Beziehung zum Selbst in der Einheit des ICH BIN aufgegangen war.

Sie blieb noch liegen. Die Ameise hatte beschlossen, sie zumindest einstweilen in Ruhe zu lassen, und war zu einer vielversprechend staubigen Ecke unter der Kommode aufgebrochen. Die Sonnenstrahlen waren über das kleine Seitenfenster hinweggewandert und schienen jetzt durch die pfirsichfarbenen Gardinen. Es würde bald heiß werden. Sie dachte daran aufzustehen, um in der Küche und im Arbeitszimmer die Rollos herunterzuziehen, damit die Nachtkühle noch ein wenig erhalten blieb, aber die Fragen hielten sie noch im Bett fest.

Und dann war die Antwort auf einmal da und rüttelte sie

gänzlich wach: vollkommene Wahlfreiheit. Nicht die Wahl, dem Willen ihres Werdens zu folgen oder es nicht zu tun, nicht die Wahl zwischen «mein Wille» und «Dein Wille» – so besonders frei war diese Wahl eigentlich nie gewesen. Nein, eine ganz andere Wahlfreiheit, bei der die Seele und das Selbst vollkommen einverstanden sein würden mit allem, wofür sie sich entschied. Eine Wahlfreiheit, die uns zuwächst, wenn wir nach Hause gefunden haben, wenn wir unsere Einheit mit dem Universum, den Bäumen und Gräsern und allen Menschen erkennen. Da ihre Interessen und die der Welt jetzt identisch waren, konnte sie einfach das tun, was für sie richtig war, und würde damit auch das für die Welt Richtige tun.

Etwas spielerisch Leichtes lag in dieser Wahlfreiheit, aber auch eine große Verantwortung. Ganz erfüllt von dieser Empfindung, schlug Sally nun doch die Decke zur Seite und ging ins Bad. Und während sie den warmen Regen der Dusche genoß, kam die nächste Frage. Gut, sie hatte nun also den Ort grenzenloser Wahlfreiheit erreicht. Aber wie wählt man? Nach welchen Kriterien? Und was?

Die Antwort folgte unmittelbar: Was sie wollte. Sie konnte tun, was sie wollte, und wenn verschiedene Dinge zur Wahl standen, konnte sie das tun, was für sie am meisten Freude und Befriedigung bedeutete. Denn am Ort des ICH BIN gibt es nur noch Wünsche, die mit dem Interesse aller und der Erde übereinstimmen. Sally erkannte auch, daß alles, was sie von dort aus wünschte oder wollte, erfüllt werden würde. Wo die Ängste und Scheuklappen des Ego nicht im Weg sind, sorgt das Selbst spontan für sich selbst und schafft die besten Umstände für seine weitere Entfaltung.

Wenn unser individueller Fluß in das Meer des Selbst strömt, findet das Werden sein Sein. Und im Sein des Selbst ist echte Freiheit. Nicht die Freiheit des seelisch Halbwüchsigen, der auf der Suche nach Unabhängigkeit des Ego die elterliche Autorität und alle Pflichten innerhalb der Familie abzustreifen sucht. Diese Schein-Freiheit gehört zwar zur Ego-Entwicklung, ohne die es keinen Zugang zum Selbst gibt, aber sie ist das genaue Gegenteil von echter Freiheit, denn sie ist «Freiheit von» anderen, von Autorität und sonstigen Zwängen, und nicht die Freiheit, die spontan aus der Erfahrung des lückenlosen Zusammenhangs von Mensch, Erde und Universum erwächst. Nur diese Freiheit kann uns von niemandem und in keiner Situation genommen werden, denn wir sind in dieser Freiheit am Ursprung der Schöpfung, wir *sind* das Selbst. Diese Freiheit ist unbeschränkt und ewig, unabhängig von allen Wechselfällen des Lebens; sie kann in der Seele eines Lohnsklaven ebenso leben wie in der Seele eines frommen Eremiten. In dieser Freiheit können wir unter allen äußeren Umständen selbst entscheiden, wie wir leben wollen.

Viktor Frankl, der über seine Erfahrungen im Konzentrationslager geschrieben hat, berichtete auch von Menschen, die selbst an jenem Ort um diese Freiheit wußten:

> Wer von denen, die das Konzentrationslager erlebt haben, wüßte nicht von jenen Menschengestalten zu erzählen, die da über die Apellplätze und durch die Baracken des Lagers gewandelt sind, hier ein gutes Wort, dort den letzten Bissen Brot spendend? Und mögen es auch nur wenige gewesen sein – sie haben Beweiskraft dafür, *daß man dem Menschen im Konzentrationslager alles nehmen kann, nur nicht: die letzte menschliche Freiheit, sich zu den gegebenen Verhältnissen so oder so einzustellen. Und es gab ein «So oder so»!* Und jeder Tag und jede Stunde im Lager gab tausendfältige Gelegenheit, diese innere Entscheidung zu vollziehen, die eine Entscheidung des Menschen für oder gegen den Verfall an jene Mächte der Umwelt darstellt, die dem Menschen sein Eigentliches zu rauben drohen – seine innere Freiheit – und ihn dazu verführen, unter Verzicht auf Freiheit und Würde zum bloßen Spielball und Objekt der äußeren Bedingungen zu werden und sich von ihnen zum «typischen» Lagerhäftling umprägen zu lassen.

Unter diesem letzten der möglichen Gesichtspunkte muß uns auch die seelische Reaktionsweise der Insassen der Konzentrationslager letztlich als mehr erscheinen denn als bloßer Ausdruck gewisser leiblicher, seelischer und gesellschaftlicher Bedingungen – mögen sie alle, sowohl der Kalorienmangel der Nahrung als auch das Schlafdefizit und die verschiedenen seelischen «Komplexe», noch so sehr den Verfall des Menschen an die Gesetzmäßigkeit einer typischen Lagerpsyche gleichsam nahelegen. In letzter Sicht erweist sich das, was mit dem Menschen innerlich geschieht, was das Lager aus ihm als Menschen scheinbar «macht», als das Ergebnis einer inneren Entscheidung. Grundsätzlich also kann jeder Mensch, und auch noch unter solchen Umständen, irgendwie entscheiden, was – geistig gesehen – im Lager aus ihm wird: ein typischer «KZler» – oder ein Mensch, der auch hier noch Mensch bleibt und die Menschenwürde bewahrt.
Dostojewski hat einmal gesagt: «Ich fürchte nur eines: meiner Qual nicht würdig zu sein.» Diese Worte mußten einem häufig genug durch den Kopf gehen, wenn man jene märtyrerhaften Menschen kennenlernte, deren Verhalten im Lager, deren Leiden und Sterben von der in Frage stehenden letzten und unverlierbaren inneren Freiheit des Menschen Zeugnis ablegten. Sie hätten wohl sagen können, daß sie «ihrer Qualen würdig» gewesen sind.

Das Gefühl für Würde und Rücksichtnahme kann bis zu einem gewissen Grad gelernt werden, doch ist damit häufig die Unterdrückung von seelischem Schmerz, von Wunden und Begierden verbunden; und solange das Unterdrückte nicht angenommen und integriert wird, damit es heilen kann, bleibt unsere Seele ärmer, als sie sein müßte: Sie kann die Einheit von Körper und Geist nicht widerspiegeln und erfahren. Selbstbeherrschung und stummes Erdulden sind die Grundlage solcher keineswegs geringzuschätzenden Würde und

Rücksicht; aber es fehlen hier die Heiterkeit und Vitalität, die spielerische Gelöstheit jener Freiheit, die aus der Vereinigung mit dem Selbst erwächst.

Ist diese echte Freiheit einmal verwirklicht, so gewinnen unsere Entscheidungen eine Bedeutung, die sie während unserer Reise in das Selbst noch nicht hatten. Jetzt geht es nicht mehr darum, ob wir uns fügen oder nicht; jetzt haben wir die Freiheit, schöpferisch zu sein, das heißt, den Willen des ICH zu tun. Aber nach den Jahren des Leidens und allmählichen Zulassens, in denen wir lernten, den Ego-Willen dem größeren Willen des Selbst unterzuordnen, ist eine solche Umorientierung nicht einfach. Wenn wir uns nämlich die Freiheit des aller Identifikationen mit dem Persönlichen und Vergänglichen entkleideten Willens zu eigen machen, müssen wir die Sicherheit aufgeben, die der Fluß uns bot, und uns der neuen Verantwortung stellen, die uns als Mitschöpfern aller menschlichen, irdischen und kosmischen Realitäten zuwächst.

Daß wir dieses Universum selbst erschaffen, gilt natürlich schon vorher: Es gilt in jedem Augenblick unseres Lebens. Mit allem, was wir denken, fühlen, uns vorstellen und tun, formen wir uns selbst und die Welt, in der wir leben. Solange wir an der Perspektive des Ego festhalten, glauben wir, daß Trennung, Begrenzung und Kampf die Grundzüge des Lebens sind, und dann wird auch unsere Schöpfung – außen wie innen – diese Züge aufweisen: Gier, Angst, Neid, Konkurrenzkampf und deren soziale und psychische Folgen. Wenn wir uns dann aber unserem Schmerz zuwenden und uns auf den Weg zurück zum Ursprung machen, weicht die Ego-Perspektive allmählich der Seelen-Perspektive, und dann beginnen wir das Leben so zu sehen, wie es wirklich ist – eine unerschöpfliche, von Freude erfüllte Ganzheit, die ihrer ewigen Lebendigkeit physisch, psychisch und spirituell Ausdruck zu geben vermag.

Am Ende dieses Abschnitts der Reise, wenn wir uns mit dem Selbst vereinigen, beginnt ein neues Zeitalter der Freiheit und des schöpferischen Mitwirkens. Jetzt geht es nicht mehr darum, der Seele auf ihrer Reise in das Selbst zu folgen und zu dienen, denn durch unser Einswerden mit dem Selbst sind wir in das Dorf der Götter und Göttinnen gelangt, haben unseren Platz in dieser Gemeinschaft gefunden und nehmen nun an den schöpferischen Entscheidungsprozessen teil, nach denen diese Welt und andere Welten sich gestalten.

Anfangs gibt es noch Fragen wie etwa: «Was, wenn ich die falsche Entscheidung treffe?» Doch bald sehen wir, daß es im Selbst kein richtig oder falsch gibt. Denn das Selbst, da es das Ganze *ist*, kann gar nichts tun, was dem Ganzen – also der Erde mit allem, was sie beherbergt – schaden könnte. Schaden kann nur entstehen, wenn wir aus unserer Einheit mit dem Selbst herausfallen – und das geschieht natürlich in den Monaten oder Jahren nach unserem Einswerden mit dem Selbst noch recht häufig. Hier kommt es auf ununterbrochene Aufmerksamkeit an, damit wir jede Entfernung vom Selbst sofort bemerken und keine Entscheidungen fällen, die nicht schöpferisch, also nicht aus der Gelassenheit, der Liebe und dem Frieden des Selbst geboren sind.

Solange wir nicht zu Verhaftung und damit Trennung zurückkehren, sondern in der Einheit mit dem Selbst bleiben, sind wir jetzt frei vom Gewirr der Gefühle und Gedanken, die unsere Reise bis zum Meer begleiteten. Keine Kontrolle ist mehr erforderlich, nur stille Aufmerksamkeit für das strömende Universum, das wir selbst sind. Und in dieser Stille regt sich ganz von selbst der Wunsch, «Gärtner» der Erde und der Seele zu werden und ihnen beizustehen auf ihrem Weg zu Schönheit und Ganzheit.

Die Natur lechzt geradezu nach dieser Art von menschlicher Aufmerksamkeit und Zuwendung. Die noch ungezähmte Wildnis der Erde bietet uns nicht nur Gelegenheit, unserer eigenen wilden, instinktiven Seite zu begegnen, sie zu leben und schließlich zu integrieren, sondern hat selbst auch Bedürfnisse, denen nicht gedient ist, wenn man Wildnis einfach

Wildnis sein läßt. Die Bewahrung der wilden Natur ist natürlich insofern sinnvoll und nützlich, als dadurch Teile dieser Erde vor der brutalen Ausbeutung durch menschliche Gier und Beziehungslosigkeit bewahrt werden, doch das ist nur ein erster Schritt. Naturschutz ist eigentlich nur eine Art treuhänderische Verwaltung, sinnvoll so lange, bis es genug Menschen gibt, die ihre eigene innere Wildnis in Besitz genommen und integriert haben und deren Beziehung zur Natur sich von einer nehmenden in eine gebende gewandelt hat. Diese Menschen können nun der weiteren Entfaltung der Natur dienen, ohne ihr Gewalt anzutun – so wie sie unserer Entwicklung über viele Jahrtausende gedient hat.

Wo diese gärtnernde Hand des Menschen, und sei es auch im Kleinen, wirkt – natürlich ohne die Absicht, die Natur zu unterwerfen oder dienstbar zu machen, sondern in dem Bestreben, ihr bei der Verwirklichung ihrer eigenen Möglichkeiten zu helfen –, da atmet die Erde einen wärmeren und sanfteren Geist, zeigt sich dankbar für die liebevolle Zuwendung des Menschen.

Diesem echten Gärtnertum stehen auch auf anderen Gebieten – Politik, Gesellschaft und Wirtschaft – schöpferische Möglichkeiten offen. Der Gärtner oder die Gärtnerin schaffen Rahmenbedingungen und Formen, in denen die höchsten und tiefsten Anlagen der Menschen, denen zu dienen ihnen aufgegeben ist, sich entfalten können. Und es gibt hier, solange das Selbst der Ursprung aller Maßnahmen bleibt, keine richtigen und falschen Formen, sondern nur wechselnde Möglichkeiten, abhängig von der Natur der jeweils beteiligten Menschen. Wie die Naturgärtnerei, so setzt auch die Gesellschaftsgärtnerei bei bestimmten Vorgaben an, zum Beispiel bei der Tatsache, daß Kinder geboren werden und dann liebevolle Erziehung und elterliche Fürsorge brauchen. Darüber hinaus aber gibt es keine Richtlinien und Rezepte, denen zu folgen wäre, und die Formen, die solchen Bedürfnissen am besten gerecht werden, müssen sich selbst finden. Die bedingungslose Liebe des Im-Selbst-Seins läßt der Phantasie freies Spiel.

Diesem freien Spiel der schöpferischen Phantasie immer mehr Raum zu geben, wird eine aufregende und in gewissem Sinne revolutionäre Aufgabe. Denn wie bei allem Schöpferischen, muß der Geburt des Neuen der Tod des Alten vorausgehen: Alte Begriffe, Denk- und Handlungsmuster müssen bewußt aufgegeben und aufgelöst werden, damit neue, die den tiefsten Interessen der Menschen, dem ICH BIN, besser gerecht werden, einen Raum finden, in dem sie gesehen und gehört werden können. Um etwa neue Beziehungsformen in Familie und Gesellschaft finden zu können, müssen die alten erst abgelegt werden, und das erfordert die Bereitschaft, den festen Boden zu verlassen, die Leere zu ertragen und still und empfänglich abzuwarten, damit sich ein Schoß bildet, in dem das Neue empfangen und ausgetragen werden kann.

Die meisten unserer intellektuellen Vorstellungen und Begriffe besitzen nur deshalb einen Anschein von Festigkeit, weil sie in unsere Schmerzen und Bedürfnisse einzementiert sind. Doch selbst wenn diese Wunden erkannt, erlitten und geheilt wurden, fallen die alten Ideen und Einstellungen nicht unbedingt von selbst ab, sondern müssen bewußt aufgegeben werden. Diese Häutung tut nicht so weh wie die emotionale Häutung, die wir dann bereits hinter uns haben. Aber das weite Land der Möglichkeiten, das sich jetzt eröffnet, zeigt uns nicht nur unsere tiefe Unwissenheit, sondern auch die Macht des Denkens und damit unsere Verantwortung, diese Macht niemals anders als mit Weisheit und Liebe auszuüben. Möglichkeiten, heilsam und schöpferisch zu wirken, zeigen sich überall, wenn wir erst einmal erfahren haben, daß unser Denken eine Kraft ist, die nicht nur im Reich der Phantasie wirkt, sondern – wenn das Herz die nötige Wärme dazugibt – auch auf der Ebene der Materie.

Was es mit der Kraft negativer Gedanken und Emotionen auf sich hat, wurde Sally in der Übergangszeit zwischen dem Sterben und der Geburt des ICH BIN klar, als ihr Körper durch all die seelischen Leiden zutiefst erschöpft war. Doch erst später wurde ihr ganz deutlich, daß die Kraft des Denkens den Körper erschaffen oder zerstören kann. Das geschah in einem Traum zu einer Zeit, als sie sich wunderte, weshalb ihre körperliche Widerstandskraft nicht zunahm, obgleich ihr Herz in Frieden war:

> In diesem Traum sah sie einen sterbenden Mann, der an einem AIDS-artigen Zusammenbruch des Immunsystems litt. Sämtliche Ärzte diagnostizierten einen unheilbaren Zustand, der zum Tod führen würde; uneins waren sie nur in der Frage, wieviel Zeit dem Kranken noch blieb. Doch eines Nachts, als er in seinem Bett lag, von Gedanken an seinen Tod erfüllt, sagte ihm eine Stimme, sein Körper werde heilen, wenn er sich ihn als gesund vorstelle. Der Mann folgte dem Rat und konzentrierte sich mit allen Kräften auf Gedanken und Bilder der Gesundheit. Sein Körper saugte die Lebendigkeit dieser Vorstellungen regelrecht auf und kam zusehends zu Kräften. Am Ende des Traums hatte der Mann die Krankheit überwunden und war auf dem Weg, vollkommen gesund zu werden.

Dieser Traum markierte, nach einer langen Zeit chronischer Schwäche, die schließlich zu einem gesundheitlichen Zusammenbruch führte, den Wendepunkt in Sallys Genesungsprozeß. In den Tagen und Wochen nach dem Traum fiel es ihr oft nicht leicht, die Gedanken und Bilder der Gesundheit lebendig zu erhalten, denn ihr Körper machte zunächst noch keine Anstalten, sich von seiner totalen Entkräftung zu erholen. Immer wieder wollten sich Bilder von Tod und Krankheit aufdrängen. Aber sooft es ihr gelang, solche Gedanken durch andere zu ersetzen, die der ewigen und grenzenlosen Gesundheit des Selbst besser entsprachen, spürte sie, wie ihr Körper neue Vitalität aufsog.

Wenn wir überlebte Gewohnheiten des Denkens, Handelns und Seins abgelegt haben und die volle Verantwortung für die Macht unseres Denkens, unseres Willens und unserer Imagination übernehmen, mit der wir unsere Wirklichkeit selbst erschaffen, so ist das zugleich der Abschluß jenes Auflösungsprozesses, der unsere Reise im Fluß der Seele bis an die Mündung begleitete. Was als introspektiver, introvertierter, gänzlich auf das Persönliche gerichteter Prozeß begann – Jahre des Erkundens und Analysierens, des Erleidens und Integrierens von Teilen unseres Selbst –, führt nun dazu, daß der Unterschied zwischen dem Ich und dem anderen, zwischen meinem und deinem Wohl oder dem des Menschen und dem der Erde gänzlich ausgelöscht wird.

In der Vereinigung mit dem Selbst erwacht die Fähigkeit, im Jetzt zu leben, frei von den Hoffnungen, Phantasien und Zielvorstellungen des Ego, mögen sie auf das äußere Leben oder die spirituelle Entwicklung gerichtet sein. Die Gelassenheit und Liebe des Im-Selbst-Seins bleibt unerschütterlich durch alle Augenblicke des Tages erhalten, ob wir nun den Boden scheuern, unserer beruflichen Arbeit nachgehen oder eine Sinfonie schreiben.

Und damit schließt sich das letzte Tor hinter dem Zeitalter des emotionalen Leidens, und vor uns öffnet sich ein neues – das Tor zum nächstinneren Heiligtum im Tempel des Selbst. Die Vereinigung mit dem Selbst ist die Reise zum Tempel, die Reise in unsere Heimat, aber sie führt uns nur bis in den äußersten Tempelhof. Viele noch unbekannte und unsichtbare Höfe liegen vor uns, bis wir das innere Heiligtum erreichen, von wo aus sich dieser ganze Weg als kurz und nicht gar so bedeutend ausnehmen wird.

Sally träumte von einer grotesken, leuchtendgrünen Kreatur. Es ekelte ihr vor diesem Wesen, und sie wußte, daß unzählige von ihnen auf der ganzen Welt lebten. Kein Zweifel, von diesen Wesen kam alles Böse und alle Krankheit auf der Welt. Wenn jemand sich ihnen näherte, verströmten sie eine entsetzliche scharlachrote Flüssigkeit, die eine tödliche Krankheit auslöste. Überall auf der Welt schlossen die Menschen sich in ihre Häuser ein und verrammelten Türen und Fenster, um diese Kreaturen fernzuhalten. Aber es half alles nichts, denn die grünen Wesen konnten jede Form und Konsistenz annehmen und drangen durch die feinsten Ritzen. Es gab nichts, womit man sich ihrer erwehren konnte.

Mitten in dieser von Grauen und Flucht erfüllten Welt stand plötzlich ein großes, strahlendes Wesen der Liebe da und forderte Sally auf, mit ihm auf das größte der grünen Ungeheuer zuzugehen. Er sagte, es sei seine Aufgabe, die Welt von diesen Kreaturen zu befreien, doch er könne es nur mit ihrer Hilfe. Sie mußten zusammen auf das Wesen zugehen und sich dabei mit allen Kräften auf etwas konzentrieren, wovon sie nicht um Haaresbreite abweichen durften: Liebe. Angst, sagte er, machte diese Wesen nur stärker, denn von Angst ernährten sie sich.

Sie schlossen die Tür auf und gingen auf das grüne Wesen zu. Als sie es erreichten, kletterten sie auf seinen Rücken und ritten auf ihm wie auf einem braven Tier. Da begann es zu schrumpfen und war bald so klein und harmlos wie ein Hündchen.

Sally wußte, daß es damit auch um alle anderen grünen Ungeheuer geschehen war, denn sie konnten nicht existieren in einer von Liebe durchtränkten Welt.

Dank

Anthony Blackett, Ethné Gray, Warren Kenton, Alison Roberts und Lee Sturgeon-Day danke ich für ihre Beiträge zu diesem Buch, Bani Shorter darüber hinaus noch für manches andere und meiner Tochter Laura dafür, daß sie ein Stück des Weges mit mir ging.

Aber ohne dich, Bill, wäre dieses Buch vielleicht nie geboren worden. Danke.

Literaturhinweise

Das Ägyptische Totenbuch, übers. u. komm. von Gregoire Kolpaktchy, Bern/München/Wien [6]1979.

Andrews, Lynn V., *Die Medizinfrau*, Reinbek 1986.

– , *Die Sternenfrau*, Basel 1988. (Hier übers. nach dem Original *Star Woman*, New York 1986.)

– , *Die Jaguarfrau*, München 1989. (Hier übers. nach dem Original *Jaguar Woman and the Wisdom of Butterfly Tree*, New York 1985.)

The Bhagavad Gita, aus dem Sanskrit ins Engl. übertragen von Juan Mascaró, Harmondsworth 1986.

Cott, Jonathan, *The Search for Omm Seti*, New York 1987.

Eaton, Evelyn, *Ich sende eine Stimme*, München 1988. (Hier übers. nach dem Original *I send a Voice*, Wheaton, Ill., 1978.)

Eckehart (Meister), *Deutsche Predigten und Traktate*, hrsg. von Josef Quint, München 1963.

Eliot, T.S., *Gesammelte Gedichte*, Frankfurt a.M. 1972.

Frankl, Viktor E., *... trotzdem Ja zum Leben sagen. Ein Psychologe erlebt das Konzentrationslager*, München 1977.

Haich, Elisabeth, *Einweihung*, München/Engelberg (Schweiz) [8]1984.

Harding, M. Esther, *Woman's Mysteries, Ancient and Modern*, New York 1972.

Johannes vom Kreuz, *Lebendige Liebesflamme*, in: *Sämtliche Werke*, Bd. 3, München [5]1973.

Jung, C. G., *Erinnerungen, Träume, Gedanken*, hrsg. von Aniela Jaffé, Olten 1971.
Mann, Thomas, *Der Erwählte*, in: *Gesammelte Werke*, Bd. 7, Frankfurt a.M. 1960.
Post, Laurens van der, *Das dunkle Auge Afrikas*, Berlin (West) 1956.
Schwaller de Lubicz, Isha, *Her-Bak, Egyptian Initiate*, New York 1978.
Sethe, Kurt, *Übersetzung und Kommentar zu den alten Pyramidentexten*, Glückstadt o. J.
Shakespeare, William, *The Sonnets/Die Sonette*, Stuttgart 1988.
Yeats, W. B., «Der jüngste Tag», in: *Ausgewählte Gedichte*, Neuwied 1970.